本书为北京理工大学

“211工程”研究生规划教材

车辆信息技术

Vehicle Information Technology

◎ 陈慧岩 熊光明 龚建伟 席军强 主编

车辆

北京理工大学出版社
BEIJING INSTITUTE OF TECHNOLOGY PRESS

内 容 简 介

本书总结多年车辆信息技术方面的教学科研经验，结合车辆信息技术的新发展、新成果，对车辆信息技术涉及的重点内容进行全面的介绍。全书共9章，主要包括车辆电子控制技术、车载网络技术、无线通信技术、车辆定位技术、基于视觉和雷达的车辆环境感知技术、车辆辅助驾驶技术、车辆自主驾驶技术、无人驾驶车辆智能行为评价技术以及智能交通系统等内容。

本书适用于各类高等院校车辆工程专业研究生教材，也可作为计算机、通信、自动化等专业的参考教材；同时可为广大从事汽车行业的工程技术人员提供参考。

图书在版编目（CIP）数据

车辆信息技术/陈慧岩等主编．—北京：北京理工大学出版社，2013.12
ISBN 978－7－5640－8594－0

Ⅰ.①车…　Ⅱ.①陈…　Ⅲ.①信息技术－应用－汽车工程－高等学校－教材
Ⅳ.①U46－39

中国版本图书馆CIP数据核字（2013）第283277号

出版发行／北京理工大学出版社有限责任公司
社　　址／北京市海淀区中关村南大街5号
邮　　编／100081
电　　话／(010) 68914775（总编室）
　　　　　82562903（教材售后服务热线）
　　　　　68948351（其他图书服务热线）
网　　址／http://www.bitpress.com.cn
经　　销／全国各地新华书店
印　　刷／北京泽宇印刷有限公司
开　　本／787毫米×960毫米　1/16
印　　张／15.5
字　　数／315千字
版　　次／2013年12月第1版　2013年12月第1次印刷
定　　价／36.00元

责任编辑／陈莉华
文案编辑／陈莉华
责任校对／周瑞红
责任印制／李志强

图书出现印装质量问题，请拨打售后服务热线，本社负责调换

前　　言

当今时代是以知识和信息为基础的信息时代，信息技术是时代主题。信息技术的发展使车辆技术发生了深刻的变化，它已经成为新一代汽车发展的主导因素。从长远的角度来看，车辆发展的趋势是实现自主驾驶。

人类驾驶车辆的过程首先是通过自己的感觉器官（如眼睛、耳朵）获得车辆行驶环境的有关信息；然后导入神经网络，把这些信息传送到思维器官；思维器官对车辆行驶环境信息进行变换、加工，得出与车辆行驶环境交互的策略信息，再经导出神经网络把策略信息传递给效应器官（如手和脚），后者把策略信息转化为行动（如转动方向盘）作用于车辆，使车辆按照人的意志（在遵守交通法规的前提下）行驶。

信息技术属于能够扩展人类信息器官功能的一类技术的范畴；车辆信息技术则属于能够代替或扩展人类驾驶车辆这一信息器官功能的技术范畴，包括感测技术、通信技术、智能技术及控制技术。利用这种技术能够在近阶段实现辅助驾驶的功能，并最终使车辆实现自主驾驶。

本书作为车辆信息技术的探索性教材，是作者在车辆信息技术方面的教学经验和科研成果基础上编写而成的。未来车辆将是集车辆感测技术、通信技术、智能技术及控制技术等众多技术于一体的智能化系统（智能车辆），将是充分考虑车路合一、协调规划的车辆系统，将成为未来智能交通系统的一个重要的组成部分。本书涉及车辆电子控制技术、车载网络技术、无线通信技术、车辆定位技术、基于视觉和雷达的车辆环境感知技术、车辆辅助驾驶技术、车辆自主驾驶技术、无人驾驶车辆智能行为评价技术以及智能交通系统等内容。全书共9章，第1章对信息技术及其在汽车上的应用、智能交通系统、智能车辆等进行了简要的介绍；第2章主要介绍车辆电子相关的内容；第3章主要介绍CAN、LIN、FlexRay等车载网络系统及其在车辆上的应用；第4章介绍了GSM、GPRS、3G、DSRC等无线通信技术及其在车辆中的应用；第5章介绍了车辆定位技术；第6章和第7章分别介绍了基于雷达和基于视觉的车辆环境感知技术；第8章主要介绍了车辆辅助驾驶技术、车辆自主驾驶技术以及无人驾驶车辆智能行为测评技术；第9章介绍了智能交通系统的体系结构、系统组成及关键技术。

本书由陈慧岩、熊光明、龚建伟、席军强主编。实验室老师翟涌、金亚英、姜岩，博士研究生孙扬、江燕华、胡玉文，硕士研究生刘鹏、叶春兰、徐威参与了部分章节的编写及部分文字、图表的修订工作。北京理工大学选修了“车辆信息技术”博士生课程的历届同学，对本书也提出了许多建设性的意见和建议，在此一并表示感谢。

除参考文献外，本书在编写过程中还参阅了一些国内外公开发表的资料，在此向相关资料的作者表示感谢。

由于车辆信息技术涉及的内容较多，而且车辆信息技术在不断发展之中，加之作者水平和能力有限，书中不当之处，望广大读者批评指正。

编　者

2013. 5

目　　录

第1章　概　论

本章首先从人的信息器官分类阐述信息技术的基本内容，并概述信息技术的发展以及信息技术与数学的关系，包括信息处理技术中常用的数学方法。同时，简要介绍信息技术在汽车上的应用。通过对比人类驾驶员在驾驶车辆时的信息加工过程与车辆自主驾驶时的信息加工过程，指出车辆信息技术研究范畴。此外，未来车辆将是集众多技术于一体的智能化系统（智能车辆）；将充分考虑车路合一、协调规划，成为未来智能交通系统的一个重要组成部分。为此，本章还将简要介绍智能交通系统和智能车辆的有关内容。

1.1　信息技术概述

自20世纪50年代正式提出“信息”的概念，信息得到了广泛深入的研究，关于信息概念的描述虽然很多，至今却没有形成统一的认识。如同信息概念存在许多不同定义一样，目前人们对信息技术的认识也没有统一。技术是人类在认知和改造自然的实践中为了增强自己的力量，赢得更多更好的生存发展机会而产生和发展起来的。一种技术，特别是功能性技术总是在某种程度上直接或间接地延长或扩展了人的某种器官的某种功能。从技术本质的意义上看，信息技术就是能够扩展人的信息器官功能的一类技术。

人的信息器官主要包括四大类：感觉器官、传导神经网络、思维器官和效应器官。人类的这四类信息器官和它们的信息功能是有机地联系在一起的。这种有机联系使它们能够执行一种整体性的高级功能，即认识世界和改造世界过程中的智力功能。这种高级的整体性功能不是每个器官的简单相加，而是一个有机整体。

信息技术的基本内容包括感测技术、通信技术、智能技术及控制技术。信息技术的功能和人的信息器官的功能是相一致的。通信技术和智能技术处在整个信息技术的核心地位，而感测技术和控制技术则是核心和外部世界之间的接口。

按表现形态的不同，信息技术可分为硬技术与软技术。前者指各种信息设备及其功能，如电话机、通信卫星、多媒体计算机、传感器。后者指有关信息获取与处理的各种知识、方法与技能，如语言文字技术、数据统计分析技术、规划决策技术、计算机软件技术等。按工作流程中基本环节的不同，信息技术可分为信息获取技术、信息传递技术、信息存储技术、信息加工技术及信息标准化技术。信息获取技术包括信息的搜索、感知、接收、过滤等。信息传递技术指跨越空间共享信息的技术，又可分为不同类型，如单向传递与双向传递技术，单通道传递、多通道传递与广播传递技术。信息存储技术指跨越时间保存信息的技术，如印刷术、照相术、录音术、录像术、缩微术、磁盘术、光盘术等。信息加工技术是对信息进行描述、分类、排序、转换、浓缩、扩充、创新等技术。信息加工技术的发展已有两次突破：从人脑信息加工到使用机械设备进行信息加工，再发展为使用电子计算机与网络进行信息加工。信息标准化技术是指使信息的获取、传递、存储、加工各环节有机衔接，与提高信息交换共享能力的技术，如信息管理标准、字符编码标准、语言文字的规范化等。按技术的功能层次不同，可将信息技术体系分为基础层次的信息技术（如新材料技术、新能源技术）、支撑层次的信息技术（如机械技术、电子技术、激光技术、生物技术、空间技术等）、主体层次的信息技术（如感测技术、通信技术、计算机技术、控制技术）、应用层次的信息技术。

信息技术推广应用的显著成效，促使世界各国致力于信息化，而信息化的巨大需求又驱使信息技术高速发展。当前信息技术发展的总趋势是以互联网技术的发展和应用为中心，从典型的技术驱动发展模式向技术驱动与应用驱动相结合的模式转变。微电子技术和软件技术是信息技术的核心。集成电路的集成度和运算能力、性价比继续按每 18 个月翻一番的速度呈几何级数增长，支持信息技术达到前所未有的水平。

1.2 信息处理技术中的数学方法

信息技术本质上是数学技术。当代科学技术的发展呼唤全面的“科学数学化”，而高新科技的出现又已经把社会推进到了“数学技术化”或“数学工程技术”的新时代。数学不仅能提供信息技术中信息表示与度量的方法和语言，而且能提供信息获取、变换、传输、处理与控制等技术的理论基础与实现算法。

（一）数理统计与试验设计

数理统计是以概率论为基础，根据实验或观察到的数据，研究如何利用有效的方法对这些已知的数据进行整理、分析和推断，从而对研究对象的性质和统计规律做出合理、科学的估计和判断。数理统计学是统计学的数学基础，从数学的角度去研究统计学，为各种应用统计学提供理论支持。它是研究怎样有效地收集、整理和分析带有随机性的数据，以对所考察的问题做出推断或预测，直至为采取一定的决策和行动提供依据和建议的数学分支。在自然科学、军事科学、工农业生产、医疗卫生等领域，哪一个门类都离不开数理统计。

数理统计学内容庞杂，分支学科很多，难于做出一个周密而无懈可击的分类。大体上可以划分为以下几类：第一类分支学科是抽样调查和试验设计。它们主要讨论在观测和实验数据的收集中有关的理论和方法问题。第二类分支学科为数甚多，其任务都是讨论统计推断的原理和方法。由于数理统计学所考察的数据带有偶然性，使得依据这些数据所得出的结论带有某种不确性，将其量化需要借助概率论的方法。因而，数理统计学与概率论这两个学科有着密切的联系：概率论是数理统计的基础，数理统计是概率论的一种应用。概率论的发展从本质上促进了数理统计的发展。

随着计算机技术的进步和广泛使用，统计学又产生了一些新的分支和边缘性的新学科，如最优设计和非参数统计推断等，不仅使得过去难于计算的问题能够解决，而且有力地促使了那些能有效利用现代计算机强大计算能力的统计学新理论、新方法的纷纷问世。统计的应用范围愈来愈广，已渗透到许多科学领域，应用到国民经济各个部门，成为科学研究不可缺少的工具。实验设计法、回归设计和回归分析、方差分析、多元分析等统计方法在自然科学和技术科学中被普遍应用。

正交试验设计（Orthogonal Experimental Design）是研究多因素多水平的一种设计方法，它是根据正交性从全面试验中挑选出部分有代表性的点进行试验，这些有代表性的点具备了"均匀分散，齐整可比"的特点，正交试验设计是分析因式设计的主要方法，是一种高效率、快速、经济的实验设计方法。日本著名的统计学家田口玄一将正交试验选择的水平组合列成表格，称为正交表。例如，做一个三因素三水平的实验，按全面实验要求，须进行 $3^3=27$ 种组合的实验，且尚未考虑每一组合的重复数。若按 L9（3）正交表安排实验，只需做 9 次，按 L18（3）正交表进行实验需要 18 次，显然大大减少了工作量。因而正交实验设计在很多领域的研究中已经得到广泛应用。

（二）傅里叶变换与小波变换

信号分析的主要目的是寻找一种简单有效的信号变换方法，使信号所包含的重要信息能显现出来。小波分析属于信号时频分析的一种，在小波分析出现之前，傅里叶变换是信号处理领域应用最广泛、效果最好的一种分析手段。傅里叶变换是时域到频域互相转化的工具，从物理意义上讲，傅里叶变换的实质是把波形分解成不同频率正弦波的叠加和。正是傅里叶变换的这种重要的物理意义，决定了傅里叶变换在信号分析和信号处理中的独特地位。傅里叶变换用在两个方向上都无限伸展的正弦曲线波作为正交基函数，把周期函数展开成傅里叶级数，把非周期函数展成傅里叶积分，利用傅里叶变换对函数作频谱分析，反映了整个信号的时间频谱特性，较好地揭示了平稳信号的特征。

小波变换是一种新的变换分析方法，它继承和发展了短时傅里叶变换局部化的思想，同时又克服了窗口大小不随频率变化等缺点，能够提供一个随频率改变的时间－频率窗口，是进行信号时频分析和处理的理想工具。与傅里叶变换相比，小波变换是时间（空间）频率的局部化分析，它通过伸缩平移运算对信号（函数）逐步进行多尺度细化，最终达到高频处时间细分，低频处频率细分，能自动适应时频信号分析的要求，从而可聚焦到信号的任意细节，解决了傅里叶变换困难的问题，成为继傅里叶变换以来在科学方法上的重大突破。小波分析是一种新兴的数学分支，它是泛函数、傅里叶分析、调和分析、数值分析的完美结晶；在应用领域，特别是在信号处理、图像处理、语音处理以及众多非线性科学领域，它被认为是继傅里叶分析之后又一有效的时频分析方法。

（三）卡尔曼滤波与粒子滤波

卡尔曼滤波是一种广泛应用的滤波方法，它以最小均方误差为估计的最佳准则，寻求一套递推估计算法。其基本思想是：采用信号与噪声的状态空间模型，利用前一时刻的估计值和现时刻的观测值来更新对状态变量的估计，求出现时刻的估计值。它适用于实时处理和计算机运算。它以“预测—实测—修正”的顺序递推，根据系统的测量值来消除随机干扰，再现系统的状态，或根据系统的测量值从被污染的系统中恢复系统的本来面目。

卡尔曼滤波需要假定系统是线性的，并认为系统中的各个噪声与状态变量均呈高斯分布，这两条假设限制了卡尔曼滤波器在现实生活中的应用。扩展卡尔曼滤波器（EKF）极大地拓宽了卡尔曼滤波的适用范围。EKF 的基本思路是，假定卡尔曼滤波对当前系统状态估计值非常接近于其真实值，于是将非线性函数在当前状态估计值处进行泰勒展开并实现线性化。无迹卡尔曼滤波器（UKF）是针对非线性系统的一种改进型卡尔曼滤波器。UKF 处理非线性系统的基本思路在于无迹变换，而无迹变换从根本上讲是一种描述高斯随机变量在非线性化变换后的概率分布情况的方法。无迹卡尔曼滤波认为，与其将一个非线性化变换线性化、近似化，还不如将高斯随机变量经非线性变换后的概率分布情况用高斯分布来近似那样简单，因而无迹卡尔曼滤波算法没有非线性化这一步骤。无迹卡尔曼滤波器按照一套公式产生一系列样点，每一样点均配有一个相应的权重，而这些带权重的样点被用来完整地描述系统状态向量估计值的分布情况，它们替代了卡尔曼滤波器中的状态向量估计值及协方差。无迹卡尔曼滤器让这些样点一一经历非线性状态方程与测量方程，然后再将这些经非线性变换后的样点按照它们的权重而综合出对当前时刻的系统状态向量估计值。多态自适应（MMA）卡尔曼滤波器是一种受到广泛关注的滤波器，它由多个并联、同时运行的卡尔曼滤波器组成。在这组卡尔曼滤波器中，每一个滤波器对未知的滤波参数分别做出相互不同的假设，然后各自按照自己的模型假设进行滤波计算。而多态自适应滤波器最后将它们对系统状态的各个估计值进行加权，并以此作为最优估计值输出。

粒子滤波（Particle Filter）的思想基于蒙特卡洛方法（Monte Carlo Methods），它是利用粒子集来表示概率，可以用在任何形式的状态空间模型上。其核心思想是通过从后验概率中抽取的随机状态粒子来表达其分布，是一种顺序重要性采样法（Sequential Importance Sampling）。简单来说，粒子滤波法是指通过寻找一组在状态空间传播的随机样本对概率密度函数进行近似，以样本均值代替积分运算，从而获得状态最小方差分布的过程。这里的样本即指粒子，当样本数量 $N\rightarrow\propto$ 时可以逼近任何形式的概率密度分布。尽管算法中的概率分布只是真实分布的一种近似，但由于非参数化的特点，它摆脱了解决非线性滤波问题时随机量必须满足高斯分布的制约，能表达比高斯模型更广泛的分布，也对变量参数的非线性特性有更强的建模能力。因此，粒子滤波能够比较精确地表达基于观测量和控制量的后验概率分布。

粒子滤波技术在非线性、非高斯系统表现出来的优越性，决定了它的应用范围非常广泛。另外，粒子滤波器的多模态处理能力，也是它应用广泛的原因之一。国际上，粒子滤波已被应用于各个领域。在经济学领域，它被应用在经济数据预测；在军事领域已经被应用于雷达跟踪空中飞行物，空对空、空对地的被动式跟踪；在交通领域它被应用在对车或人的视频监控；它还用于机器人的全局定位。虽然粒子滤波算法可以作为解决问题的有效手段，但是该算法仍然存在着一些问题。其中最主要的问题是需要用大量的样本数量才能很好地近似系统的后验概率密度。因此，有效地减少样本数量的自适应采样策略是该算法的重点。另外，重采样阶段会造成样本有效性和多样性的损失，导致样本贫化现象。如何保持粒子的有效性和多样性，克服样本贫化，也是该算法的研究重点。

（四）模糊逻辑

1965 年，美国数学家查德首先提出了模糊集合的概念，标志着模糊数学的诞生。模糊数学与模糊逻辑实质上是要对模糊性对象进行精确的描述和处理。查德为了建立模糊性对象的数学模型，把只取 0 和 1 二值的普通集合概念推广为在［0，1］区间上取无穷多值的模糊集合概念，并用“隶属度”这一概念来精确地刻画元素与模糊集合之间的关系。正因为模糊集合是以连续的无穷多值为依据的，所以，模糊逻辑可看作是运用无穷连续值的模糊集合去研究模糊性对象的科学。把模糊数学的一些基本概念和方法运用到逻辑领域中，产生了模糊逻辑变量、模糊逻辑函数等基本概念。对于模糊连接词与模糊真值表也做了相应的对比研究。查德还开展了模糊假言推理等似然推理的研究，有些成果已直接应用于模糊控制器的研制。创立和研究模糊逻辑的主要意义有：

（1）运用模糊逻辑变量、模糊逻辑函数和似然推理等新思想、新理论，为寻找解决模糊性问题的突破口奠定了理论基础，从逻辑思想上为研究模糊性对象指明了方向。

（2）模糊逻辑在原有的布尔代数、二值逻辑等数学和逻辑工具难以描述和处理的自动控制过程、疑难病症的诊断、大系统的研究等方面都具有独到之处。

（3）在方法论上，为人类从精确性到模糊性、从确定性到不确定性的研究提供了正确的研究方法。此外，在数学基础研究方面，模糊逻辑有助于解决某些悖论。对辩证逻辑的研究也会产生深远的影响。当然，模糊逻辑理论本身还有待进一步系统化、完整化、规范化。

（五）神经网络与遗传算法

人工神经网络（Artificial Neural Networks，ANNs）也简称为神经网络（NNs）或称作连接模型（Connection Model），它是一种模拟动物神经网络行为特征，进行分布式并行信息处理的算法数学模型。这种网络依靠系统的复杂程度，通过调整内部大量节点之间相互连接的关系，从而达到处理信息的目的。

思维学普遍认为，人类大脑的思维分为抽象（逻辑）思维、形象（直观）思维和灵感

（顿悟）思维三种基本方式。逻辑性的思维是指根据逻辑规则进行推理的过程；它先将信息化成概念，并用符号表示，然后根据符号运算按串行模式进行逻辑推理；这一过程可以写成串行的指令，让计算机执行。然而，直观性的思维是将分布式存储的信息综合起来，结果是忽然间产生想法或解决问题的办法。这种思维方式的根本点在于以下两点：

（1）信息是通过神经元上的兴奋模式分布在存储网络上。

（2）信息处理是通过神经元之间同时相互作用的动态过程来完成的。

人工神经网络就是模拟人思维的第二种方式。这是一个非线性动力学系统，其特色在于信息的分布式存储和并行协同处理。虽然单个神经元的结构极其简单，功能有限，但大量神经元构成的网络系统所能实现的行为却极其丰富。

人工神经网络具有初步的自适应与自组织能力。在学习或训练过程中改变权重值，以适应周围环境的要求。同一网络因学习方式及内容不同可具有不同的功能。人工神经网络是一个具有学习能力的系统，可以发展知识，以至于超过设计者原有的知识水平。通常，它的学习训练方式可分为两种，一种是有监督或有导师的学习，这时利用给定的样本标准进行分类或模仿；另一种是无监督的学习或无导师的学习，这时只规定学习方式或某些规则，其具体的学习内容随系统所处环境（即输入信号情况）而异，系统可以自动发现环境特征和规律性，具有更近似人脑的功能。

遗传算法是模仿自然界生物进化机制发展起来的随机全局搜索和优化方法，它借鉴了达尔文的进化论和孟德尔的遗传学说。其本质是一种高效、并行、全局搜索的方法，它能在搜索中自动获取和积累有关空间知识，并自适应地控制搜索过程以求得最优解。遗传算法操作使用适者生存的原则，在潜在的解决方案种群中逐次产生一个近似最优方案。遗传算法模拟了自然选择和遗传中发生的复制、交叉、变异等现象，从任一初始种群出发，通过随机选择、交叉、变异操作，产生一群更适合环境的个体，使群体进行到搜索空间中越来越好的区域。这样一代一代地不断繁衍进化，最后收敛到一群最适合环境的个体，求得问题的最优解。遗传算法在人工智能的众多领域具有广泛应用。例如，机器学习、聚类、控制（如煤气管道控制）、规划（如生产任务规划）、设计（如通信网络设计、布局设计）、调度（如作业车间调度、机器调度、运输问题）、配置（机器配置、分配问题）、组合优化（如 TSP、背包问题）、函数的最大值以及图像处理和信号处理等。

（六）专家系统与机器学习

专家系统是人工智能中最重要的也是最活跃的一个应用领域，它实现了人工智能从理论研究走向实际应用、从一般推理策略探讨转向运用专门知识的重大突破。专家系统是早期人工智能的一个重要分支，它可以看作是一类具有专门知识和经验的计算机智能程序系统。一般采用人工智能中的知识表示和知识推理技术来模拟通常由领域专家才能解决的复杂问题。专家系统是一个智能计算机程序系统，其内部含有大量的某个领域专家水平的知识与经验，能够利用人类专家的知识和解决问题的方法来处理该领域问题。也就是说，专家系统是一个具有大量的专门知识与经验的程序系统。它应用人工智能技术和计算机技术，根据某领域一个或多个专家提供的知识和经验，进行推理和判断，模拟人类专家的决策过程，以便解决那些需要人类专家处理的复杂问题。

机器学习（Machine Learning）研究计算机怎样模拟或实现人类的学习行为，以获取新的知识或技能，重新组织已有的知识结构使之不断改善自身的性能。它是人工智能的核心，是使计算机具有智能的根本途径，其应用遍及人工智能的各个领域。它主要使用归纳和综合而不是演绎。机器学习在人工智能的研究中具有十分重要的地位。一个不具有学习能力的智能系统难以称得上是一个真正的智能系统，但是以往的智能系统都普遍缺少学习的能力。例如，它们遇到错误时不能自我校正；不会通过经验改善自身的性能；不会自动获取和发现所需要的知识。它们的推理仅限于演绎而缺少归纳，因此至多只能够证明已存在的事实、定理，而不能发现新的定理、定律和规则等。随着人工智能的深入发展，这些局限性表现得愈加突出。正是在这种情形下，机器学习逐渐成为人工智能研究的核心之一。它的应用已遍及人工智能的各个分支，如专家系统、自动推理、自然语言理解、模式识别、计算机视觉、智能机器人等领域。

1.3 信息技术在汽车上的应用

目前，信息技术在汽车及交通领域中的应用主要体现在车辆安全系统，网络、通信及导航系统以及智能交通系统和移动多媒体系统。

信息技术在车辆安全系统方面的应用有防撞警告系统和撞车通告系统、自适应巡航控制系统、被盗车辆寻回系统等。防撞警告系统和撞车通告系统利用电子雷达或激光波束扫描潜在障碍，在即将发生撞车事故时，发出警告信号，提示驾驶员手动或通过电控系统自动进行制动。如果与GPS接收机结合使用，撞车通告系统还可以给救助机构提供车辆精确位置信息。这样急救中心可以快速派车去现场救护。这些服务范围可达公网覆盖地区，实现24小时实时在线服务。自适应巡航控制系统通过控制车辆，在设定所希望的较低行驶速度之后，用电子雷达或激光波束对前方路面进行扫描，必要时自适应巡航控制系统将会自动减小气门开度，降低挡位，甚至实施制动，以保持安全车距。被盗车辆寻回系统提供了一种基于自动车辆跟踪的反盗窃方法，利用互联网设定汽车警戒区域，让汽车进入防盗状态，可以消除车辆丢失的烦恼。

信息技术在网络、通信及导航系统方面的应用有汽车电子导航系统、网络通信系统等。汽车电子导航系统是在全球卫星定位系统（GPS）基础上发展起来的技术，主要应用在导航、测绘、测速、车辆防盗和调度等方面。它可以直接输入地名、经纬度、电话号码来进行线路检索，快捷地提供一条到达目的地的最佳路线。由于道路阻塞、路段施工或走错了路等意外情况，最佳路线行不通时，经再检索可以提供新的行车路线；为驾驶员事先了解路面变化情况做出语音提示。网络通信系统使驾驶员在眼不离前进方向、手不离方向盘的情况下，通过便携式计算机和无线电话接收网络新闻、电子邮件和其他信息，并将结果通过声控传达给驾驶员，只要触动方向盘上的按钮即可启动。

信息技术在智能交通系统方面的应用有先进的交通信息服务系统、先进的交通管理系统、先进的公共交通系统、先进的车辆控制系统、电子收费系统、货运管理系统等。先进的交通信息服务系统建立在完善的信息网络基础上，通过装备在道路上、机动车上、换乘站上、停车场上以及气象中心的传感器和传输设备，向交通信息中心提供全面的交道信息。它对各类信息加以处理后，向社会提供实时的道路交通信息、公共交通信息、换乘信息、交通气象信息、停车场信息以及与出行相关的其他信息。出行者可根据这些信息确定自己的出行方式和路线。目前该系统基本建立在互联网上，并采用多媒体技术，使服务功能大大加强，汽车由此成为移动的“信息单元”和“办公室”。先进的交通管理系统主要是给交通管理者使用的，对道路系统中的交通状况、交通事故、气象状况和交通环境进行实时监视，根据收集到的信息，对交通进行控制，如控制信号灯、发布引导信息、进行道路管制以及对事故进行处理与救援等。先进的公共交通系统的主要功能是改善公共交通工具（包括公共汽车、地铁、轻轨列车、城郊铁路和城市间的长途汽车等）的运行效率，使公共交通运输更便捷、更经济和运量更大。先进的车辆控制系统处于研究完善阶段，从当前的发展看，可以分为两个层次：一是车辆辅助安全驾驶系统，该系统由车载传感器、车载计算机和控制执行机构等组成，行驶中的车辆通过车载传感器测定出与前车、周围车辆以及道路设施的距离，系统会及时向驾驶员发出警报，在紧急情况下强制制动车辆；二是自动驾驶系统，装备这种系统的汽车也称为智能汽车，它在行驶中可以自动导向、自动检测和回避障碍物。在智能公路上，能够在较高的速度下自动保持与前车的距离。电子收费系统可以使汽车通过收费站时不用停车就可以支付过路费。货运管理系统是以高速道路网和信息管理系统为基础，利用物流理论进行管理的智能化物流管理系统。它综合利用卫星定位（GPS）、地理信息系统（GIS）、物流信息及网络技术有效地组织货物运输，以提高货运效率。

随着汽车工业的发展，其车载的媒体播放产品也日新月异。传统硬件多媒体系统功能单一，更新升级困难，难以满足用户追求舒适、完备的驾乘需求。汽车工业与消费电子的不断成熟与发展，促进了车载移动多媒体系统市场的不断壮大。运用移动多媒体技术可开发出过去无法想象的汽车娱乐系统，这种音响图像技术包括全彩屏幕、游戏设备、电源、CD 机、DVD 机等。移动多媒体技术还体现在智能无线产品、远程通信设备和信息处理产品等方面，包括提供语音识别系统。该系统支持多种语言，使驾驶者不用手动操作娱乐系统，从而腾出双手控制方向盘。它还能将互联网的功能集成到车辆中，使人在车上就可以上网浏览、收发邮件和进行股票交易，同时采用“即插即用”的方式使汽车消费者可以方便快捷地更换多媒体产品，享受更丰富的全新服务。

1.4 车辆信息技术研究范畴

人类驾驶员通过视觉、听觉等器官感知周围的交通环境，通过控制方向盘、加速踏板、制动踏板等及时调整车辆的方向、速度，并有意图地规划换道、超车等。人类驾驶员在驾驶车辆时，可以将驾驶人视为一个信息加工系统。驾驶车辆过程中，驾驶人首先通过自己的感官（主要是眼、耳）从外界环境接收刺激信息，产生感觉（视觉、听觉等），然后经过大脑的综合反应产生知觉，即对刺激信息的综合认识，如目测距离、估计车速和时间等，最后结合驾驶人已有的经验予以加工判断，做出相应的决策，利用手脚等操控车辆改变其运动状态，车辆的速度、方向、位置等变化又会反馈给驾驶人，形成新一轮的信息加工过程。

人类驾驶员的信息加工系统，由刺激感知、判断决策、刺激解释三个阶段构成。首先，驾驶人依靠眼、耳、手等接收刺激信息，这些感官构成了一个感觉子系统，也称感受器。感知是由感受器、传导神经和大脑中枢加工器协同活动的结果，是驾驶人感受和分析某种刺激的整个神经装置。其次，感受器将获得的这些刺激信息通过神经系统传送到大脑，在大脑的信息处理子系统（也称中枢加工器）中，外界输入的刺激信息在大脑皮层及皮层下代表区进行分析和识别，产生对刺激信息的感知，从而进行匹配和决策。这些功能都需要贮存子系统中的长时记忆和短时记忆的参与，被处理加工后的信息就可以存入长时或短时记忆中。最后，信息处理系统发放输出信息，通过反应子系统中的手脚、语言等器官，即效应器，产生对车辆的操控，车辆的运动状态会直接作用于交通环境，形成新的刺激被驾驶人感知。

有人驾驶行为实际上是往复不断地“刺激感知——判断决策——刺激解释”的过程，驾驶人通过其感官系统如视觉、触觉等感知车辆内外的各种信息，经大脑处理，并加以判断决策，将决策出的结果以操作手脚的方式解释出来。当下一时刻汽车的状态发生变化后，驾驶人再重复进行上述过程，刺激感知影响着判断决策，判断决策又制约着刺激解释。其中，感受器是直接接受刺激产生神经冲动的装置，是一种生物学的换能器，通过传导神经与大脑中枢联系起来，将各种不同的刺激物能量转换成神经系统可传导的生物电能——神经冲动。驾驶人的感受器主要是眼睛、耳朵等器官，用来感受交通环境中的动静态刺激，并通过效应器（手和脚）来操作车辆的开关、转向盘和各种踏板。感受器与效应器发生关系和相互作用的过程中，本质的联系是信息交换。驾驶人通过感受器对环境刺激进行感知，根据环境刺激和驾驶人个体特性的不同，感受器感知的时间也不同，进而完成驾驶任务的时间就不同。驾驶人的反应时间是从其感受器接收交通环境的刺激到效应器开始执行动作所经历的时间，反应时间的长短取决于环境刺激的性质、强度、数量等，以及驾驶人的年龄、性别、心理素质、身体素质、疲劳程度等。

车辆自主驾驶则通过车载传感器及其他智能设备发挥人的视听觉器官效能，感知车辆周围环境，并根据感知所获得的道路、车辆位置和障碍物等环境刺激，智能地做出决策，实时控制车辆的转向和速度，使得车辆能够安全、可靠地在道路上行驶。与人类驾驶相类似，车辆自主驾驶也可视为一个信息加工系统，同样由刺激感知、判断决策、刺激解释三个阶段构成。无人驾驶车辆依靠视觉、听觉、触觉等传感器接收刺激信息，这些传感器将获得的刺激信息通过总线协议传输给 ECU（Electronic Control Unit，电控单元）。在 ECU 中，传入的刺激信息被识别，做出相应的决策，这些功能同样需要存储设备的知识库参与。最后，信息加工系统输出刺激解释，通过控制器执行相应的动作，从而控制无人驾驶车辆的运动。

因此，无论是有人驾驶还是无人驾驶，其驾驶行为都由刺激感知、判断决策、刺激解释三个阶段来完成。

通常，信息技术是指能够扩展人类信息器官功能的一类技术。特别地，车辆信息技术，则属于能够代替或扩展人类驾驶车辆这一信息器官功能的技术范畴，包括感测技术、通信技术、智能技术及控制技术。利用这种技术能够在近阶段实现辅助驾驶的功能，并最终实现自主驾驶。本书中的车辆信息技术主要涉及车辆电子控制技术、车载网络技术、无线通信技术、车辆定位技术、基于视觉和雷达的车辆环境感知技术、车辆辅助驾驶技术、车辆自主驾驶技术等内容。

1.5 智能交通系统概述

现代交通运输在促进社会经济发展的同时，也成为各国面临的共同难题，如何解决交通问题已经成为全球关注的焦点。交通安全事故频发，成为不可忽视的难题。全球每年超过 130 万人死于因汽车引起的道路交通事故。美国国家公路交通安全管理局（National Highway Safety Administration）恶性事故报告分析系统数据库显示：2009 年美国共发生约 550 万起交通事故，其中 30 797 起导致死亡。在德国，仅 2003 年就发生 225 万起交通事故，造成了 46 万人受伤，6 600 人死亡的严重后果。从 20 世纪 80 年代末至今，我国交通事故死亡人数已从每年 5 万多人增长到 10 万多人，连续 10 余年居世界第一。

交通拥堵和交通安全问题造成了巨大的经济损失和浪费，全球每年因道路交通事故造成的直接经济损失高达 5 800 多亿美元。在美国，主要城市每年由于交通拥挤而造成的浪费就超过 475 亿美元，每年因交通拥挤浪费多达 143.5 亿升的燃料和 27 亿工作小时；预测到 2020 年，因事故造成的经济损失每年将超过 1 500 亿美元。在日本，由于人口密度比较大，每天昼夜行驶的汽车有 7 000 万辆，大量的汽车交通需求，在各地均造成了交通拥挤，每年仅时间损失就达 53 亿小时，经济损失达 12 兆日元，给社会和经济带来沉重的负担。我国仅在 2003 年，道路交通事故造成的直接经济损失为 33.7 亿元，间接经济损失约为 1 170 亿元。2009 年 9—10 月我国发生的各种安全生产事故中，交通事故居首位，占 68.94%；在 264 起死亡事故中，交通事故依然居首位，占 65.50%。

事实上，造成交通拥堵最重要的原因不是交通容量不足，而是交通系统的管理不当。只有将车－路统一管理、协调控制才能解决各种交通问题。传统的解决方法是新建道路，以提高交通流量；但在传统公路体系相对完善的大城市，这个问题已经不能通过建设新公路的方式来解决了。空间的匮乏，高昂的土地价格，环境限制和建造时间，以及新建公路过程中对现有交通秩序的扰乱等问题，成为大城市新建公路的巨大障碍。20 世纪 90 年代，欧美率先提出了智能交通系统（ITS）的概念。ITS 作为一个复杂的现代工程系统，主要由先进交通管理系统（Advanced Traffic Management System，ATMS）、先进出行信息系统（Advanced Traveler Information System，ATIS）、先进车辆控制和安全系统（Advanced Vehicle Control and Safety System，AVCSS）、商用车辆管理（Commercial Vehicle Operation，CVO）、先进公共交通系统（Advanced Public Transportation System，APTS）、先进乡村交通系统（Advanced Rural Transportation System，ARTS）和自动公路系统（Automated Highway System，AHS）等几大部分组成，分别涉及信息、通信、控制工程、交通工程和车辆工程等领域。

作为 ITS 的一部分，自动公路系统（AHS）是一个集车辆编队、驾驶员和道路于一体的，包括车辆自动导航和控制、交通管理自动化以及事故处理自动化的庞大系统，即实现车辆、道路和人的高度一体化。AHS 不但有可能解决交通的拥堵，发挥交通基础设施的最大潜力；而且对交通安全、交通事故的处理与救援、客货运输管理、道路收费系统等方面都会产生巨大的影响。它展现了未来交通便捷、高效、安全、环保的美好蓝图。主要发达国家相继出台了与其相关的发展规划，如欧洲的 PROMETHEUS 计划（PROgraM for European Traffic with Highway Efficiency and Unprecedented Safety）、DRIVE 计划（Dedicated Road Infrastructure for Vehicle safety in Europe）；美国的 IVHS 计划（Intelligent Vehicle Highway System）；日本的 SSVS 计划（Super Smart Vehicle System）、ASV（Advanced Safety Vehicle）计划等。

美国 1986 年启动了 PATH 计划（Partners for Advanced Transit and Highways），开始研究自动公路系统。PATH 的任务是应用先进技术增加高速公路的容量和安全性，减少交通堵塞、大气污染和能源消耗。PATH 项目给出了自动公路系统的主要结构，主要由路旁系统和车载系统两大部分组成。其中路旁系统细分为网络层和链接层；车载系统细分为协调层、调节层和物理层。

1997 年 8 月，美国自动化公路协会（National Automated Highway System Consortium，NAHSC）在加州圣地亚哥市进行了自动公路系统演示试验，证明了自动公路系统的技术可行性并展示了国家自动公路系统协会两年努力工作的最高成就。此次展示是为了将来应用 AHS 以减少道路堵塞、环境污染、交通事故率和减轻驾驶者的负担。实验是在圣地亚哥到洛杉矶之间的州际公路上进行的。这条公路上总共有 92 000 个磁块被嵌入公路表面，为 10 辆别克 LeSabre 导引方向。试验车辆以编队的形式进行了试验。8 辆车仅以一辆车长（6.5 m）的间隙在道路上高速（最高时速约 105 km/h）行进。另外，还演示了车队自动起步、自动停止、自动横向控制和纵向控制、车辆编队的合并等项目。

日本在 1996 年启动了与 PATH 相似的计划，采用 11 辆具有自主驾驶功能的车辆组成的车队，进行了往返 11 km 的 AHS 试验。试验内容包括车辆的自动驾驶、防撞和防脱线等项目，取得了良好的效果。这些成果展示了 AHS 在解决交通拥堵、交通安全、经济性和环保方面的巨大潜力和美好前景；但与此同时，AHS 对道路提出了自动化、智能化的要求，如铺设导航用的磁道钉，建设与车辆进行通信的路旁系统等，这导致公路设施投入巨大，无法直接应用在普通的公路中。此外，欧盟项目 The SAFESPOT 基于车与车之间及车与基础道路设施之间的通信建立智能协作系统，旨在道路安全方面有重大突破。通过智能协作系统的建立，此项目必将大大降低车辆交通事故。

近年来，ACC/ICC（自适应巡航控制/智能巡航控制）系统已经大量出现在日本、欧洲和美国，并且有从高端汽车向中端汽车普及的趋势。有些研究机构在 ACC 的基础上增加了车间通信功能，形成协同自适应控制（Cooperative Adaptive Cruise Control，CACC）系统。CACC 系统的优势在于在 ACC 上使用的控制策略对于 CACC 同样适用。同时，由于不仅可以及时地获得前车的运行情况而且能够得到前车控制的行为，如启动行车制动、改变油门踏板位置等，车辆间距较普通 ACC 系统可以更小。

1.6 智能车辆技术概述

ITS 的基本指导思想是将信息技术、数据通信传输技术、电子控制技术及计算机处理等技术综合地运用于整个公路交通体系，从而有效地提高交通安全、优化交通运输资源、减少能源消耗、降低环境污染等，实现车辆与道路综合交通系统的智能化。交通系统智能化离不开智能车辆技术的支持，而 ITS 的兴起极大地促进了智能车辆技术水平的提高，智能车辆作为 ITS 的重要组成部分得以系统地研究开发。

智能车辆（Intelligent Vehicles，IV）是集传感技术、自动控制、人工智能、视觉计算、程序设计、组合导航、信息融合等众多技术于一体的智能化系统，是充分考虑车路合一、协调规划的车辆系统，是智能交通系统的一个重要组成部分。各国 ITS 系统的研究规划中，智能车辆系统均是一个重要的子系统。通常，智能车辆应具备以下功能：

（1）状态监测。通过各种车载传感器对车辆的技术状态进行监测，并对车辆的自动驾驶或辅助驾驶能力做出判断，对车辆的运行方式进行相应的限制，为驾驶方式选择提供信息。

（2）安全保障。通过各种车载传感器采集交通环境信息，如周边车辆的速度、相对的位置，并对其相互关系进行分析，同时形成车辆安全保障控制策略。

（3）辅助驾驶。智能车辆应能向驾驶员提供行驶环境信息、状态自检信息以及控制反馈信息，在某些危险状态下不仅能发出警告，而且还可以自动启动安全保障机能。

（4）自动驾驶。智能车辆应能实现车道跟踪、车距保持、伺机换道、定速巡航等自动行驶功能。而且还可以人为终止自动驾驶状态。

对于自主式智能车辆不仅应具有加速、减速、前进、后退以及转向等常规车辆功能，而且还应具有定位、任务自主分配、路径规划、路径跟踪、环境感知、自主决策等类似于人类智能行为的人工智能。智能车辆的研究和发展必将促进人类社会的进步和发展。当今的车辆发展并不完善，安全性、智能化、人机交互等方面远远不能满足人类的需要和社会发展的需求。技术上的缺陷导致交通堵塞、环境污染、交通安全性差，智能车辆可以大大缓解这些问题。另一方面，军事上，由于战场情况复杂多变，自动化程度越来越高，世界各国都竞相开展军用智能车辆技术的研究。美国国家研究委员会（National Research Council，NRC）预言："20 世纪的核心武器是坦克，21 世纪的核心武器是在人的监督下计算机控制的无人作战系统。"为此，从 20 世纪 80 年代开始，美国国防部高级研究计划局（Defense Advanced Research Projects Agency，DARPA）专门立项，制定了地面无人作战平台的战略计划。目标是研制可以在崎岖地形上沿规划的路线自主导航及躲避障碍，并在必要时重新规划路线的智能车辆。从此，在全世界掀开了全面研究智能车辆的序幕。随着各种机器人技术的日益成熟，军用智能车辆在未来战场上的地位将日益受到重视，其作用会更大，且将会有更多更先进的智能车辆安装各种武器系统用于军事目的，从而减少人员伤亡。

从智能车辆的系统结构及功能要求角度来看，智能车辆的研究方向主要包括以下几个方面：

（1）环境感知。主要是运用传感器融合等技术，来获得车辆行驶环境的有用信息，如障碍物信息、车流信息、车道状况信息、周边车辆的速度信息、行车标志信息等。

（2）驾驶员行为分析。主要研究驾驶员的行为方式、精神状态与车辆行驶之间的内在联系。目的是建立各种辅助驾驶模型，为智能车辆安全辅助驾驶或自动驾驶提供必要的数据，如对驾驶员面部表情的归类分析能够判定驾驶员是否处于疲劳状态，是否困倦瞌睡等。

（3）系统结构。研究智能车辆系统的系统结构、体系问题。

（4）车辆交互通信。主要研究车辆之间有效的信息交流，主要是各种车辆间的无线通信问题。将车辆、驾驶员和道路等基础设施有机地结合在一起，从而可以通过计算机控制、人工智能和通信技术实现更好的通行能力和更安全的交通。

（5）交通监控、车辆导航及协作。主要研究交通流诱导等问题。

（6）车辆运动控制系统。主要研究车辆控制的运动学、动力学建模、车体控制等问题。

（7）主动安全系统。主要是以预防为主，如研究各种情况下的避障、防撞安全保障系统等。

（8）规范环境下的自主导航。主要研究在某些规范条件下，如有人为设置的路标或道路环境条件较好，智能车辆根据环境感知所获得的环境数据，结合车辆的控制模型，在无人干预情况下，自主地完成车辆的驾驶行为。

第2章　车辆电子控制技术

随着现代电子技术的飞速发展，特别是计算机技术在车辆上的广泛应用，车辆的内涵和功能不断拓展和延伸，机电一体化已成为现代车辆的基本特征，车辆电子技术已经逐步成为车辆最为核心的关键技术和衡量现代车辆发展水平的重要标志。

车辆电子技术是车辆技术与电子技术的融合，通过各种电子控制技术在车辆中的应用以改善和提升车辆性能，车辆电控系统包括传感器、执行器、电控单元（Electronic Control Unit，ECU）等电控硬件以及相关控制软件，车辆电控系统与车辆相应的机械系统相配合，使系统工作于最佳状态。车辆电控系统主要包括动力传动控制系统、底盘控制系统、车身电控系统以及车辆安全与防盗系统等。其中，动力传动控制系统包括发动机控制系统和传动控制系统，底盘控制系统主要包括制动及安全控制系统、转向控制系统、悬架控制系统等。

2.1　动力传动控制系统

燃油价格的不断上升以及越来越严格的排放法规促进了动力传动控制系统的快速发展，越来越多的电控技术在动力传动系统中得到应用，动力传动系统的动力性、经济性、排放性以及操纵方便性等诸多性能得到了极大提高。

2.1.1　汽油发动机电控系统

以图2-1德国博世（BOSCH）系统为例，汽油机电子控制主要包含下列控制功能：

（1）发动机喷油系统控制。喷油量（喷油脉宽）、喷油定时、空燃比闭环控制。通过电控技术准确控制空燃比，取代传统化油器。

（2）发动机点火系统控制。点火提前角、初级回路闭合时间、电子配电控制、爆震控制。通过电控技术，精确控制点火时刻和点火能量，取代传统分电器。

（3）怠速控制系统。发动机启动、暖机、起步过渡。

（4）排放控制系统。废气再循环控制、燃油蒸发控制以及三元催化装置。

（5）故障自诊断和“跛行”控制。

（6）其他控制功能。如二次空气喷射、可变进气系统控制等。

2.1.2　柴油发动机电控系统

柴油机与汽油机电子控制系统的总体结构相差不多，主要差别在于柴油电子控制系统没

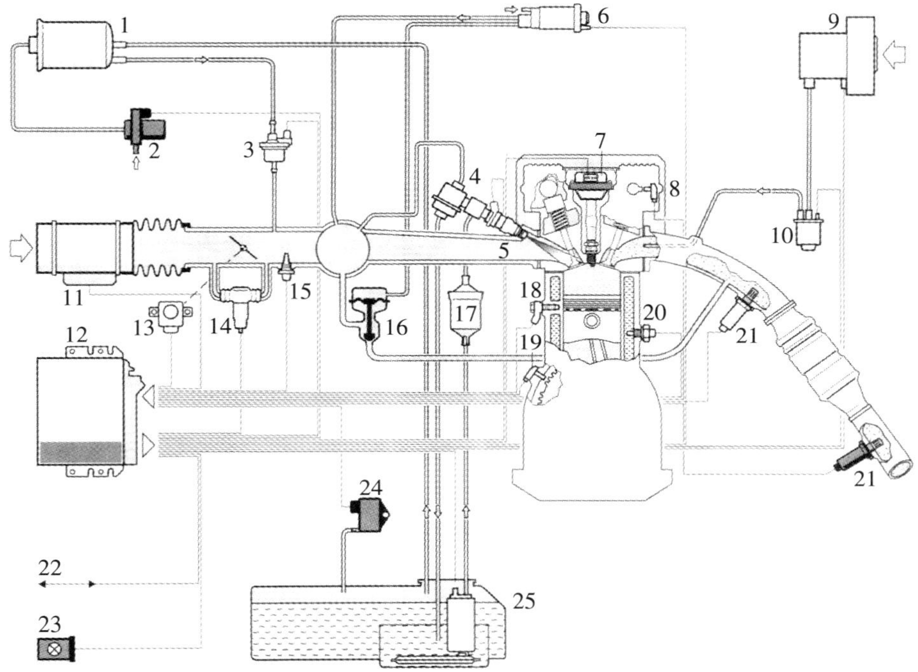

图 2－1　Motronic M5 系统示意图

1—炭罐；2—截止阀；3—炭罐清洁阀；4—燃油压力调节器；5—喷油器；
6—压力执行器；7—点火线圈；8—相位传感器；9—二次空气泵；10—二次空气阀；
11—空气质量流量计；12—控制单元（ECU）；13—节气门传感器；14—怠速执行器；
15—空气温度传感器；16—EGR 阀；17—燃油滤清器；18—爆震传感器；
19—发动机转速传感器；20—发动机温度传感器；21—Lambda 氧传感器；
22—诊断接口；23—诊断指示灯；24—压差传感器；25—电动输油泵

有点火装置，需要控制复杂的喷油执行器。

柴油机电子控制技术的核心为燃油系统控制技术，依据燃油系统的发展，柴油机电控技术可划分为三个阶段：第一阶段为以位置控制为核心的电子调速器（或称位置式控制系统），即以机械喷油泵为基础的喷油齿杆或者滑套的位置控制和喷油定时的调节；第二阶段是以机械泵供油装置和电磁阀技术实现喷油规律控制的电子控制单体泵和泵喷嘴技术，采用机械凸轮机构驱动实现燃油压力的提高，通过高速高压电磁阀进行喷射规律、喷油量和喷油定时的控制；第三阶段的核心技术是基于时间控制的蓄压式高压共轨喷射系统，可实现喷射压力的独立灵活控制。

当前的柴油机电子控制系统已经形成以压力－时间式高压共轨喷射系统（见图 2－2）

为核心，包括可变增压器控制、EGR 控制、气门控制和排放催化转换器控制的柴油机综合管理系统。

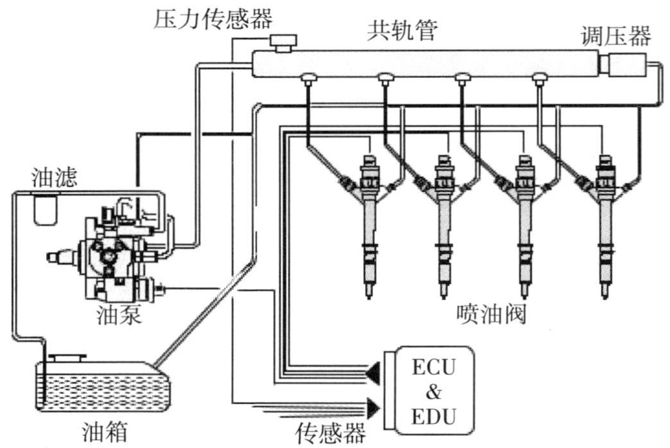

图 2-2　高压共轨系统示意图

当前车用柴油机发展面临的主要问题是有害排放物的进一步控制。柴油机中的主要有害排放物是微粒和 NO_x，这些产物的生成条件和机理不同，治理方向互相矛盾，难以同时采取有效的控制措施。

2.1.3　传动电控系统

电控自动变速器可以根据发动机的载荷、转速、油门及制动踏板状态、换挡手柄位置等参数，通过控制算法判断最佳挡位和最佳换挡时间并自动改变变速器挡位，它不仅能简化汽车操纵，而且能实现最佳的行驶动力性和经济性。目前得到广泛应用的自动变速器主要有 4 种：AT、AMT、CVT、DCT（DSG）。它们都有各自的优缺点，但作为自动变速器，在提高驾驶操作的轻便性、减轻驾驶员的疲劳强度、提高汽车的动力性和经济性等方面都比传统的手动变速器有更多的优势。为了实现自动变速的控制目标，自动变速器应具有的主要功能就是自动合理地选择排挡，以及平顺快捷地完成换挡操纵，具体表现在换挡规律控制和换挡品质控制两个方面。

图 2-3 为 EATON 自动变速器的结构图，如果不加装 1~9 的部件，该变速器为一款手动变速器（MT）。加装传动电控装置 TCU（5）后，TCU 根据传感器（3、4、7、9）的信息，控制执行器（1、2、6）使手动变速器实现了自动换挡功能。换挡品质控制和换挡规律控制是各类自动变速器的难点和核心。

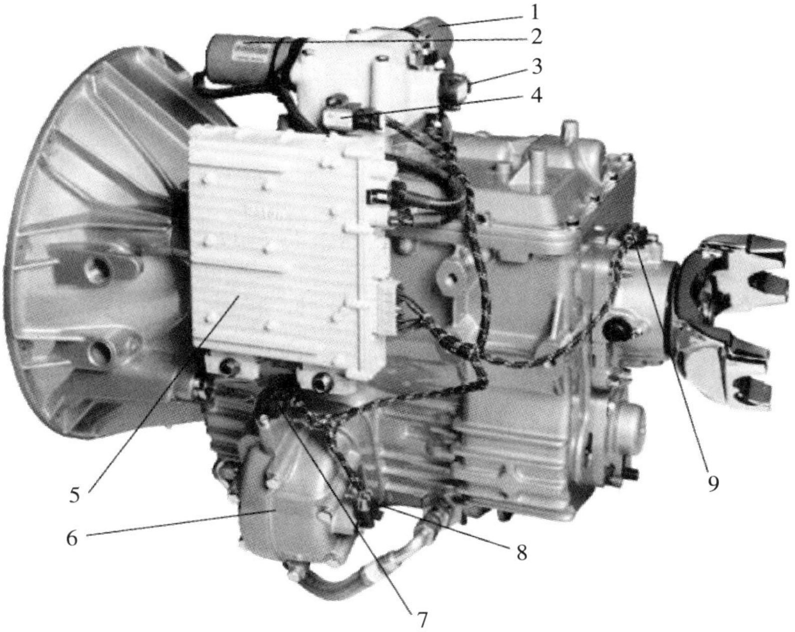

图 2－3　EATON 电控机械式自动变速器（AMT）
1—换挡电机；2—选位电机；3—选位传感器；4—换挡传感器；
5—AutoShift 变速器 ECU；6—惯性制动器；7—输入轴转速传感器；
8—惯性制动器控制端；9—输出轴转速传感器

2.2　底盘电控系统

（一）制动及安全控制系统

车辆上装备的安全系统分为主动安全系统和被动安全系统两类。安全气囊、吸能车身、安全带只能解决意外事故后的问题，属于被动安全系统。主动安全的作用是要最大限度地防止事故，主要包括制动防抱系统（ABS）、驱动防滑系统（ASR）和制动主动安全控制等。

1. ABS

汽车制动理想目标是：保持制动时车轮滑移率始终在侧向附着系数较大、纵向附着系数最大的滑移率值附近，以产生较大的侧向力及最大地面制动力。这样一方面可有效地利用轮胎与路面间的附着条件，提高制动效能，缩短制动距离；另一方面也可保证在制动过程中不丧失转向能力，同时还可避免轮胎抱死拖滑，减少胎面磨损，提高轮胎使用寿命。

为达到上述目标，在制动过程中需要控制车轮滑移率，而在不同路面条件下所需控制的滑移率也是变化的。想靠驾驶员的人为动作来控制制动系统使汽车处于理想制动过程是不可能的，能使汽车的制动过程接近于理想制动过程的机电一体化控制装置即是汽车制动防抱系统。

ABS 工作过程一般可以分为常规制动、制动压力保持、制动压力减小和制动压力增大等 4 个阶段，通过调节制动力的大小进而控制车轮滑移率。下面以图 2－4 所示的轿车 ABS 系统的左前轮为例进行介绍。

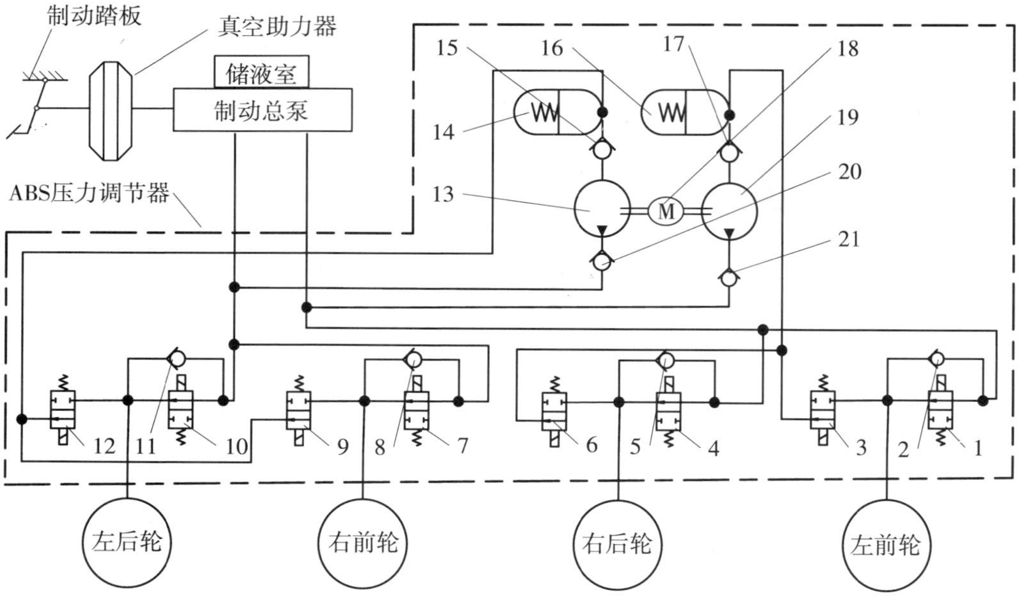

图 2－4　液压制动系统工作原理图

1—左前轮进油电磁阀；2—左前轮卸压单向阀；3—左前轮回油电磁阀；4—右后轮进油电磁阀；5—右后轮卸压单向阀；6—右后轮回油电磁阀；7—右前轮进油电磁阀；8—右前轮卸压单向阀；9—右前轮回油电磁阀；10—左后轮进油电磁阀；11—左后轮卸压单向阀；12—左后轮回油电磁阀；13，19—ABS 回油泵；14，16—ABS 低压储液器；15，17，20，21—回油单向阀；18—ABS 电机

常规制动：驾驶员踩下制动踏板时，通过助力器和总泵建立制动压力。此时 ABS 电磁阀处于复位状态，常开进油电磁阀打开，常闭出油电磁阀关闭，制动压力通过进油阀进入车轮制动轮缸，车轮转速迅速降低，制动压力完全由驾驶员控制。

减压过程：当电控单元判断左前轮趋于抱死时，说明轮缸制动压力过大，要适当降低该通道的制动压力，关闭左前轮进油电磁阀 1，打开左前轮回油电磁阀 3，制动轮缸中的高压制动液经回油电磁阀流入 ABS 低压储液器 16 中，与此同时，ABS 电机 18 驱动回油泵 19，将低压储液器中的制动液泵回至制动总泵。减压过程中制动液的流动通道为：左前轮轮缸→

回油电磁阀3→ABS低压储液器16→回油单向阀17→ABS回油泵19→回油单向阀21→制动总泵→储液室。随着制动轮缸中的制动液流回储液室，轮缸中的压力随之降低，从而达到防止车轮抱死的目的。

保压过程：电控单元关闭相应的左前轮进油电磁阀1和回油电磁阀3，从而断开了左前轮轮缸的进出油路，即轮缸中的压力油既不能进，也不能出，实现轮缸压力的保持。

增压过程：随着左前轮制动缸压力的下降，车轮制动力将随着减小，为了充分利用地面附着力，需要再次增加轮缸压力。电控单元打开相应通道的进油电磁阀1，关闭回油电磁阀3，接通制动总泵与制动轮缸间的油路，制动总泵中的高压制动液进入轮缸，制动压力升高。ABS增压过程中，制动液的流动通道为：制动总泵→进油电磁阀1→左前轮轮缸。

通过ABS系统可以主动控制每个轮胎的制动力，从而使轮胎滑移系数保持在理想值附近，这样既不会丢失方向，还会获得最大的制动力。

2. ASR

为了增加车辆驱动力可以采用增加发动机输出功率的措施，但这是以驱动轮不发生滑转为前提的。车辆加速行驶过程中，如果出现驱动轮滑转，则增大的轮边驱动力只会进一步加剧车轮的滑转，而地面的切向反作用力（地面驱动力）并不会增加，反而有所下降，不但影响车辆的加速性能，而且对车辆的行驶方向稳定性和转向操纵性也有很大影响。ASR技术可避免车轮在驱动状态下的打滑，ASR系统的主要控制方式有3种：通过和发动机控制系统通信来主动降低发动机输出功率控制、主动制动降低驱动力以及综合控制。

ASR是在ABS系统上发展起来的，如图2－5所示，与ABS系统的主要不同是制动压力调节器。ABS的系统制动压力来自驾驶员踩制动踏板的动作，也就是说驾驶员不踩制动踏板，ABS系统不能自动产生制动压力。而ASR压力调节器在每个制动回路中增加了预压阀和卸压阀，且回液泵采用自吸式液压泵，这样就可以实现主动制动、也就是在驾驶员不踩制动的情况下也可以产生制动力。

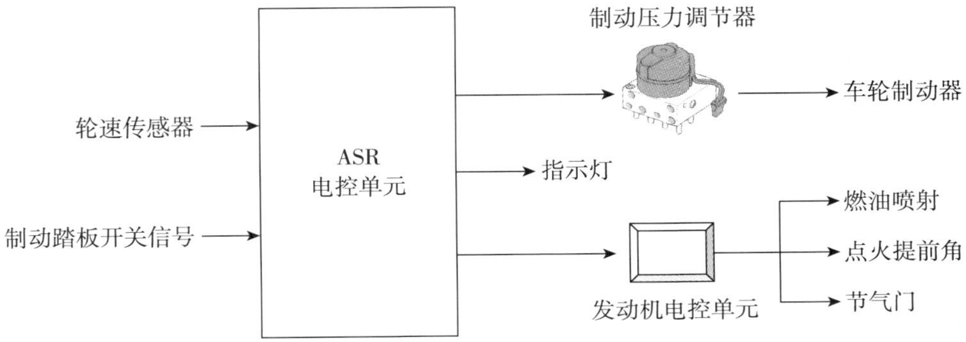

图2－5　ASR系统组成框图

3. 制动主动安全控制

电子稳定性程序（Electronic Stability Program，ESP）、车辆稳定性控制（Vehicle Stability Control，VSC）以及动力学稳定性控制（Dynamic Stability Control，DSC）虽然有不同的名称，但其工作原理都是通过对制动系统的主动控制来提高车辆操纵稳定性。

ESP 等车辆制动主动安全控制系统是在 ABS 和 ASR 的基础上发展起来的，是改善汽车行驶性能的一种控制系统。该控制系统按功能可以分成两个系统：一个系统在制动系统中；另一个系统在动力传动系统中，既可以防止汽车在制动过程中车轮抱死，又可以防止汽车在起步时驱动轮发生过度滑转，还可以保证汽车能按照驾驶员意图轨迹行驶。因此，只要汽车行驶过程中，不超出车辆和路面的附着物理极限，则 ESP 系统就可以通过自动调节各车轮的驱动力和制动力，防止汽车转向时发生侧滑、侧向驶出车道等不稳定工况，可以大大提高汽车的安全行驶性能。

ESP 等车辆制动主动安全控制系统是在 ABS 和 ASR 系统基础上集成的，有很多部件它们是共用的，一般包括方向盘转角传感器、横摆角速度传感器、横向加速度传感器、液压调节单元、预压泵、制动主缸压力传感器、轮速传感器系统、电子控制单元（ECU）、制动灯、制动踏板开关和指示灯等，如图 2－6 所示。与 ABS 和 ASR 相比，系统增加了转向盘转角传感器、侧向加速度传感器、横摆角速度传感器，通过这些传感器可计算出驾驶员期望的横向速度和横摆角与实际车辆的横向速度和横摆角的偏差，以及实现驾驶员期望轨迹所需的横摆力矩，并通过对制动器、发动机管理系统进行干预控制加以实现，使车辆朝着驾驶员期望的方向行进。

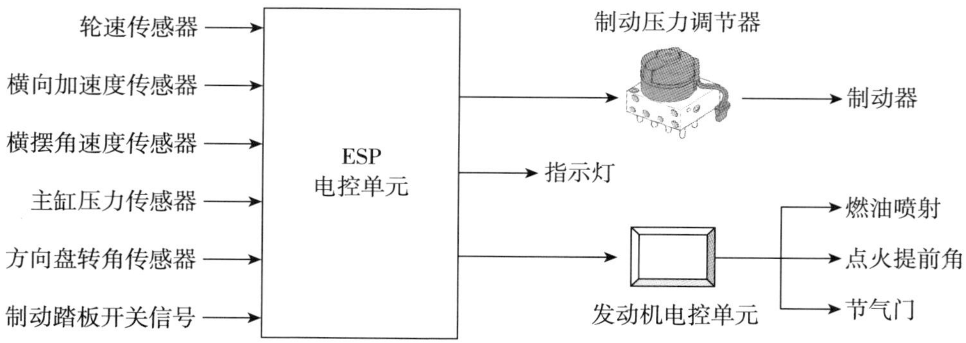

图 2－6　汽车电子稳定性控制系统

（二）转向控制系统

汽车转向系统的发展经历了从机械转向系统（Mechanical Steering System，MS）、液压动力转向系统（Hydraulic Power Steering System，HPS）、电控液压动力转向系统（Electrical

Hydraulic Power Steering System，EHPS）、电动助力转向系统（Electric Power Steering System，EPS），到线控转向系统（Steer by Wire）的过程。其中 EPS 是汽车动力转向技术的发展方向，而线控转向系统代表未来转向系统的发展方向。

EPS 如图 2－7 所示，整个系统由转矩传感器、车速传感器、电控单元、助力电机、减速机构等几部分组成。其工作原理是：转向盘转动时，转矩传感器检测方向盘转矩的大小和方向，产生一个转矩电信号；同时，车速传感器也产生一个车速电信号。转矩信号和车速信号传给控制单元，控制单元根据转矩信号和车速信号并通过一定的控制算法决定助力电机的旋转方向和助力电流的大小，从而完成实时控制助力转向。转向盘转矩越大，助力电机提供的助力力矩也越大，提高汽车的转向轻便性；同时，控制单元根据车速的大小来控制路感，车速低时提供较大的助力，车速高时提供较小的助力，增强驾驶员的路感。

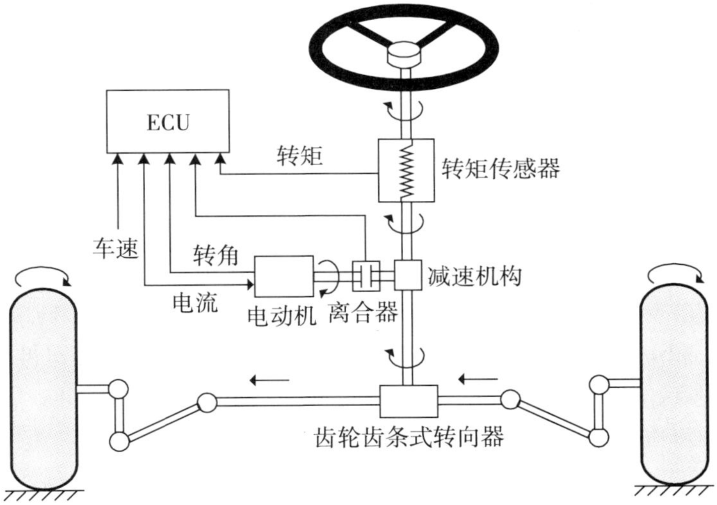

图 2－7　EPS 结构简图

（三）悬架控制系统

电控悬架（Electronic Modulated Suspension，EMS）一般是在普通悬架基础上增加电子控制系统而成。在不同的使用条件下具有不同的弹簧刚度和减振器阻尼力，既满足平顺性的要求又满足操纵稳定性的要求。电子技术控制汽车悬架系统主要由（车高、转向角、加速度、路况预测）传感器与开关、电子控制 ECU、悬架控制的执行器等组成，系统框图如图 2－8所示。根据有无动力源，可以将电子控制悬架分为两大类：半主动悬架（Semi-Active Suspension）及主动悬架（Active Suspension）。

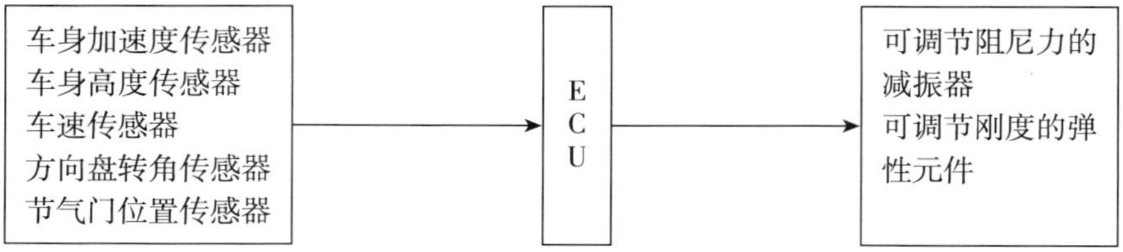

图 2-8　电控悬架系统框图

2.3　车身电子控制系统

（一）汽车空调控制系统（ACS）

汽车自动空调系统（Automatic Air Conditioning System）是舒适性装置，汽车内部温度是舒适性的重要指标。车内温度取决于车外温度、空气流量以及太阳辐射的大小。自动空调控制系统由 4 部分组成：一是传感器部分，专门负责温度信息反馈；二是系统“控制中枢”，也就是空调器控制部件 ECU；三是控制部件，包括空调系统冷凝器电动机、蒸发器电动机、混合气流电动机、气流方式电动机，用以控制冷暖气组合、开启或关闭正面、侧面和脚部的出风口；四是自检及报警部分。汽车自动空调系统是根据设置在车内外的各种温度传感器输出的信号，由 ECU 中的微机计算出经过空调热交换器后进入车内应该达到的出风温度。对混合气调节器开度、风扇驱动电机转速、冷却器风门（或加热器风门）、压缩机等进行控制。它能够依据车厢温度自动调节出风温度，自动地将车内温度保持在设定的温度范围内，使车内的温度、湿度始终处于最佳值，为驾驶员和乘员提供一个舒适的乘坐环境。另外自动空调有自检装置，可以及早发现故障隐患。

（二）汽车电动座椅

汽车电动座椅按人体工程学的要求设计，具有良好的静态与动态舒适性。电动座椅具有各种调节机构，可适应不同驾驶员、乘员在不同条件下获得最佳驾驶位置与提高乘坐舒适性的要求。多功能动力调节座椅在轿车上的使用日益广泛。

（三）汽车电子灯光控制系统

汽车电子灯光控制系统根据光传感器检测到车外天气光亮情况的信号，自动地将后灯和前照灯接通或切断，以提高汽车使用的便利性和行驶安全性。

前照灯自动配光控制系统：根据道路环境自动配光，提高视野。用毫米波雷达和 CCD 摄影机对道路环境（迎面、前行是否有车）进行监视；通过近光远照，在近光与远光之间实现可变式配光形式；避免使迎面、前行车产生目眩，自动控制最佳的配光形式；通过对道路状况的监视，调整行进方向的配光，获得好的照射亮度。如图2－9所示的自适应前照灯系统（AFS），该系统可在前照灯照明范围内，根据车身的动态变化、转向机构的动作特性等综合因素进行计算和判断，从而判定汽车当前的行驶状态并对前照灯近光进行相应的调整，并能在会车时自动启闭和防眩。

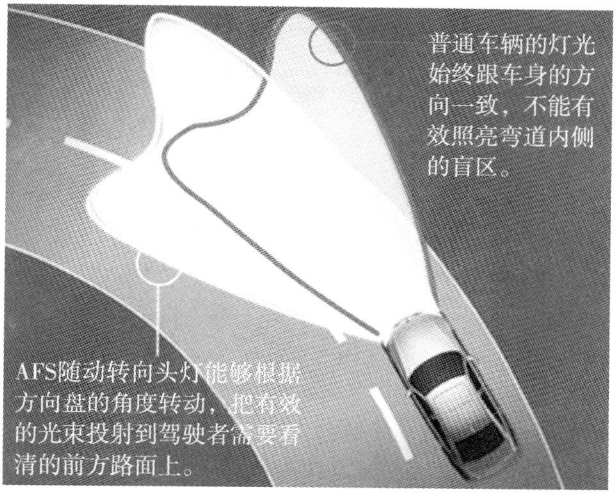

图2－9　AFS示意图

2.4　车辆安全与防盗系统

（一）电子控制安全气囊系统

安全气囊控制系统（Supplemental Restraint System，SRS）是一种被动安全技术装置，由触发装置、气体发生器和气囊三部分组成。触发装置包括传感器、电子控制装置、储备电源和监控装置。由电子控制系统接收加速度传感器发出的信号，并进行分析，以判定是否发生碰撞事故。若发生了碰撞则对气体发生器发出指令，迅速吹胀气囊，整个过程约需0.03 s。触发装置中的监控装置可连续自我监控，确保整个气囊系统在任何时刻都处于准备工作状态。安全气囊的系统组成如图2－10所示。

（二）预紧式安全带系统

预紧式安全带的特点是当汽车发生碰撞事故的一瞬间，乘员尚未向前移动时它会首先拉紧织带，立即将乘员紧紧地绑在座椅上，然后锁止织带防止乘员身体前倾，有效保护乘员的安全。预紧式安全带中起主要作用的卷收器与普通安全带不同，除了普通卷收器的收放织带功能外，还具有当车速发生急剧变化时，能够在0.1 s左右加强对乘员的约束力，因此它还

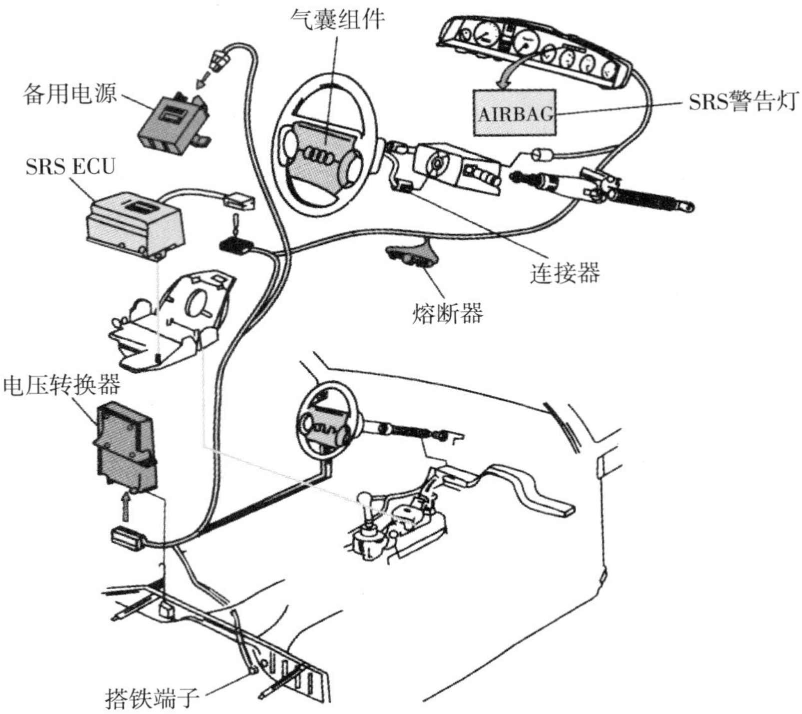

图 2－10　SRS 系统组成结构简图

有控制装置和预拉紧装置。

预拉紧式卷收器的控制装置分为两种。一种是电子式控制装置，由电子控制单元（ECU）检测到汽车加速度的不正常变化，经过电脑处理将信号发至卷收器的控制装置，激发预拉紧装置工作，这种预紧式安全带通常与辅助安全气囊组合使用；另一种是机械式控制装置，由传感器检测到汽车加速度的不正常变化，控制装置激发预拉紧装置工作，这种预紧式安全带可以单独使用。

预拉紧装置有多种形式。常见的一种爆燃式的装置，是由气体引发剂、气体发生剂、导管、活塞、绳索和驱动轮组成，活塞安装在导管内，绳索一端与活塞连接，另一端与驱动轮连接。当汽车受到碰撞时预拉紧装置受到激发后，密封导管内底部的气体引发剂立即自燃，引爆同一密封导管内的气体发生剂，气体发生剂立即产生大量气体膨胀，迫使活塞向上移动拉动绳索，绳索带动驱动轮旋转，驱动轮使卷收器卷筒转动，织带被卷在卷筒上，使得织带被回拉。最后卷收器会紧急锁止织带，固定乘员身体，防止身体前倾与方向盘、仪表板和玻璃窗相碰撞。

（三）中央防盗门锁

汽车防盗系统的功能主要包括三个方面：防止非法进入汽车、防止破坏或非法搬运汽车、防止汽车被非法开走。换句话说，汽车防盗一般从 3 个方面考虑：门锁的工作可靠性、发动机的防盗性、汽车的防盗报警功能。汽车防盗系统有广义和狭义之分，广义的防盗系统包括中控门锁、发动机控制单元和报警系统。狭义的防盗系统是指一些防盗设备，如各种防盗锁和各类报警器。

中央防盗门锁的使用既方便了驾驶员开锁车门，又能起到防盗作用。电子止动防盗系统（防盗点火锁）是目前使用最多也是世界上高级轿车普遍采用的汽车防盗技术。

2.5　人工驾驶汽车实现自动驾驶的底层改造

传统人工驾驶汽车要实现自动驾驶需要进行底层改造工作。因车辆总成配置的差异，特别是发动机、变速器等动力传动方式的差异，可能导致不同的改造方案和改造工作量。本节就传统汽车实现自动驾驶改造可能涉及的内容进行讨论。

2.5.1　换挡自动操纵

（一）自动挡汽车

1. 换挡手柄

一般来说，自动挡汽车的自动变速器的柄位分为 P、R、N、D、S、L 等。其操作方式通常呈直线型或 L 型二类，如图 2－11 所示。

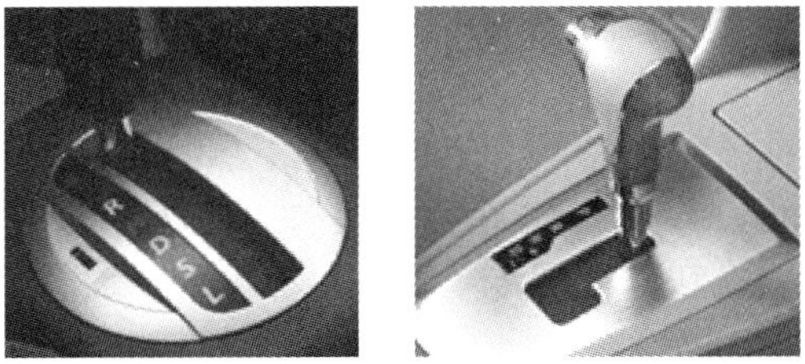

（a）　　（b）

图 2－11　自动挡手柄

（a）直线型；（b）L 型

对于自动挡汽车，由于车辆会根据速度和油门等参数自动换挡，在进行车辆自动驾驶时只需要设计执行机构，代替人完成换挡手柄操纵，即在 P、R、N、D、S、L 之间自动切换。

需要注意的是，对于直线型手柄，设计的执行机构只需要一个自由度；而对于L型手柄，则需要设计二自由度的执行机构。

2. 自动变速器类型的选择

自动变速器类型目前主要有：液力自动机械变速器（Automatic Transmission，AT）、无级变速器（Continuously Variable Transmission，CVT）、自动机械变速器（Automatic Mechanical Transmission，AMT）、双离合器自动变速器（Dual Clutch Transmission，DCT），DCT也称为DSG（Direct Shift Gear）。

液力自动机械变速器是最早实现变速操纵自动化的车辆变速系统。1940年，通用汽车公司第一次采用了名为Hydraulic的全自动变速器，它由一个液力偶合器加上一个四挡行星变速器组成，能根据车速大小及油门开度位置变化自动换挡。1948年，通用汽车公司首次将带有液力变矩器的自动变速系统装在Buick轿车上。随后其他一些厂商也相继开发了自己的自动变速系统，当时自动变速器的共同特点是采用纯液压控制，主要根据发动机节气门开度和汽车行驶速度两个参数产生液压控制信号，借助液压执行机构进行换挡动作。随着电子技术、控制技术的飞速发展，传统的纯液压控制方式被电液控制所代替，使得自动变速系统进入了电液控制的发展时期。其特点是以原来的液压控制油路为基础，由电子单元控制液压油路的动作进行自动换挡；既有液压控制又有电子控制；用电磁阀取代了液压控制中的液压控制阀，液压系统只作为电子控制的执行机构。电控液力机械变速器一般由液力变矩器、行星齿轮变速机构、换挡执行器、液压自动操纵系统、电子控制系统五部分组成。液力变矩器采用闭锁离合器，配以电子控制系统实现自动换挡以及实现液力变矩器的闭锁和解锁控制等；通过预设各种换挡规律，适应不同类型驾驶员和外界行驶环境的变化。液力变矩器的作用一是传递转速和扭矩，二是使发动机和自动变速器之间的连接成为软连接。AT自动变速系统简化了操纵，换挡过程没有动力中断，提高了舒适性和车辆平均速度以及车辆的安全性和通过性。但它存在液力变矩器传动效率低，行星齿轮变速器结构复杂，制造工艺要求高，价格贵，修理困难等缺点。

CVT传动系统一般由起步装置、行星齿轮机构、无级变速机构、自动变速操纵系统和中间减速机构组成，采用传动带和工作直径可变的主、从动轮相配合传递动力。由于CVT可以实现传动比的连续改变，从而得到传动系与发动机工况的最佳匹配，保证发动机在最佳工况下运转。CVT能够提高整车的燃油经济性和动力性，在变速过程中无动力中断，具有更好的加速性能；传动比连续变化，动力传动系统所受的冲击小，提高了乘坐的舒适性；可以控制发动机转速在较小范围内变化，而使车速在较宽的范围内变化，使发动机在较稳定的工况下工作，所以它是理想的汽车传动装置。尽管CVT系统具有最佳的传动特性，但是CVT目前仍然存在传动带的强度和寿命问题，以及传动带与带轮之间的滑磨问题。这些问题限制了CVT的传递功率，降低了传动效率，致使CVT汽车的燃油经济性和动力性未能显著地超过传统的有级式机械变速器，加之CVT的成本相对较高，也在一定程度上限制了

CVT 的使用。

自动机械变速器（AMT）是在原固定轴式有级变速器的基础上增加自动变速操纵系统构成的。AMT 的基本工作原理是：电子控制单元（ECU）根据驾驶员的操纵（油门踏板、制动踏板、转向盘、选挡器的操纵）和车辆的运行状态（车速、发动机转速、变速器输入轴转速），确定驾驶员的意图以及路面情况，采用相应的控制规律，发出控制指令，控制液压、气动或电动执行机构模拟驾驶员的操纵动作，自动完成离合器的分离与接合、选挡换挡操作以及发动机油门的调节等动作，以实现车辆起步和换挡过程的自动操纵。它的主要功能是靠软件实现的，通过控制软件的优化，保证起步迅速而平稳、换挡快捷且换挡冲击小。AMT 既保留了原手动换挡变速器（MT）传动效率高、结构简单、工作可靠、制造和维护成本低的特点，同时又实现了自动操纵，被公认为是一种较有前途的自动变速方式。但是，AMT 无法克服手动变速器固有的动力中断、单点啮合等问题。

为了既可以充分利用自动机械变速器所具有的优点，又可以消除其中断动力换挡的缺点，一种采用双离合器结构的自动变速器 DCT 应运而生。该变速器的动力传递是通过两个离合器分别连接两根输入轴，两个离合器分别在不同的速度接合，对于每个离合器，输入轴都单独连到发动机上。换挡过程中通过离合器的滑磨控制使得发动机的动力持续传递到驱动轮，能够实现在不切断动力的情况下转换传动比，从而缩短换挡时间，有效提高换挡品质。DCT 具有效率高的优点，同时克服了动力中断的缺点，目前是研发的热点，其技术难点之一是离合器摩擦材料的耐磨性能和抗高温性能（散热问题），目前还未应用到重型车辆上。

由于驾驶工况的复杂性，特别是拥堵的城市环境，车辆在行驶中走走停停可能导致频繁地换挡；如果路面阻力大，对于 AMT、DCT 的车可能会造成转速迟钝、挡位卡死、不能升挡、车辆熄火等故障。装有变矩器的自动变速器车辆则不会出现车辆熄火的问题；由于变矩器有自适应特性，即使车辆撞上障碍物通常也不会导致熄火的故障。此外，对 AMT、DCT 的车辆如果制动配合不好，也有可能会熄火。因此，就目前的技术成熟度而言，在进行车辆自动驾驶改造时，对于不是专门从事车辆研究的单位而言，选用液力自动机械变速器的车型更为方便。

（二）手动挡汽车

手动挡汽车在进行车辆自动驾驶改造时，首先要实现自动变速功能，根据车型的不同选用不同的自动变速设计方案。

图 2－12 所示为北京理工大学、南京理工大学、浙江大学、清华大学、国防科技大学等 5 所院校合作开发的中国第一辆自动驾驶车辆（Autonomous Test Bed，ATB）。其车型为一款手动挡的跃进汽车，在进行自动驾驶改造时，设计了 AMT 自动换挡系统。而对于手动挡的重型车辆，在进行自动

图 2－12　ATB

驾驶改造时，通常设计 AT 自动换挡系统。图 2－13 为北京理工大学研制的重型卡车 AT 自动换挡系统。

通过分析可以看到，手动挡汽车在进行自动驾驶改造时，并不像自动挡汽车增加换挡手柄执行机构那样简单，而是包含了大量的自动变速技术研究工作。这也是目前国内从事自动驾驶车辆研究，大多采用自动挡车辆的原因之一。

图 2－13　AT 自动换挡系统

2.5.2　加速踏板自动操纵

柴油发动机通过对油门开度的控制来实现转速的调节，而汽油发动机的功率和转速则由节气门控制。操纵油门或节气门开度可以控制可燃混合气的流量，改变发动机的转速和功率，以适应汽车行驶的需要。

传统汽油发动机节气门操纵机构是通过拉索（软钢丝）或者拉杆，一端连接油门踏板（加速踏板），另一端连接节气门连动板而工作。但这种传统加减速方式的应用范畴受到限制并缺乏精确性，在日新月异的汽车电子技术发展形势下，电子控制的柴油或汽油发动机应运而生。通过位置传感器，传送加速踏板位置变化的信号，这个位置信号会被车载微机接收和解读，然后再发出控制指令，使汽油发动机的节气门开度或柴油发动机的油门开度随踏板位置而发生相应的变化，进而使燃料供给装置也发生相应的变化，从而实现对汽车加减速功能的电子控制。

在进行自动驾驶加速踏板自动操纵改造时，常用的方法是，增加电机执行机构作用于加速踏板，以代替人对加速踏板的操作。而对于有电子控制加减速功能（对于柴油发动机，可简称为电子油门）的车辆，则可以通过发送电子信号的方式实现对加减速机构的控制。需要指出的是，目前大多数自动驾驶改造，都是分别对换挡和油门进行操作，而事实上，车辆中动力和换挡（传动）是一个不可分割的整体，因此，为了更好地利用车辆的特性实现自动驾驶，需要从汽车动力传动系统一体化的角度来思考对自动驾驶系统的改造。

汽车动力传动系统一体化控制应用电子技术和自动变速理论，以电子控制单元（ECU）为核心，控制发动机的供油调节实现起步、换挡的自动操纵。动力传动系统一体化控制方式一般分为三类：

（1）采用两机或多机通信的方式。在发动机 ECU 和变速器 ECU 之间实现信息共享。这种控制方式充分利用了成熟的发动机和变速器控制技术，对原系统改动较少，易于实现，开发成本较低，但由于布线较多，集成度不高。

（2）采用单一的 ECU 对发动机和变速器实现整体控制。其优点是集成度高，外围接线减少，可靠性提高，但对 ECU 要求较高，开发成本高。有些轿车上的动力控制系统、自动变速器和发动机使用同一 ECU，装有微计算机的 ECU 通过控制自动变速器的换挡、闭锁时刻、行星齿轮系统中执行机构（离合器、制动器）的油压以及换挡时发动机转矩，使换挡品质达到最佳。

（3）采用CAN总线结构进行总体控制。目前在汽车上采用较多的是CAN总线；通过CAN总线，两个系统之间不仅能传输命令、请求和汽车的一些基本状态（如发动机转速、车速、冷却水温度等），还能对一些实时性要求强的数据如油量、转速信号等设定较高的优先级。

显然，动力传动系统一体化控制既要考虑变速器的特性，又要考虑发动机的特性。而发动机因汽油机和柴油机的不同，又有不同的电控方式，2.1节简要介绍了汽油发动机电控系统和柴油机电控系统。在实际车辆自动驾驶改造时，需要全面分析这些因素，提出合理的设计方案，进而实现一体化控制。

2.5.3　制动自动操作

2.2节介绍了ABS、ASR以及ESP，其中ESP是汽车电控的一个标志性发明。不同的研发机构对这一系统的命名不尽相同，如博世（BOSCH）公司早期称为汽车动力学控制（VDC），现在称为ESP；丰田公司称为汽车稳定性控制系统（VSC）、汽车稳定性辅助系统（VSA）或者汽车电子稳定控制系统（ESC）；宝马公司称为动力学稳定控制系统（DSC）。尽管名称不尽相同，但都是在传统的汽车动力学控制系统如ABS和TCS的基础上增加一个横向稳定控制器，通过控制横向和纵向力的分布和幅度，以便控制任何路况下汽车的动力学运动模式，从而能够在各种工况下提高汽车的动力性能，如制动、滑移、驱动等。ESP在国外已经批量生产，在国内尚处于研究阶段，要达到产业化的程度，还有大量的工作要做。其电子部件主要包括电子控制单元（ECU）、方向盘传感器、纵向加速度传感器、横向加速度传感器、横摆角速度传感器、轮速传感器等。

对AMT、DCT的车辆如果制动配合不好，有可能会导致发动机熄火，因此，在对车辆进行自动驾驶改造时，应该对制动方式进行全面的了解。目前，最简单的改造方式是增加电机执行机构来代替人作用于制动踏板。但是这种方式并没有把车辆作为一个整体来考虑，应该综合动力、传动、制动、车辆稳定等整个汽车电控系统特性进行相应设计。

2.5.4　转向自动操纵

现在很多车辆都配备了电动助力转向系统。电动助力转向系统相比于传统的液压助力转向有显著的优势，主要体现在：

（1）降低燃油能耗。传统机械液压动力转向系统的液压泵由汽车发动机驱动。汽车发动之后，无论是否转向，这套系统都要工作，而且在大转向车速较低时，需要液压泵输出更大的功率以获得比较大的助力，所以在一定程度上浪费了发动机动力资源。但是，电动助力转向依靠传感器确定工作状态，根据一定的助力曲线提供合适的助力，真正做到了“按需供能”。

（2）增强了转向性能。包括跟随性、回正性和车辆的操纵稳定性。由于转向系统直接由电机驱动，没有了液压系统的迟滞性，可以提高跟随性。而且传统液压助力转向车轮回正性的校调必须依赖机械结构的改进，但是电动助力转向的助力特性却可以由控制系统的软件进行控制，大大提高了灵活性。

（3）系统结构简单，占地空间小。传统的液压助力转向系统有很多软管、油泵和密封件等，这些零件的维修和转配都比较麻烦，而电动助力转向以其模块化的优势，在系统的装配和维修上都要更高效。

电动助力转向系统是在传统的机械转向机构上加装方向盘扭矩传感器、车速传感器、电子控制单元和助力电机等模块构成的新型助力转向系统。某型号车辆的转向系统结构如图2－14所示，方向盘与电动助力转向机构的输入端相连，电动助力转向机构的输出端和齿轮齿条转向机相连，齿轮齿条转向机和前车轮相连，形成了整体的转向系统。

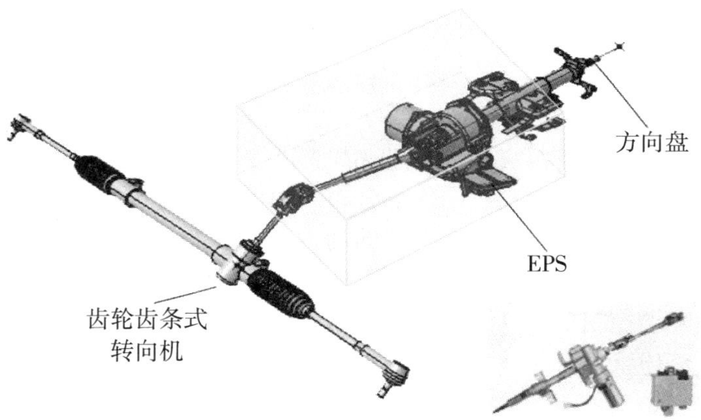

图2－14 车辆转向系统结构图

对于配备了EPS的车辆，在进行自动驾驶改造时，其中转向部分需要设计代替人完成方向盘操纵的功能，根据实际情况，可以提出以下3种自动转向系统改造方案。

（1）在转向柱或转向盘上外加伺服电机。

如图2－15所示，利用伺服电机带动转向柱或转向盘进行转动，通过对伺服电机进行实时位置控制达到自动转向的目的。该方法具有稳定和容易实现的优点，但是该方法对车上安装空间有一定的要求。此外，该方法有一定的滞后性，需要先控制伺服电机的运动，再由伺服电机带动转向柱或转向盘运动，经EPS系统再到转向轮。而转向系统都有一定的空行程，所以此方法会存在一定的滞后性。同时，由于在选择车辆时，没有充分考虑原车为有人驾驶情况下配置的转向电控系统的特性，有时控制会出现不协调的问题。

（2）对原车EPS系统进行控制。

EPS控制器是根据方向盘转矩和车速信号进行助力控制的。通过对原车的EPS控制器进

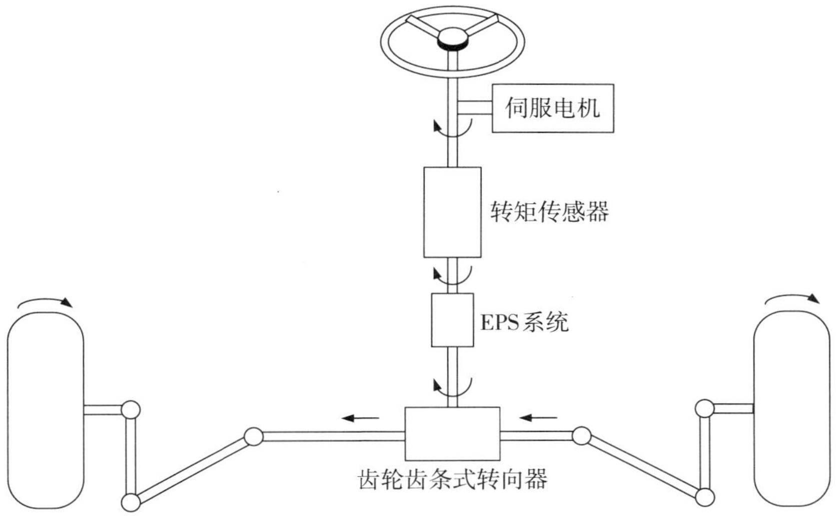

图 2－15　在转向柱上加装伺服电机的改装方案

行测试和分析，可得到其转矩传感器输出信号的模式和转矩传感器在 EPS 控制器上的输入口。由此可提出如图 2－16 所示的方案，去掉原车的转矩传感器对于 EPS 控制器的信号输入，由自行设计的控制器根据一定的算法对 EPS 系统的控制器提供伪转矩信号，对原来的 EPS 系统进行控制，得到转向系统控制。相比外加伺服电机的方案，该方法的优点在于：

①不外加执行机构，对于系统的安装空间要求低。

②同时直接对 EPS 控制器进行控制，系统的响应性快，控制精度高。

但是此方法也有一定的局限性：

①该方法需要知道 EPS 系统中的方向盘转矩传感器的输出信号模式以及它与 EPS 控制器的接口。

②EPS 内部算法未知，很难对整车的 EPS 控制系统进行精确建模并对其进行控制，所以该方法需要在各种车速和不同的转矩输入下进行大量的实验，才能分析出控制器对于不同车速和转矩的控制效果，或者应用先进的控制方法如模糊控制理论等对其进行控制。

③由于原车 EPS 系统是为有人驾驶设计的转向助力系统，对于自动驾驶情况，在有些路面可能存在转向力不足的问题。

（3）直接对 EPS 助力电机进行控制。

如图 2－17 所示，切断原车 EPS 控制器对 EPS 中助力电机的控制，而用自行设计的电机控制器替代原来的 EPS 控制器对助力电机进行位置伺服控制。

该方法的优点在于：

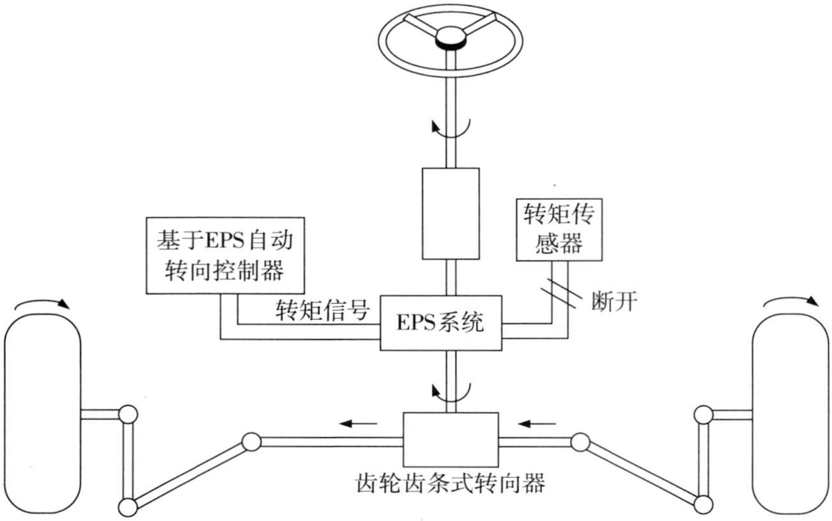

图 2－16　基于原车 EPS 的改造方案示意图

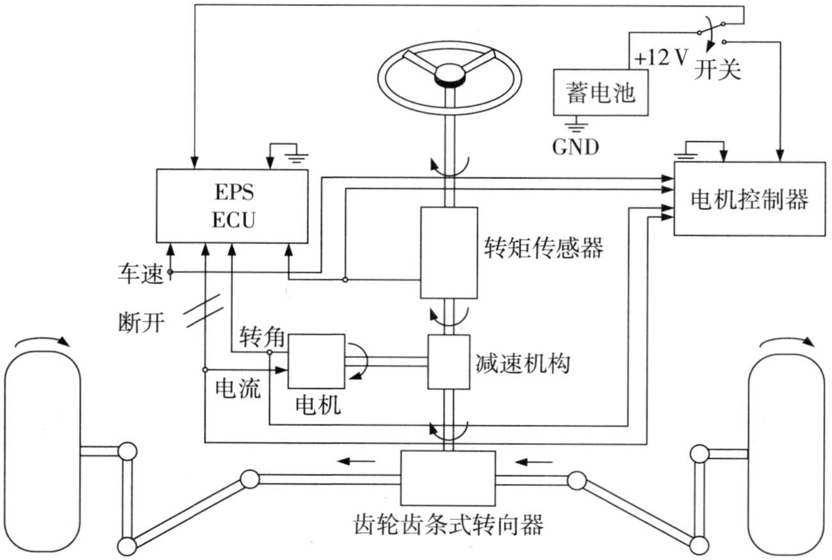

图 2－17　对 EPS 电机控制方案示意图

①同样不需要外加机构，对安装条件没有要求。

②直接对EPS中的助力电机进行控制，避免了转矩传感器输出信号模式和EPS自身控制器控制算法未知的缺陷，适用性强。

该方法的难度在于：

①转向系统的载荷大，系统的工作电流大，电机控制器软、硬件设计难度都较大。

②同时，转向电机仍存在驱动力不足的问题。

当然，最理想的方法是与汽车厂商及其零部件供应商开展合作，获得相关参数，并充分考虑自动驾驶的要求，即可实现对整车EPS控制系统功能，同时也保证自动驾驶功能及性能。

2.5.5　汽车安全信息传送

为了实现自动驾驶，需要将汽车安全信息实时传送到综合决策计算机，尤其是车辆发动机及与行驶安全相关信息。因此，在改造中需要将汽车仪表安全信息进行数字化改造，方便实现人工驾驶和自动驾驶。

一般汽车的常规仪表有车速里程表、转速表、机油压力表、水温表、燃油表、充电表等。现代汽车上，汽车仪表还需要装置稳压器，专门用来稳定仪表电源的电压，抑制波动幅度，以保证汽车仪表的精确性。另外，大部分仪表显示的依据来自传感器，传感装置根据被监测对象的状态变化而改变其电阻值，通过仪表表述出来。仪表板中最显眼的是车速里程表，它表示汽车的时速，单位是km/h。按汽车仪表的工作原理不同，可大致分为三代。第一代汽车仪表是机械机芯表；第二代汽车仪表称为电气式仪表；第三代为全数字汽车仪表，是一种网络化、智能化的仪表，其功能更加强大，显示内容更加丰富，线束连接更加简单。

因此，在选择车型时，尽可能选择全数字汽车仪表的车辆，以方便汽车安全信息的实时获取。

第3章　车载网络技术

现代科技推动了汽车网络技术的不断发展，早在20世纪80年代国际上众多知名汽车厂商就积极致力于汽车网络技术的研究及应用，迄今为止，已有多种网络标准。目前车辆数据传输网主要划分为A、B、C、D四类。A类为面向传感器/执行器控制的低速网络，B类为面向数据共享的中速网络，C类为面向高速、实时闭环控制的多路传输网络，D类主要面向车内娱乐设备的信息传输。

A类网络对实时性要求不高，且不需要诊断功能，数据速率一般在1~10 kbps，主要应用于电动门窗、座椅调节、灯光照明等控制。目前A类网络协议主要有TTP/A（Time-Triggered Protocol）、LIN（Local Interconnect Network，控制器局域网）等协议。B类网络主要面向独立模块间的数据共享，是中速网络，该类网络适用于对实时性要求不高的通信场合，数据速率一般在10~100 kbps，主要应用于电子车辆信息中心、故障诊断、仪表显示、安全气囊等系统，以减少冗余的传感器和其他电子部件。在B类网络中，具有代表性的有SAE J1850、VAN（Vehicle Area Network）、CAN（ISO 11595-2，不高于125 kbps）等协议。其中，CAN凭其优越的性能，目前已经成为被全世界接受的主流协议。C类网络主要面向高速、实时闭环控制的多路传输网，该类网络适用于与安全性相关的实时系统，如发动机定时、燃油供给等系统，数据速率通常在125 kbps~1 Mbps之间。目前，C类网络中的主要协议包括高速CAN（ISO 118982）、正在发展中的TTP/C和FlexRay等协议。其中高速CAN基于优先级的随机访问方式，总线传输速率通常在125 kbps~1 Mbps之间；其他几种协议基于TDMA（Time Division Multiple Access）或FTDMA（Flexible Time Division Multiple Access）的确定性访问方式，数据传输具有确定的延迟时间，且有很高的传输速率（1~10 Mbps）。D类网络主要面向汽车信息娱乐和远程信息设备，特别是汽车导航系统，需要功能强大的操作系统和连接能力。在D类网络中，具有代表性的有MOST、IDBC、IDB1394、D2B等协议。汽车网络通信协议在保证整个系统正常运行方面起着非常重要的作用。它可以帮助系统解决很多问题，如数据共享、可扩展性、诊断接口等。目前，应用于汽车领域的网络标准主要有CAN、LIN、J1850、FlexRay及MOST等。

CAN总线全称为“控制器局域网（Controller Area Network）”，是德国博世公司从20世纪80年代初为解决现代汽车中众多控制与测试仪器之间的数据交换而开发的一种串行数据通信协议。它是一种多主总线，通信介质可以是双绞线、同轴电缆或光导纤维。CAN通信速率可达1Mbps，每帧数据字节数为8个。LIN总线是由LIN协会发布的一种新型低成本串行通信总线，也称为经济型CAN网络。LIN的目标是为现有汽车网络（如CAN总线）提供辅助功能，因此LIN总线是一种辅助的总线网络，在不需要CAN总线的带宽和多功能的场合，例如智能传感器和制动装置之间的通信使用LIN总线可大大节省成本。J1850总线是1994年由美国汽车工程师协会颁布的标准，之后广泛应用于美国汽车企业生产的汽车中。虽然美国各汽车厂商多采用J1850标准，但是各自的实际做法又不相同，因此相对其他标准来说比较混乱。由于J1850总线通信速率低，只适用于车身控制系统及诊断系统，目前在美国逐步被CAN所取代。MOST（Media Oriented System Transport，面向媒体的系统传输）总线采用光纤并用于多媒体的网络协议，能够支持24.8Mbps的数据速率，与以前的铜缆相比具有重量轻和电磁干扰小的优势。近年来，针对未来汽车车载网络的发展要求，FlexRay应运而生。FlexRay关注的是当今汽车行业的一些核心需求，包括更快的数据速率，更灵活的数据通信，更全面的拓扑选择和容错运算等。FlexRay的出现，弥补了现有总线协议应用在汽车线控系统或与安全相关的系统时容错性和传输速率太低的不足。

本章主要介绍CAN、LIN、FlexRay及其在车辆上的应用。

3.1　CAN总线及其应用

随着汽车电子技术的发展，汽车上的电子控制单元（Electric Control Unit，ECU）也越来越多，采用能够满足多路复合的总线通信系统，可以将各个ECU连接成一个网络，以共享的方式传送数据和信息，实现网络化的数字通信和控制功能。数字化车载网络技术为汽车电子产业带来巨大飞跃。1986年2月，Robert Bosch公司在SAE大会上介绍了一种新型的串行总线——CAN控制器局域网。2003年以后，国际标准化组织陆续发布了ISO 11898 - 1（CAN总线数据链路层）、ISO 11898 - 2（物理层的高速收发器）、ISO 11898 - 3（物理层的错误容限低速收发器）、ISO 11898 - 4（时间触发CAN）等一系列CAN总线相关标准，进一步规范了这一技术的发展，进一步加快了CAN总线的普及速度。

3.1.1　CAN总线协议

1991年9月，BOSCH公司发布了CAN技术规范2.0，该技术规范包括A和B两部分。1993年11月，ISO正式将它颁布为：道路交通工具 - 数据信息交换 - 高速通信控制器局域网标准ISO 11898。其中A部分只定义了标准格式的报文，B部分除了有标准格式，还增加了扩展格式报文。CAN总线具有独特的设计思想、良好的功能特性和较高的可靠性，现场抗干扰能力强。具体来讲，CAN总线具有以下特点。

1. 多主控制

CAN总线上的节点没有主从之分，是多主控制。总线空闲时，任何单元都可以发送报文。最先访问总线的单元可获得发送权。当多个节点同时发送数据时，总线通过监听的方式决定具有高优先级的报文先发送。

2. 消息发送

在 CAN 协议中，节点报文发送数据最多 8 个字节，不会占用过多的时间，保证了系统的实时性要求。报文不含目标地址，只有标识符 ID，表示报文的优先级，因此通过报文滤波，可以实现节点的一对一和一对多的广播传输。

3. 系统的可扩展性

总线上的单元没有类似“地址”的信息。因此在总线上新增加单元时，总线上其他节点的软硬件和应用层都不需要改变。这一优点使得 CAN 总线能够很好地适应现代汽车电子技术的飞速发展。

4. 通信速度

同一网络中的单元必须设定成相同的通信速率。不同的网段可以有不同的通信速率，通过网桥实现信息共享和数据过滤，提高各个网段的通信效率。

5. 远程数据请求

可通过发送“远程帧”请求其他单元发送数据，方便网络内的数据请求。

6. 错误检测、通知、恢复功能

CAN 网络通过总线监视、循环冗余检查、位填充和报文格式检查机制，将报文错误率降低至 4.7×10^{-11}。所有的节点单元都可以自检；检测出错误的单元会通知其他所有单元；正在发送报文的单元一旦检测出错误，会强制结束当前发送，并不断尝试重新发送。

7. 故障界定

CAN 网络通过节点的状态分为主动错误状态、被动错误状态和关闭状态，以此判断节点的状态。主动错误节点能正常发送数据，被动错误节点限制发送，关闭节点不能发送数据，通过节点界定，将网络上的故障节点隔离出去，保证了网络的畅通。

8. 连接

CAN 总线可同时连接多个节点单元，但受总线带宽和电器负载的限制，连接的单元数增多，通信速率会降低；连接的单元数减少，通信速率会提高。

由以上特点可见 CAN 总线的通信效率高，且总线带宽越大，通信速度也会越快。由于 CAN 总线报文数据帧很短，因此每条报文通信速度快，避免了干扰。

图 3－1 是 CAN 总线的分层结构和功能。为保证 CAN 总线技术的开放性，ISO 11898 仅定义了物理层和数据链路层子协议，未对 CAN 总线结构体系中的应用层做出具体规定，用户可以按照各自的需要自行定义应用层子协议。因此，可以将 ISO 11898 视为是 CAN 总线的基本协议。

数据链路层分为逻辑链路控制子层（Logic Link Control，LLC）和媒体访问子层（Medium Access Control，MAC）。MAC 子层是 CAN 协议的核心，它把接收到的报文提供给 LLC 子层，并接收来自 LLC 子层的报文。MAC 子层负责报文分帧、仲裁、应答、错误检测和标定。MAC 子层也被称作故障界定的管理实体监管，此故障界定为自检机制，以便把永久故障和

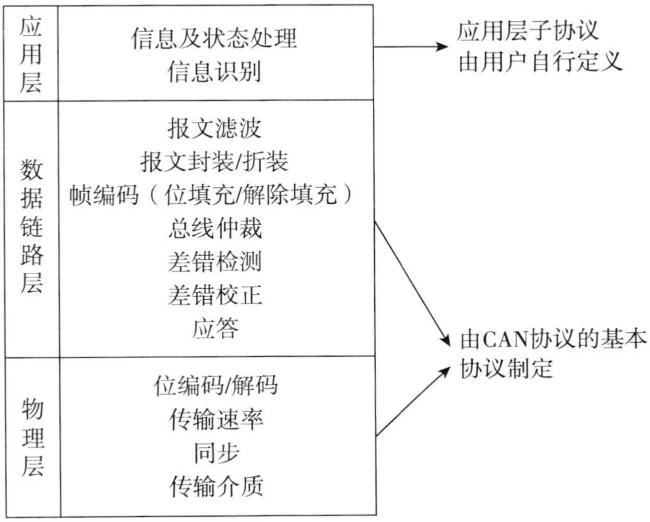

图 3－1　CAN 总线的分层结构和功能

短时扰动区别开来。物理层定义信号是如何实现传输的，因此涉及位时间、位到到编码、位同步的解释。技术规范中没有定义物理层的驱动器/接收器特性，以便允许根据它们的应用，对发送媒体和信号电平进行优化。

CAN 总线的基本结构如图 3－2 所示。所有节点的 CAN 控制器通过 CAN 接收器与 CAN 网络介质相连。CAN 接收器主要用于信号的驱动，实现 CAN 协议的物理层功能。CAN 控制器完成数据链路层功能。总线网络末端接有抑制反射的电阻元件，避免数据传送至末端后反射回来引起网络数据的破坏。当节点向网络上传输数据时，通过收发器将数据电平传输至网络上，接收节点通过接收器检测网络数据和接收数据。CAN 总线网络介质可为电缆、双绞线、光纤等。CAN 网络的通信是通过固定格式的报文帧来实现的。根据 CAN2.0 规范，报文分为标准帧格式和扩展帧格式。报文传输由四种不同的帧格式来完成：数据帧、远程帧、错误帧和过载帧。数据帧是用于发送单元向接收单元发送数据的帧；远程帧是用于接收单元向具有相同 ID 的发送单元请求数据的帧；错误帧是用于当检测到错误的单元向其他单元通知错误的帧；过载帧是用于接收单元通知其还没有做好准备的帧。

3.1.2　SAE J1939 协议

CAN 规范定义了物理层和数据链路层，如果需要建立更加完善的系统，还需要在 CAN 的基础上选择合适的应用层协议。SAE J1939 协议是美国汽车工程师协会的高层 CAN 网络通信协议，它以 CAN 为基础，其物理层和数据链路层基本沿用了 CAN 规范，并增加了网络

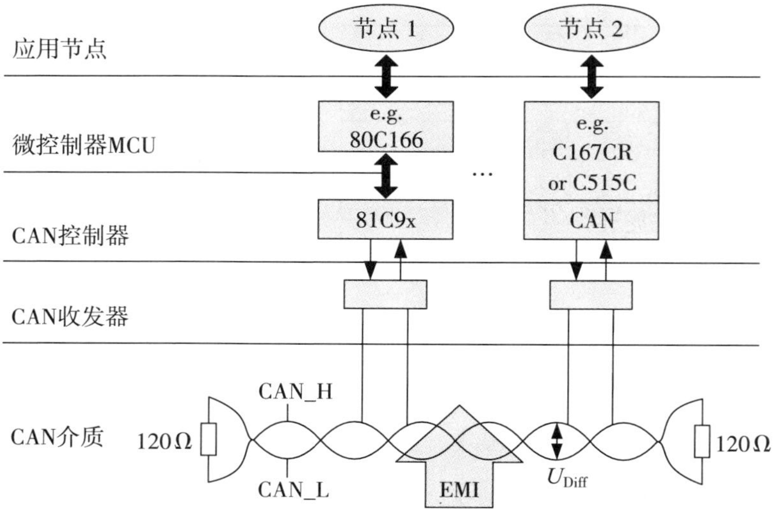

图 3－2　CAN 总线的基本结构

层、应用层和网络管理规范。J1939 协议提出一个电子系统间的开放互连系统，即通过一个标准的框架使得电控单元之间可以直接通信。

SAE J1939 标准的颁布与实施对汽车界意义重大。因为从车辆电子控制一体化的角度来看，车辆上任何一个电子控制系统（如 ABS 系统）都需要与其他电子控制系统（如发动机控制管理系统、变速器控制管理系统等）进行通信，以实现智能控制，改善车辆性能；从产业化的角度讲，一种总线产品要有经济性，则必须进行标准化，遵循网络通信协议；采用单一通信标准能够极大地简化集成系统的设计要求，有效地减少电子线束的数量，有利于提高车辆电子控制系统的灵活性、可靠性、可维修性和标准化程度，使得车辆控制技术真正走上网络化、集成化、模块化的道路。目前，SAE J1939 标准已经成为世界各大车辆部件制造商均支持的重要通信标准，尤其在大客车、载重货车、特种车辆和工程机械中得到广泛的应用。

（一）SAE J1939 数据链路层

定义该层的子标准号为 SAE J1939－21，目的是为了提供通过物理连接的可靠数据传输。数据传输过程包括使用同步、顺序控制、差错控制和流控制来发送 CAN 数据帧。

1. 协议数据单元（PDU）

一个 SAE J1939 标准报文包含一个单独的协议数据单元 PDU。协议数据单元由 7 个预定义的场组成。这些场包含应用层提供的信息。它们是优先权（P）、保留位（R）、数据页（DP）、协议数据单元格式（PF）、协议数据单元特性（PS）、源地址（SA）和数据场。

协议数据单元（PDU）各个场的定义如下：

1）优先权（P）

这三位仅用于优化报文经总线传输的等待时间。它们应被接收器完全忽略。任意报文的优先权可以在最高值0和最低值7之间设置。报文的优先权可以升高或降低，因此优先权场应该是可以再经程序编辑的。

2）保留位（R）

这一位由SAE保留，留待将来使用。这一保留位与CAN保留位不同。所有报文传送时应将SAE保留位设置为0。

3）数据页（DP）

用于区别参数组，参数组号首先充满第零页，然后再向第一页分派。

4）协议数据单元格式（PF）

协议数据单元格式是一个8位场，它定义了两种协议数据格式：格式1和格式2，也用于决定向数据场分配参数组号。此8位二进制数的数值小于或等于239时表示格式1，大于或等于240时表示格式2。格式1用于向特定目标发送参数组，格式2用于将参数组作为广域报文传送。这是利用了CAN标识符的过滤功能。

5）协议数据单元特性（PS）

这也是一个8位场，根据协议数据单元格式定义。如果协议数据单元格式场的值低于240，那么协议数据单元特性场是目标地址（即需要接收报文的节点的地址）。如果协议数据单元格式场的值在240和255之间，那么协议数据单元特性场包括一个组扩展值（即报文作为广域报文发送）。这样做的目的是为了防止在标识符的使用中出现冲突，从而可以实现标准化的专用通信。

6）源地址（SA）

源地址域的长度是8位。网络中的一个设备应该有一个给定的源地址，源地址也保证按照CAN的要求，每一个CAN标识符都是唯一的。源地址管理和分配在总标准及SAE J1939－81标准中定义。表3－1给出了对常用的几个网络节点分配的源地址值。

表3－1 常用源地址编码

控制ECU名称	源地址值（十进制）
发动机控制ECU1#	0
变速器控制ECU1#	3
制动系统控制ECU	11
巡航控制ECU	17
随车诊断单元	43

续表

控制 ECU 名称	源地址值（十进制）
非随车诊断设备 1#	249
为整车 OEM 厂商保留	253
空地址	254
广域地址	255

7）数据场

对于长度小于 8 字节的某一参数组的数据，直接使用单个 CAN 数据帧的 8 字节数据场。对于长度在 9 到 1 785 字节之间的数据，则需要通过多个 CAN 数据帧来完成数据传输，这时为保证数据正确拆分和重组，数据场的第一字节将用于表示数据帧的序列号。

2. 多帧传输机制

当报文的数据域长度小于或等于 8 字节时，使用单帧传输。数据域长度大于 8 字节的报文，使用多帧传输机制。SAE J1939 数据链路层的传输协议功能提供了用于多帧传输机制的拆装、重组报文方式。

报文数据域长度大于 8 字节时，被拆分成多个单帧“小包”，每个“小包”数据域的首字节表示包编号，后 7 个字节填充数据信息。利用“连接管理报文”和“数据传输报文”发送给接收单元，接收单元再根据每包编号将信息重组。多帧传输的最大数据长度是 7 字节/包 ×255 包 =1 785 字节。但是参数组的传输周期小于 100 ms 的，不允许采用多帧传输。

3. 报文类型

标准现支持 5 种报文类型：命令报文、请求报文、广播/响应报文、应答报文和组功能报文。报文类型是由分配给报文的参数组号来表示的。

1）命令报文

来自某一地址命令一个特定或通用目的的参数组。采用什么样的动作实现目的取决于接收这一命令类型报文的设备。协议数据单元格式 1 报文和格式 2 报文都可以用作命令报文。

2）请求报文

提供了在全网络内请求信息或向某一特定地址请求信息的能力。

3）广播/响应报文

可以是来自某一设备的主动广播信息或者是对一个命令报文或请求报文的响应。

4）应答报文

有两种合法的应答报文。第一种格式由 CAN 协议提供，这种格式报文中包含一个“帧内”应答，这个应答表示报文已至少被一个节点接收；此外，报文也可更进一步由缺少

CAN 出错帧来应答，缺少出错帧表示报文已被其他设备接收。第二种格式是由应用层提供的对特定命令报文或请求报文以一个普通广播或应答或否定应答给以响应。

5）组功能报文

用于特定功能组（如专用功能、网络管理功能、复合包传输功能等）。每一组功能由分配给它的参数组号识别。专用组功能提供了一种减少不同制造商产品之间在传输专用报文时的 CAN 标识符产生冲突的解决办法，可以在接收和使用时区分专用报文（例如使用 CAN 标准帧通信）。组功能可以要求有它们自己的请求、应答和否定应答机制。

（二）SAE J1939 应用层

定义该层的子标准号为 SAE J1939 –71，按照数据链路层划分的协议数据单元 PDU 格式规范通信内容的定义，提供参数定义的方式，使用户最终可以使用这些通信内容。

应用层使用 PGN 和 SPN 的方式，规范了车辆网络通信参数的数据长度、数据类型、分辨率和数据范围等信息。

1. 参数组编号 PGN（Parameter Group Number）

参数组（Parameter Group，PG）是一个报文中传递的参数集合。参数组编号 PGN 是一个参数组的唯一标号，在通信中起到索引的作用，标识参数组的内容和用途。

PGN 定义为一个 3 个字节即 24 位的变量，如表 3 –2 所示。由高位到低位依次包括：6 位 0、保留位 R（1 位）、数据页位 DP（1 位）、协议数据单元格式场 PF（8 位）和组扩展场 GE（8 位）。

表 3 –2　PGN 结构

PGN																							
字节 1								字节 2								字节 3							
8	7	6	5	4	3	2	1	8	7	6	5	4	3	2	1	8	7	6	5	4	3	2	1
全部置 0						R	DP	PF								GE							

2. 可疑参数编号 SPN（Suspect Parameter Number）

一个参数组 PG 内会定义多个参数，将每一个参数也分配一个唯一标号 SPN，用于在发生故障时标识可能引起故障的参数。

（三）故障诊断

SAE J1939 –73 的应用层文档还定义了故障诊断机制，它定义了一组诊断报文 DM（Diagnostic Message）来实现对网络设备的故障诊断。SAE J1939 的故障诊断协议也迅速发展，目前最新的版本提供了 52 个 DM。

DM 通过诊断故障代码 DTC（Diagnostic Trouble Code）来传输具体的故障信息。一个 DTC 长 4 字节，由 SPN（19 位）、故障模式标识 FMI（Failure Mode Identifier）（5 位）、SPN 转化方式 CM（Conversion Method）（1 位）以及故障发生次数 OC（Occurrence Count）（7 位）四部分组成，如表 3－3 所示。

表 3－3　DTC 组成

<table>
<tr><td colspan="32">DTC</td></tr>
<tr><td colspan="8">字节 3
SPN 低 8 位有效位</td><td colspan="8">字节 2
SPN 第 2 字节</td><td colspan="8">字节 1
SPN 高 3 位有效位
与 FMI 有效位</td><td colspan="8">字节 0
CM 与 OC</td></tr>
<tr><td>8</td><td>7</td><td>6</td><td>5</td><td>4</td><td>3</td><td>2</td><td>1</td><td>8</td><td>7</td><td>6</td><td>5</td><td>4</td><td>3</td><td>2</td><td>1</td><td>8</td><td>7</td><td>6</td><td>5</td><td>4</td><td>3</td><td>2</td><td>1</td><td>8</td><td>7</td><td>6</td><td>5</td><td>4</td><td>3</td><td>2</td><td>1</td></tr>
<tr><td colspan="19">SPN</td><td colspan="5">FMI</td><td colspan="1">CM</td><td colspan="7">OC</td></tr>
</table>

（四）SAE J1939 通信标准的性能特点

SAE J1939 标准在 CAN 总线的基础上为用户提供了一套既有完整性又不失开放性的现代车辆电子控制标准化网络通信协议。之所以 SAE J1939 标准能够成为世界各大车辆部件制造商及整车生产商均支持的通信标准，是因为它具有一系列优良的性能。

1. 可靠性

由于 SAE J1939 标准采用多主站式网络，一个节点出现问题时不会导致整个网络瘫痪，同时还可很方便地构成多主机冗余备份系统以提高系统的可靠性。按照标准建立的通信网络采用监视、循环冗余效验、位填充和报文格式检查等手段，可以检测到所有全局性错误和所有发送节点的局部错误。在存在严重电磁干扰的情况下，可以检测到一个报文中多至 5 个随机分布错误和长度小于 15 字节的突发性错误。对于未检出的已损报文的剩余错误，其概率小于报文出错率。

2. 实时性

SAE J1939 标准规定的数据传输速率为 250 kbps，每个数据帧的最大长度为 150 位，其中有效数据位有 64 位，优先级最高的节点其数据等待时间小于 134 μs。在传送 64 位有效数据的情况下，传输时间最小为 0. 6 ms。数据的刷新率根据其特定用途使用不同的时间值，例如对于高速控制报文要求刷新率为 20 ms，而对于另一些数据其刷新率可以长达 1 s。不使用 CAN 总线最高速率（1 Mbps）并且规定参数刷新率的原因是为了在保证数据传输实时性的基础上为尽可能多的参数留有足够带宽，避免总线节点较多时由于需要传输的数据量很大而造成总线拥堵，也为控制设备提供更加可靠的参数来源。

3. 可扩展性

SAE J1939 标准的可扩展性主要体现在以下两个方面：

（1）由于采用总线性网络拓扑结构，可以很方便地添加或去除通信系统的节点，变动网络体系需要做出的软硬件改动比较小，与采用主从结构的通信标准相比更具灵活性，便于在已有系统的基础之上增加节点进而扩充整个系统的功能。

（2）采用29位标识符的CAN扩展帧传输数据，理论上可以定义2^{29}种不同的数据帧。按照参数组号及参数标识的规定，可用的参数组个数最多可以为672个。标准规定了参数在参数组中的位置，这也是参数由数据帧标识符和数据场中的位置共同标记。对于要使用9字节以上（最多可达到1 785字节）的二进制数来表示的参数组，数据的通信可以通过多个CAN数据帧来完成，即提供了拆分发送和重组接收功能。可以看出，SAE J1939标准在这方面也保持了较好的可扩展性，可根据将来控制技术发展的需要很方便地添加参数或参数组。

3.1.3　基于CAN的混合动力客车车载数据采集处理系统设计

某混合动力客车，其传动系统布置如图3－3所示。整个系统主要由燃气发动机、永磁同步电机、动力电池、AMT变速器、扭矩耦合装置和整车控制器单元组成，其中发动机和电机通过动力耦合装置以并联方式进行扭矩耦合，动力经扭矩耦合装置后传递到车辆驱动轴。其工作原理如下：加速踏板行程和制动踏板行程作为驾驶员的控制命令，分别代表汽车期望的驱动扭矩和期望的制动扭矩。这两个信号被送到混合动力整车控制器单元（HCU），

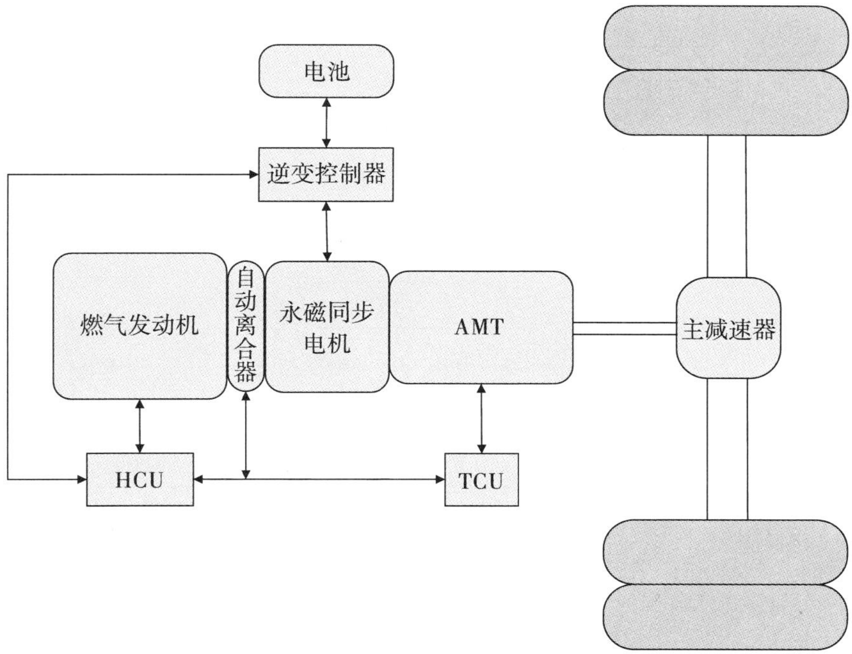

图3－3　混合动力传动系统布置示意图

同时其他反馈信息如车速、发动机转速、动力电池 SOC 等信息也被送到 HCU。整车 HCU 根据驾驶员命令、系统参数反馈信号及整车控制策略分别向发动机控制器、电机控制器、变速器控制器和动力电池管理系统 BMS 发送命令，各子系统控制器分别根据整车多能源控制器的命令，控制各个动力部件的协调运动，达到控制汽车性能，实现节能和降低排放的目的。

设计的车载数据采集处理系统是针对该混合动力客车试验的需要而进行的。该混合动力客车的 CAN 总线网络拓扑图如图 3－4 所示。该系统的控制网络由四条 CAN 总线构成，其中主要控制总线有两条：其一简称为 CAN250，其传输速率为 250 kbps，网络节点包括混合动力控制器（Hybrid Control Unit，HCU）、发动机管理系统（Engine Management System，EMS）、变速箱控制单元（Transmission Control Unit，TCU）、防滑刹车系统（Anti-Skid Brake System，ABS）或称为制动器系统（Cruise Control/Vehicle Speed，CCVS）；另一简称为 CAN500，其传输速率为 500 kbps，网络节点包括混合动力控制器（HCU）、电控自动离合器（Automatic Clutch System，ACS）、电机控制器 Inverter。另外有两条专用通道：其一为手柄专用通道，连接手柄控制器（PBSC）与变速箱控制单元（TCU），传输速率为 250 kbps；另一为电池专用通道，连接电池控制系统（BMS）与电机控制器 Inverter，传输速率为 500 kbps。参照 SAE J1939 协议，在 CAN250 网络中可以找到多个关键控制信号，包括发动

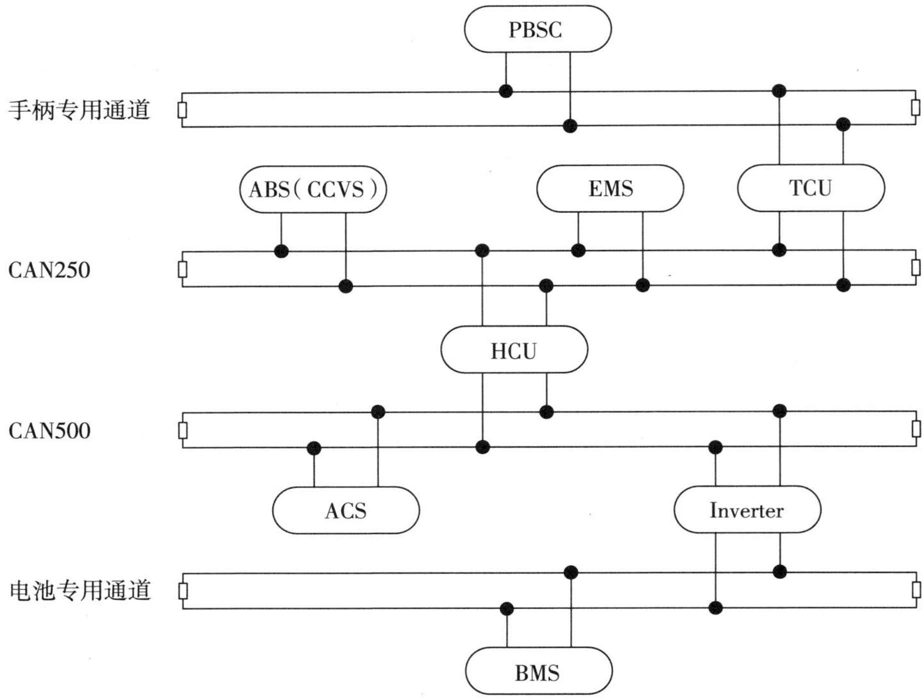

图 3－4　CAN 总线网络拓扑图

机转速、加速踏板位置、变速箱输入轴转速、当前挡位、车速、SOC以及电池电压等。

（一）设计方案

在上述CAN总线网络的基础上，设计了一种车载数据采集处理系统，作为一个总线节点接入原车CAN总线网络。该系统能够同时采集多个通道的数据，包括2路CAN总线与多路模拟量信号，将其采集数据存储在FLASH存储器或者SD存储卡中。这里除了CAN总线外，只增加了多路模拟量采集通道，这是根据试验需求而定的。引入数据采集存储系统的信号均为模拟量，包括了换挡电机位移、选位电机位移、换挡电机驱动电流、选位电机驱动电流、变速器输出转矩等。其余实车试验中常用的数字量、开关量、频率量等信号则是通过CAN总线上采集分析得到。

设计的车载数据采集处理系统，其数据采集存储的设计方案如图3－5所示。按照硬件布置，可分为数据采集存储系统（Data Acquisition and Storage，DAS）和模拟信号隔离电路（Analog Signal Isolator，ASI）两个部分。这两部分属于车载数据采集处理系统的下位机，其中数据采集存储系统DAS能够独立完成大量实验数据的随车采集与存储。

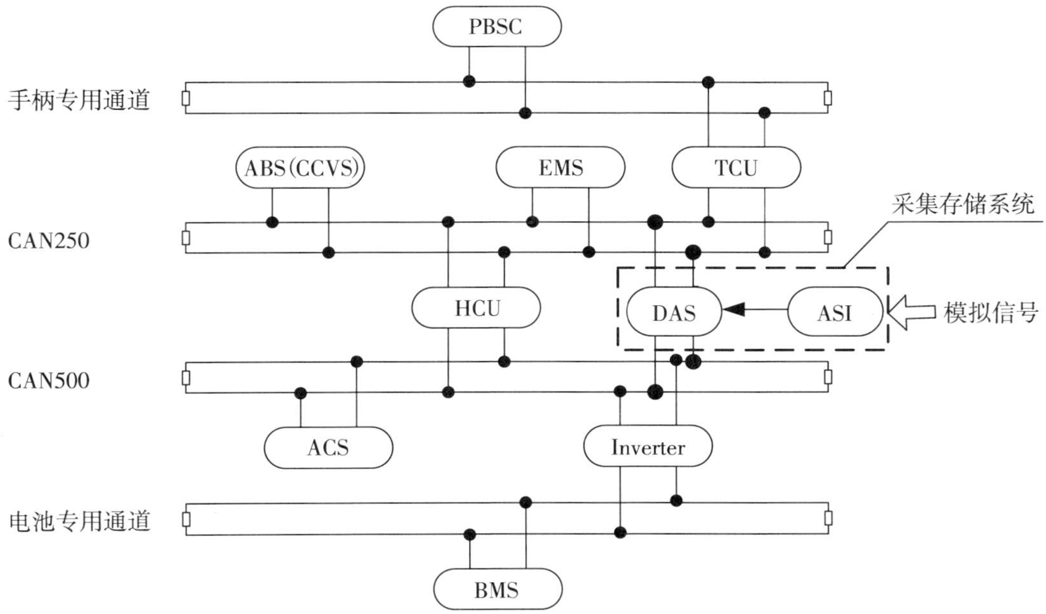

图3－5　数据采集存储的设计方案

在设计中，为辅助与扩展下位机的功能，在PC机VB开发平台中设计了上位机辅助监控系统。上位机与下位机之间通过串口进行信息的通信，通过可移动存储介质（SD卡）进行数据的转移。根据系统的设计方案，设计的车载数据采集处理系统应该包含以下几个功能：

（1）具有2路CAN采集通道。

（2）具有多路模拟信号采集通道。

（3）单片机对FLASH芯片的读写。

（4）在SD卡中以FAT文件格式建立二进制文件。

（5）以记录数据的采集时间作为文件名。

（6）通过串口通信实现PC机与下位机的双向通信，便于系统调试。

（7）通过上位机VB程序实现系统参数设定、文件信息显示与选取、数据格式转换功能。

根据以上功能需求，选用MC9S12DP512单片机。MC9S12DP512是基于0.25 μm微电子技术的高速、高性能FLASH存储器产品中的16位单片机芯片。其较简单的背景开发模式（BDM）使开发成本进一步降低，同时也使得现场开发与系统升级变得更加方便。

MC9S12DP512的主频高达25 MHz，同时片上还集成了许多标准模块，包括2个异步串行通信口SCI、3个同步串行通信口SPI、8通道输入捕捉/输出比较定时器、2个10位8通道A/D转换模块、1个8通道脉宽调制模块、兼容CAN2.0A/B协议的5个CAN模块以及一个内部I^2C总线模块；片内拥有512 kB的FLASH，14 kB的RAM和4 kB的EEPROM；112LQFP封装的MC9S12D系列单片机具有91个数字I/O口。片上集成的PPL电路可以将功耗和性能调整到实际运行的要求范围内。较高的性价比使其非常适合用于一些中高档汽车的电子控制系统。

由于上位机采用PC机，所以系统的硬件设计主要是对下位机数据采集存储系统的硬件设计。根据需要实现的功能，外部功能模块主要由电源转换模块、串口通信模块、FLASH存储模块、SD卡存储模块、实时时钟模块、模拟量隔离模块组成。硬件设计框图如图3－6所示。采集存储系统采用了两种数据存储方式，FLASH存储为主，SD卡存储为辅，提高了系统数据存储的可靠性。

这里电路板主要是实现CAN采集通道、A/D采集通道、SD卡读写的底层驱动以及FLASH存储的底层驱动，所以采集盒电路板上主要设计了实时时钟电路、FLASH存储电路、SD卡接口、CAN接口、A/D转换接口和4个调试灯等，并预留了USB通信模块以便扩展外围存储设备，通过这个硬件平台可以对CAN通信、A/D转换、SD卡的读写和FLASH的存储进行开发设计。

根据系统的需要分析，针对各个需要实现的功能进行软件模块分析。该车载数据采集处理系统的软件由下位机采集存储软件与上位机辅助监控软件两部分组成。其软件模块化设计框图如图3－7所示。在上位机辅助监控软件中，系统参数设定程序可用来设置采集盒的编号、通信波特率、实时时钟时间等。文件信息显示与选取程序可以查看采集盒中已经存储的文件信息，并且可从中选取某些文件进行导出操作，若不进行选取文件操作，则默认为全部导出。数据格式转换程序则是将导入到SD卡中的二进制格式文件转换成TXT格式文件。

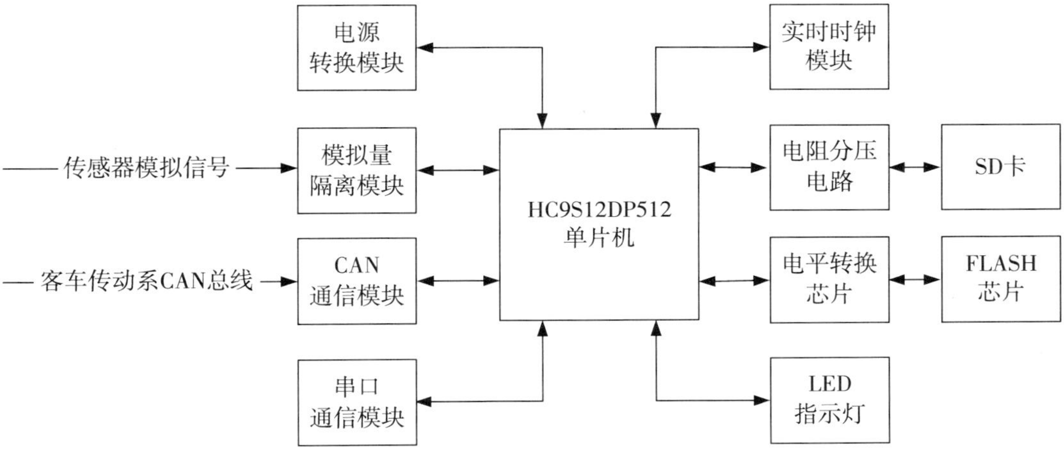

图 3－6　系统硬件设计框图

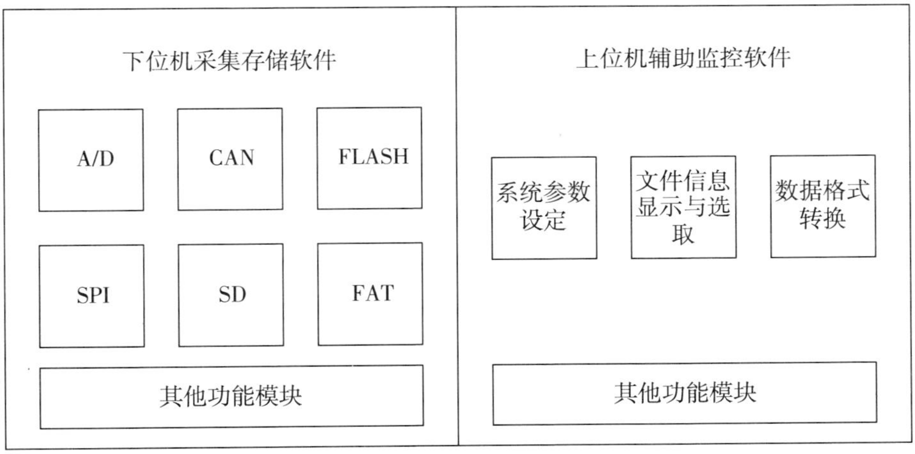

图 3－7　软件模块化设计框图

（二）CAN 接口电路

CAN 总线接口电路中的 MAX3057 芯片作为 CAN 总线收发器。MAX3057 是 CAN 控制器和物理层之间的接口，具有抗瞬间干扰和保护总线的能力。为了增强 CAN 总线节点的抗干扰能力，控制器和收发器并不是直接相连，而是通过光耦 6N137 后与收发器相连，实现总线上各 CAN 节点的电气隔离。

MAX3057 的 1 号引脚 TxD 和 4 号引脚 RxD 经过高速光耦 6N137，分别与单片机片上 CAN 控制器的 CANTx 端口和 CANRx 端口相连，具体硬件电路设计如图 3－8 所示。

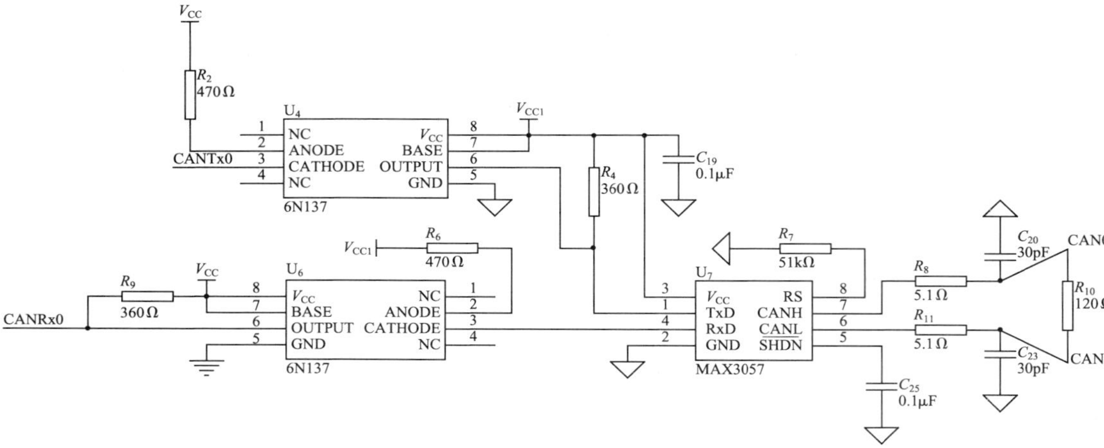

图 3－8 CAN 接口电路设计

（三）CAN 初始化

初始化是 CAN 总线通信设计中的重要一步，其初始化主要是配置 CAN 总线控制器的 CAN0CTL0、CAN0CTL1、CANBTR0、CANBTR1、CANIDAC、CANIDAR、CANIDMR 等寄存器。为了防止内部状态机被冻结，CAN 初始化只有在初始化模式下才可以进行，因此，在对这些寄存器进行初始化前，需确保系统进入初始化模式。

CAN 初始化流程图如图 3－9 所示。

3.2 LIN 总线及其应用

3.2.1 LIN 总线

LIN 总线协议是一种建立在通用的 SCI/UART 硬件接口上，并将分布在车辆不同位置的智能传感器和执行器连接到车内主体网络的单总线、局部互连的串行通信协议。它采用总线型拓扑结构，单主多从介质访问方式，是一种面向低端应用的分布式控制协议。

LIN 的实现比较简单，在基于 SCI 的设计中，只要具有 SCI 的单片机都可以用作 LIN 网络的从节点。除此之外，LIN 网络中必须有一个主节点将该网络连接到主网上，比如 CAN 网络，所以 LIN 网络不是 CAN 的替代品，而是它的补充。LIN 网络提高了汽车分层多路复用网络的性能，降低了汽车电子控制装置的开发、生产及诊断的服务成本。

主节点控制整个网络的通信，网络中不存在冲突，不需要仲裁。整个网络的配置信息只保存在主节点中，从节点可以自由地接入或脱离网络而不会对网络中的其他节点产生任何影

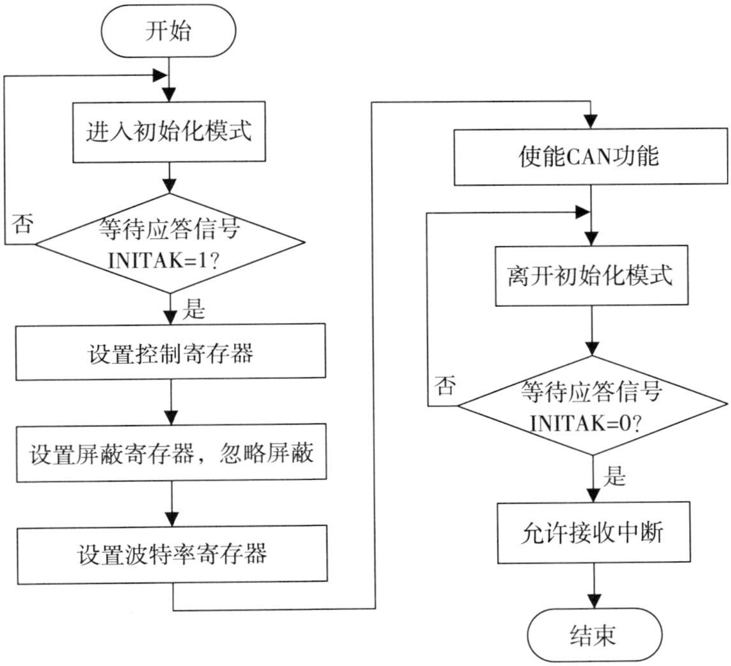

图3-9 CAN初始化流程图

响。网络中的节点数不仅受标识符场长度的限制，而且还受总线物理特性的限制。虽然最大标识符数量是64，但实际应用中，LIN网络中挂接的节点数一般不高于16个，否则，节点的增加将减少网络的阻抗，会导致环境条件变差。

LIN总线通信的最大波特率是20 kbps，它是由单线传输媒体的电磁干扰（ElectroMagnetic Interference，EMI）限制决定的，最小波特率是1 kbps，可以避免和实际设备的超时周期冲突。LIN网络节点的最大数量不仅受标识符的数量限制，也受总线的物理特性限制。

LIN总线采用单主节点/多从节点的通信模式，即一个LIN网络由一个主节点，一个或多个从节点组成，其中主节点有一个主发送任务和一个从通信任务，从节点只有从通信任务。从通信任务分为发送任务和接收任务。一个LIN网络上的通信总是由主发送任务发起的，主节点发送一个报文头，该报文头由同步间隔场、同步场和报文标志符场组成。相应地，在接收并且滤除报文标识符后，一个从任务被激活并且开始本报文帧的应答传输，该应答由2/4/8个数据字节和一个校验码组成，起始报文和应答部分构成一个完整的报文帧。LIN通信的实现如图3-10所示。

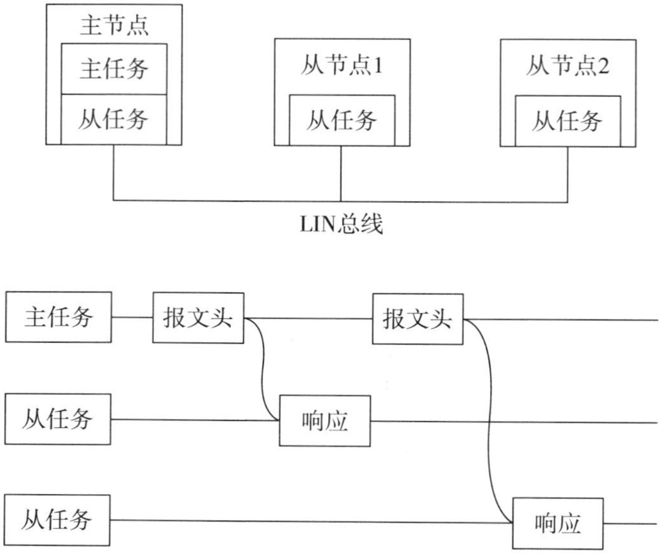

图 3－10　LIN 通信的实现

3.2.2　基于 CAN－LIN 总线的车灯控制系统

（一）车灯控制系统

汽车车灯主要包括前照灯总成和后灯总成，它们不仅是汽车的装饰品，更是保证汽车安全运行必不可少的功能部件。车灯按照用途可以分为照明灯和信号灯两大类。其中，信号灯是为了方便其他驾驶员识别本车轮廓和判断本车动向而设置的，其中的转向指示灯和制动灯是极其重要的信号指示灯，它对于汽车行驶安全至关重要；照明灯的主要作用是为本车驾驶员提供路面照明的功能，在一定情况下，也可以起到信号作用，例如，超车时闪烁大灯以提示对方注意。

基于 CAN 总线和 LIN 总线的汽车车灯控制系统，主要由车身上各类车灯、各类传感器、控制单元等组成。需要控制的车灯有照明灯、信号灯，主要包括照明用的前照灯（近光灯、远光灯）、前雾灯，起到信号指示作用的左、右转向灯、制动灯、倒车灯、尾灯、示宽灯。基于车灯的位置，车灯控制系统可划分为左前节点、左后节点、右前节点、右后节点四个车灯节点和位于驾驶室的开关节点。

左前节点需要控制的有：左前转向灯、左前雾灯、左远光灯、左近光灯、左前示宽灯；右前节点控制的车灯与左前节点相比，车灯类型相同，只是控制右侧的车灯；左后节点需要控制的车灯有：左后转向灯、左后雾灯、左后示宽灯、左尾灯、左制动灯、左倒车灯；右后节点与此类似；开关节点主要包括车灯的开关，驾驶室内的指示灯。其中，开关包括：左转向灯开关、右转向灯开关、远光灯开关、近光灯开关、示宽灯开关、前雾灯开关、后雾灯开关、尾灯开关；驾驶室内的指示灯包括：左转向灯指示灯、右转向灯指示灯、示宽灯指示灯、倒车灯指示灯、制动灯指示灯、尾灯指示灯。此外，左前节点还需要连接两个传感器：光传感器和湿度传感器。光传感器主要是采集环境光，并通过数据处理，发送给其余从节点，完成对近光灯、远光灯和尾灯的控制；湿度传感器主要是采集环境湿度，然后将数据进行处理，发送给其余从节点，完成对雾灯的控制。

节点之间采用 LIN 网络进行连接，考虑到车灯的控制需要采集开关信号进行控制，将开关节点作为 LIN 网络的主节点，其他车灯节点作为 LIN 网络中的从节点。

车灯控制一方面是由开关进行控制，另一方面还需要综合汽车上的其他信息，对车灯进行控制，主要有变速器的倒挡信号控制倒车灯，踩制动时形成的制动信号用于控制制动灯，车灯控制时需要共享这些信息以完成对相应车灯的控制，选用传输速度较高的 CAN 总线将 LIN 主节点挂接在车上的 CAN 网络上，完成信息的共享，故 LIN 主节点同时又充当了 CAN、LIN 总线的网关。即，本车灯控制网络主要分成五个节点：一个主节点和四个从节点。其中，LIN 网络的主节点同时作为 CAN、LIN 网关，采用传输速度较高的 CAN 总线与车身网络连接，主要负责以下几项任务：

（1）作为 LIN 网络的主节点，接受驾驶员的指令要求，即检测驾驶室内控制开关的状态，然后通过分析，放入事先定义好的变量中，组成 LIN 命令帧，并通过 LIN 网络发送给相应的从节点，控制对应的车灯。

（2）接收从节点返回的车灯状态信息，并与其接收到的信息进行比较，为后续控制奠定基础。

（3）作为 CAN、LIN 总线的网关，完成车灯信息与车上网络信息的共享，主要是共享车上的倒车信号、制动信号，完成对倒车灯和制动灯的控制。

四个从节点分布在车身的左前部、左后部、右前部、右后部，用于控制相应位置的车灯，主、从节点间，四个从节点之间都是通过 LIN 网络进行通信。四个从节点主要是接收主节点发送来的控制命令，然后根据车灯的控制逻辑进行判断分析，再通过驱动车灯功率驱动芯片，实现白天、傍晚、晚上、会车、左转、右转、倒车、制动等各个模式或组合模式下，各个车灯的状态控制。车灯系统的控制网络如图 3 - 11 所示。

主节点 ECU 不断扫描开关的状态，检查状态的改变，通过 LIN 总线向四个从节点发送相应的控制信息，以完成对相应车灯的控制；另一方面接收来自 CAN 总线控制节点的其他控制信息，并发送到 LIN 总线上，同时从 LIN 总线上接收其他各个节点发送的状态信息。电源模块给主节点控制器、从节点控制器、功率驱动芯片、CAN 总线接口、LIN 总线接口等供电。其中右后从节点的系统结构图，如图 3 - 12 所示。

车灯负载包括远光灯、近光灯、雾灯、转向灯、制动灯、倒车灯、尾灯、示宽灯，采用智能功率器件 MC33888 进行车灯驱动，该芯片不仅提供开关控制功能，还提供电流控制、

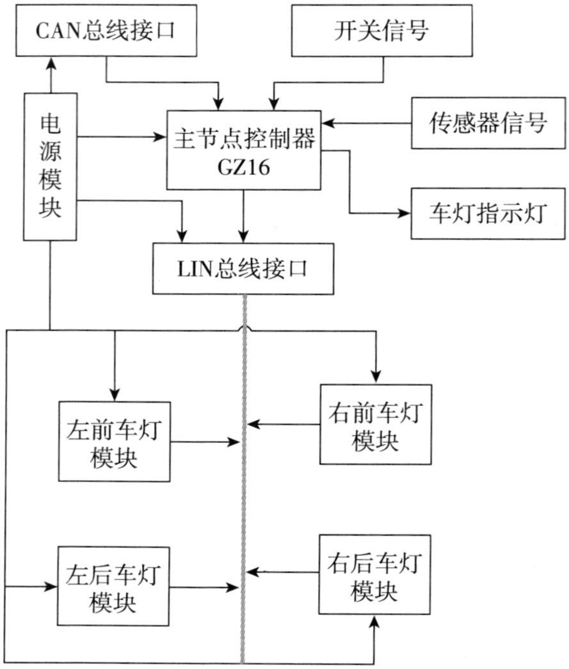

图 3-11　车灯控制系统的结构图

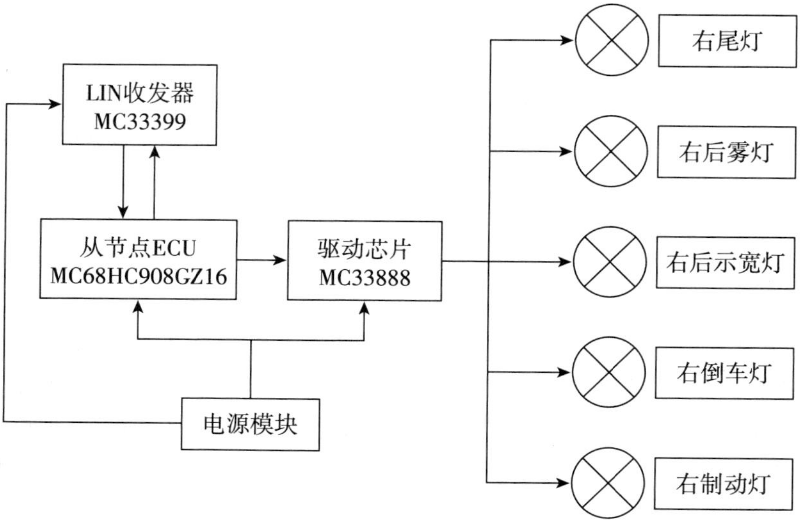

图 3-12　右后从节点的系统结构图

限流、热保护、过压保护和先进的负载诊断功能。

（二）车灯控制系统硬件设计

车灯控制系统包括一个主节点和四个从节点。主节点上包括微控制器、CAN 收发器、LIN 收发器、指示灯、开关等。

微控制器用来作为 LIN 网络的主节点，负责采集开关信号，接收 CAN 总线上面的相关信息，经过主节点微控制器进行处理，然后经过 ESCI 模块，将信息发送到 LIN 总线上。此外，主节点各个模块需要的供电电压为 5 V 和 12 V，而车上的供电电压为 24 V，所以选用电源转换模块，将 24 V 电压转换为 5 V 和 12 V 的电压。主节点的系统结构如图 3 – 13 所示。八个开关分别是近光灯开关，远光灯开关，左、右转向灯开关，前、后雾灯开关，示宽灯开关，尾灯开关。

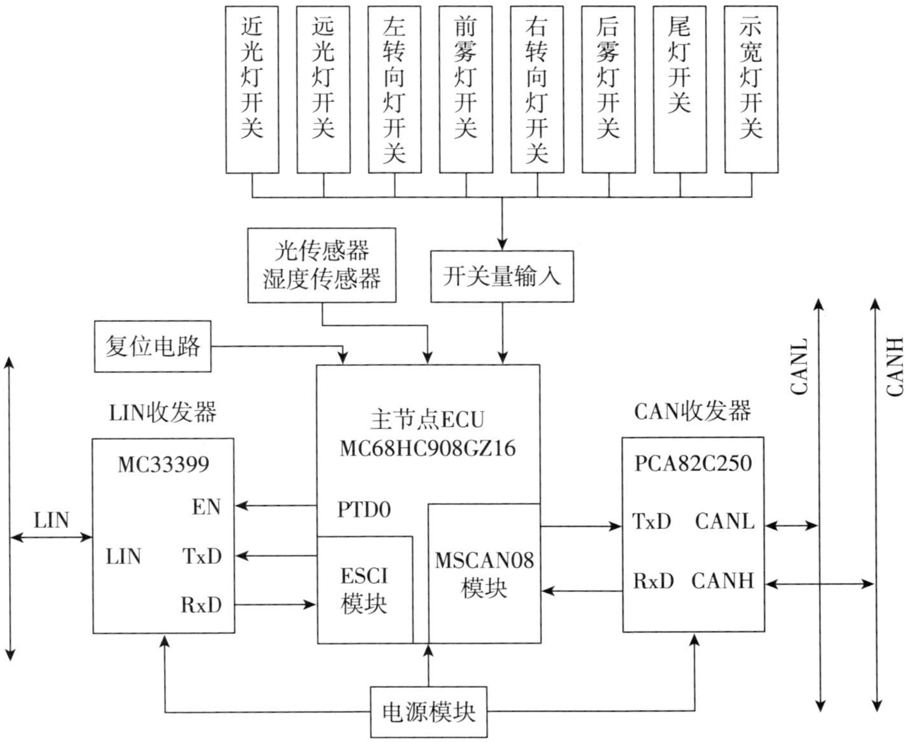

图 3 – 13　主节点的系统结构图

MSCAN08 模块的主要任务是与车身控制中的其他低速 CAN 节点进行通信，一方面将车灯控制信息发送到 CAN 总线上，另一方面从 CAN 总线上接收其他相关信息，达到信息共享的目的，这样也就形成完整的控制系统。ESCI 模块的主要任务一方面是将 CAN 信息转换成 LIN 信息格式，发送到 LIN 总线上，由此完成 CAN/LIN 网关的任务；另一方面就是根据接收到的开关量信号，进行分析，形成 LIN 命令帧信息，发送到 LIN 总线上，完成对从节点的控制。微控制器 MCU 是整个控制系统的核心部分，它的选择决定了系统的软件开发环境以及硬件连接方式等一系列问题。无疑，MCU 的选择是系统设计时最关键的一步。在综合考虑了 CAN 总线和 LIN 总线的特点、性价比、功能完善性等方面的因素后，选用 MC68HC908GZ16 作为控制系统主机节点、从机节点的 MCU，同时主机节点的 MCU 充当 LIN 通信和 CAN 通信的网关，需要进行通信速度的匹配。

MC68HC908GZ16 将 HC08 内核与 CAN 控制器模块集成在一起，增强了该芯片的功能，这样，不仅使 CAN 总线的通信有更高的可靠性，而且在设计原理图时，就不必再进行 CAN 控制器的选择，只需要一个 CAN 收发器即可实现 CAN 总线通信，既简化了硬件结构，又降低了成本；该芯片集成了 ESCI 模块，考虑到这一点，该系统选择了基于 SCI 的 LIN 通信，这样在设计 LIN 通信的硬件电路时，只需要设计 LIN 收发器部分的电路，简化了电路的设计，利于实现。另外，MC68HC908GZ16 内部具有锁相环模块，可以将外部晶振的低频信号转化为用于内部数据通信的高频信号，提高了 MCU 的抗干扰性；MC68HC908GZ16 还提供了串行设备接口 SPI（Serial Peripheral Interface）模块，这是 Motorola 半导体的一大特色。通过 SPI 模块，MCU 可以直接与车灯功率驱动芯片进行通信，所用的引脚非常少，便于原理图的设计和 PCB 板的制图。MC68HC908GZ16 还提供了定时器和 A/D 采集功能，便于对总线状态的监控，从而简化了电路的设计，降低了成本。

1. ESCI 模块

ESCI 模块允许单片机与远程设备间进行全双工、异步、不归零（NRZ）串口通信，其发送器与接收器使用相同的波特率，但是两者相互独立工作。在正常工作状况下，CPU 能监控 ESCI 状态，将待发送的数据写入相应的寄存器，并处理接收的数据。ESCI 的输入/输出是通过共享普通的 I/O 引脚实现的，PTE0/TxD 是 ESCI 接收器的串行输出引脚，发送的数据从该引脚输出，TE1/RxD 引脚是 ESCI 的串行数据输入口。虽然这两个引脚与普通的I/O 口公用引脚，但是在 ESCI 被使能后，这两个引脚的输入输出方向不受方向寄存器的控制，只与其在 ESCI 模块中的功能有关。

在 ESCI 发送全过程中，满足发送条件后，数据首先从内部总线发送到数据寄存器中，然后发送到移位寄存器，当一个完整字节的数据全部移入移位寄存器后，最后数据从 TxD 引脚移出，同时可以进行下一个数据的发送，数据的发送过程就是这样不断循环的。其中，ESCI 数据寄存器（SCDR）是内部数据总线与发送移位寄存器之间的一个缓冲寄存器。ESCI 模块中的数据接收过程与此类似。当没有数据进行发送时，TxD 引脚进入空闲状态，为逻辑“1”，如果在任意时刻将 ESCI 模块使能关闭，即设置 ENSCI 为逻辑“0”，则发送和接收都将不工作。

2. MSCAN08 模块

MC68HC908GZ16 内部集成的 MSCAN08 模块完全执行 CAN2.0A/B 协议。MSCAN08 模块充分利用内部缓冲器结构，进行实时性操作，采用内部集成 CAN 控制器不但简化了硬件结构，降低了成本，而且简化了软件设计，提高了软件开发速度。

MSCAN08 有两个接收缓冲区，总共 13 个字节，用以储存 CAN 控制场、标记符场（标准格式或是扩展格式）和数据场。接收时，将接收的信息储存在两个缓冲区中，其中后面的接收缓冲区（RxBG）是专门用于 MSCAN08 模块的，前面的接收缓冲区（RxFG）可以通过中央控制单位（CPU08）设置地址，这样只有一个地址区域是用于接收处理，也就简化了处理软件。一旦进入接收过程，每个信息帧都需要校验是否通过滤波，然后并行写入后面的缓冲区 RxBG 中，MSCAN08 模块将 RxBG 中的内容复制到前面的缓冲区 RxFG 中，并设置 RxF 标志位，产生接收中断。用户的接收数据处理必须从前面的缓冲区 RxFG 中读取数据信息，并复位 RxF 标志位，释放前面的缓冲区。在 CAN 帧的 IFS 场后，如果有新信息帧写入，就被 RxBG 接收，RxBG 能否复写是由标记符滤波功能决定的。

当发送数据时，其 MSCAN08 模块会接收自己发出去的数据，并存入后面的接收缓冲区 RxBG 中，但是并不写入 RxFG 中，也不产生接收中断或将信息显示在 CAN 总线上，当工作在循环模式时是例外的，此时，MSCAN08 像处理其他信息帧一样处理自己的信息帧。如果丢失仲裁，MSCAN08 必须变成接收器，并接收自己的信息帧。

当前面的缓冲区和后面的缓冲区都写满通过标记符验证的正确数据，如果这时一个来自总线的通过接收标记符验证的数据需要接收时，就会产生溢出，这意味着后面的信息将被丢弃，并产生溢出标志的错误中断（如果该中断被使能）。在两个缓冲区写满数据的情况下，如果即将到来的信息被丢弃，MSCAN08 仍然能够发送信息。

MSCAN08 有 3 个发送缓冲区，共 13 个字节的数据结构，可以实现多信息的预置，起到最大的实时性作用。此外，每个发送缓冲区有一个 8 位的优先级场（PRIO）。

为了发送一个信息，CPU08 必须有一个发送缓冲区是空的，可以由发送缓冲寄存器空标志位（TxE）查看；然后 CPU08 将标记符、控制位和数据场写入发送缓冲区，最后将发送缓冲区满标志位置位，准备发送；最后 MSCAN08 将安排信息发送，并置位 TxE 标志位，表明发送成功；当 TxE 被置位时，将产生一个发送中断，这样可以进行其他信息的发送操作。

如果多于一个缓冲区等待发送，CAN 总线就需要通过仲裁得到，这时 MSCAN08 会用优先权设置这 3 个缓冲区的优先级，这个优先权反映了某个信息相对于本节点正在发送的信息的优先级，最小的二进制定义了最高的优先级。

无论什么时候发生仲裁，内部都会进行这样的优先级处理，如果出现发送错误，也会产生这种情况。当一个高优先级的信息需要发送时，会中断已经挂起的优先级低的信息的发送，如果信息已经进行发送，考虑到发送过程中的信息不能中断，可以通过设置响应中断命令标志（ABTRQ）去中断信息的发送。MSCAN08 模块认可该命令，通过设置响应中断命令位（ABTAK）与 TxE 标志位，或者产生发送中断，以释放缓冲区。无论信息处于发送过程还是被中断，发送中断处理软件能够区分 ABTAK 标志位的设置。

3. MC33399 芯片

MC33399 芯片是专用于 LIN 的单线物理接口器件。该器件的功耗非常低，可控制外部稳压器，安全符合 LIN 规范，抗干扰能力强，是一种高性能的模拟器件，适用于工作环境比较复杂的汽车。

MC33399 的主要特点如下：

（1）通信速率范围为 1 ~20 kbps。

（2）额定工作电压：8 ~18 V，正常电压：7 ~27 V。

（3）无功节点不影响总线状态。

（4）有正常和睡眠两种工作模式，睡眠模式下的静态电流仅 20 μA。

（5）LIN 总线唤醒、MCU 命令唤醒以及接口外部高压开关输入唤醒。

（6）通过兼容的 CMOS I/O 脚与 MCU 进行接口。

（7）带有外部稳压器控制功能。

（8）内置上拉电阻。

（9）LIN 引脚的 ESD 电压可达 4 kV。

（10）具有很好的电磁兼容性。

（11）工作温度范围为 -40 ℃ ~125 ℃。

MC33399 具有 8 个引脚，各引脚的功能说明如表 3 -4 所示。

表 3 -4　MC33399 的引脚说明

引脚号	引脚名	功　　能
1	RxD	接收数据输出端
2	EN	使能端
3	Wake	唤醒端，使芯片从睡眠中唤醒
4	TxD	发送数据输入端
5	GND	地
6	LIN	LIN 总线接口端
7	V_{SUP}	电源端
8	INH	外部稳压器控制端

MC33399 的工作模式由使能端 EN 来控制。当 EN 为 1 时，电路处于正常工作状态，此时由 TxD 引脚到 LIN 总线，以及由 LIN 总线到 RxD 引脚的两条传输路径均被激活；当 EN 为

0 时，芯片进入睡眠或低功耗模式，此时两条传输路径被禁止。睡眠模式下，LIN 引脚可通过上拉电阻和上位电流源保持在高电平 V_{SUP}，并通过 V_{SUP}引脚由电源向芯片提供静态电流（典型值为 20 μA）。

MC33399 的 LIN 引脚用于完成单总线收发功能，TxD 引脚则用于控制 LIN 引脚的输出状态，工作时，这两个引脚的状态始终保持一致；而 RxD 引脚则可用来显示 LIN 总线的状态，LIN 总线呈现高电平（隐性）时，RxD 为高；反之，LIN 总线为低电平（显性）时，RxD 为低。

由于 MC33399 芯片特定的内部结构，当地漂移或者电源连接失败时，将不会有反向电流从 LIN 总线进入芯片内部。MC33399 允许 Wake 引脚输入高压唤醒，同时也可用 Wake 引脚由高到低或由低到高的两种跳变唤醒，当芯片进入睡眠状态时，芯片将记录下 Wake 引脚的当前状态，当电路检测到 Wake 引脚状态相反时，就认为发生了唤醒事件。此外，芯片还内置有噪声滤波器，它能够抑制总线高频噪声干扰，防止错误唤醒。

由于该电路内部在 LIN 引脚与 V_{SUP}引脚集成了上拉电阻和串联二极管，所以总线从节点不需要外置上拉元件，但对于主节点，则必须在外部增加 1 kΩ 的上拉电阻器，并且要串联一个二极管以防止电池掉电时 MC33399 通过总线上电。

通过 Wake 引脚外接开关可为 Wake 引脚输入高压，以将 MC33399 从睡眠模式中唤醒。当 Wake 引脚的输入电压超过 14 V 时，为防止输入电流过大，必须接入串联电阻器来限制瞬时脉冲电流；同时必须注意 Wake 引脚不得悬空。若不使用该引脚，必须将其接地以防止错误唤醒。

4. PCA82C250

PCA82C250 是专门为汽车中高速通信应用而设计的，是 CAN 协议控制器和物理总线间的接口，主要用于节点逻辑电平和 CAN 总线差动电平之间的电平转换，对总线提供差动发送能力，对 CAN 控制器提供差动接收能力。

PCA82C250 能够支持 1 Mbps 的位速率，物理传递媒质是遵循 ISO 11898 标准的双绞差分线。

PCA82C250 的主要特性有：

（1）完全符合“ISO 189”标准。

（2）高速率（最高达 1 Mbps）。

（3）具有抵抗汽车环境中的瞬间干扰和保护总线能力。

（4）斜率控制，降低射频干扰（RFI）。

（5）差分接收器，抗共模干扰范围宽，抗电磁干扰（EMI）。

（6）热保护。

（7）防止电源和地之间发生短路。

（8）未上电的节点对总线无影响。

（9）最多可连接 110 个节点。

PCA82C250 共有 3 种不同的工作模式：

（1）第一种模式是高速模式，它支持最大的总线速度，并不采取措施限制上升沿和下降沿的斜率。

（2）第二种是斜率模式，当使用非屏蔽的总线电缆时可以考虑使用这种模式，这种模式的输出转换速度可被降低，以减少电磁辐射。

（3）第三种是准备模式，这种模式主要在电池供电、要求系统功率消耗非常低的情况下应用，在准备模式中传输一个报文就可以将系统激活。

PCA82C250 具有 8 个引脚，各引脚的功能说明如表 3－5 所示。PCA82C250 的三种不同工作模式的控制通过 Rs 控制引脚提供。V_{Rs}为高电平时，PCA82C250 切换到准备模式（$V_{Rs}>0.75V_{CC}$）；V_{Rs}为低电平时，PCA82C250 切换到普通工作模式，普通工作模式可以是高速模式或低斜率模式，由连接到 Rs 的电阻决定。

为了增强 CAN 通信的可靠性，CAN 总线网络的两个端点通常均接有抑制反射的终端匹配电阻，匹配电阻连接在 CANH 和 CANL 之间，终端匹配电阻的大小由传输电缆的特性阻抗所决定。例如双绞线的特性阻抗为 120 Ω，则总线上的两个端点应集成 120 Ω 终端电阻。

CAN 控制器将需要发送的数据输入到 82C250 的 TxD 引脚，经芯片转换电平后，输出到 CAN 总线上。接收数据的过程与此类似，收发器先从 CAN 总线上接收数据，经内部电平转换后，由 RxD 引脚将信息输入给 CAN 控制器。

表 3－5　PCA82C250 的引脚说明

引脚号	引脚名	功　能
1	TxD	发送数据（输出引脚）
2	GND	地
3	V_{CC}	电源供应
4	RxD	接收数据（输入引脚）
5	V_{ref}	参考电压（输入引脚）
6	CANL	CAN 低电平（输入/输出）
7	CANH	CAN 高电平（输入/输出）
8	Rs	斜率电阻（输入引脚）

（三）车灯控制系统的软件设计

1. 主机节点的程序设计

首先，对程序中涉及的所有变量、MCU 的端口状态以及驱动函数进行初始化；由于主机节点同时又作为CAN/LIN总线的网关，程序中还需要对ESCI控制模块进行相关的初始化设定；然后，程序就进入到循环执行的主体部分，在这一部分中，首先检测MCU的输入开关量的状态，若有变化，则将输入信号的二进制位值存入初始化时设定的变量中，然后按照LIN通信规则组成LIN报文信息，并发送到相应的从节点，进行车灯控制；无论开关量是否变化，CAN接收中断子程序总是在检测是否收到CAN报文信息，一旦检测到CAN报文接收中断，就跳入接收中断子程序，进行信息帧的接收，接收完成CAN报文信息后，主节点MCU对该CAN报文信息进行分析判断，如果需要发送LIN信息帧，则按照LIN通信协议组成LIN报文帧，发送到相应的从机节点；在LIN报文帧发送完成后，程序再次回到循环体的入口，进行下一个循环的程序执行，控制系统工作时，便会一直按照这样一个循环进行程序的执行。需要注意的是，LIN网络是挂接在CAN网络下面，作为其子网进行通信的，所以程序循环体首先应该处理CAN报文的发送和接收，然后再进行LIN报文的发送处理。

2. 从机节点主程序设计

从机节点主要是接收主机节点发送来的信息帧，并进行分析判断，然后调用车灯处理程序，通过功率驱动芯片对车灯进行驱动控制；另一方面，通过A/D采集环境光照度，并对此光照度进行分析，如果光照度在控制车灯范围内，则将其发送给其余从机节点，然后四个从机节点同时控制相应的车灯。与主机节点的主控程序相比，从机节点的主控程序设计中不需要CAN报文帧的接收、处理，但是增加了车灯控制的处理程序，及功率驱动芯片的控制程序。

LIN从机节点最初也需要对MCU的相关变量、ESCI模块、A/D采集模块、SPI模块、定时器模块等进行初始化。其中，ESCI模块主要用于LIN通信；A/D采集模块主要采集光传感器的状态，并传输给其余三个LIN从机节点，从而控制前照灯和尾灯；SPI模块是从机节点MCU对车灯功率驱动芯片的控制过程中使用的，主要用来发送命令字，以控制功率驱动芯片的工作，及其输出的状态；定时器模块主要用于实现转向灯的闪烁控制；接下来，从机节点的MCU判断是否接收到主机节点发送来的报文信息，如果有新的报文信息，则进行接收，没有则继续判断光照度是否发生变化，即查看A/D采集的数据是否有较大的变化，如变化较大，则将采集后的数值传输给其余从机节点，然后对前、后部的车灯进行相应的控制；无论是通过LIN总线接收到控制命令帧发生变化，还是A/D采集到外部光照发生变化，都需要进行车灯控制的处理，在此之前首先要判断LIN系统是否进入睡眠模式，如果进入睡眠模式，则首先退出睡眠模式，再对信息进行处理，若未进入睡眠模式，则直接进行信息的处理，最后完成对车灯的控制；在整个控制过程中，如果4 s内从机节点的MCU没有接收到信息，A/D采集也没有变化，则系统进入睡眠模式。

3. LIN程序设计

由前面的主、从机节点的程序设计可以看出，软件设计中主要包括以下几个子程序：CAN报文信息的接收子程序，LIN报文信息的发送和接收子程序，开关检测子程序，以及车灯的具体控制程序。下面将对这些子程序的设计过程进行详细的阐述。

在本控制系统中，主机节点与从机节点之间、从机节点之间都是通过 LIN 总线相连接，即它们之间通过 LIN 总线进行通信，所以 LIN 报文信息的发送、接收程序成为程序设计过程的重点。由于四个车灯从机节点的控制相似，现以车灯开关状态的变化为例说明 LIN 信息帧的组成及其传输。

当主机节点的 MCU 检查到开关量发生变化时，便按照 LIN 协议组成相应的 LIN 报文信息。因为开关控制的车灯分布在四个从机节点，所以需要向四个从机节点发送该开关的状态信息。传输过程中，四个节点的 ID 各不相同。这里以主机节点向左前从机节点传输开关状态信息为例，说明 LIN 信息帧的通信过程。主机节点向左前车灯节点传输控制命令的 ID 为 0x01，对应的标记符为 0xC1，数据传输的信息为 2 个字节。LIN 信息的发送首先由主机任务发送数据头，然后由从机任务发送数据响应。其中，数据头包括同步间隔场、同步场和标记符场；数据响应包括 2、4 或 8 个数据字节和一个校验和。

在总线上发送的信息，具有长度可选的固定格式，每个报文帧都包含 2、4 或 8 字节的数据场以及 3 字节的控制、校验信息。总线的通信由单个主机控制。每个报文帧都用一个分隔信号（即中断场）起始，接着是一个同步场和一个标识符场，这些都由主机任务发送，从机任务则是发送或者接收数据场和校验场。通过主机控制单元中的从机任务，数据可以被主机控制单元发送到任何从机控制单元。

每个报文帧都以一个同步间隔场（SYNCH BREAK）起始，接着是同步场（SYNCH-FIELD），这个同步场在几倍的位定时长度中包含了 5 个下降沿（即“隐性”到“显性”的转换）。这个长度可以测量，而且可用于计算从机节点内部定时。在进行信息传输时，为了能清楚地识别报文帧的开始，主机任务首先发送的是同步间隔，这样，所有的从机任务都可以同步于总线时钟信号。

同步间隔由两个不同的部分组成，第一个部分是大约持续 13 个位定时的显性总线电平，第二部分是 1 个位定时的隐性电平，作为同步界定符。同步界定符主要用来检测接下来的同步场的起始位。同步间隔场的发送由微控制器内部的寄存器设置来完成。本控制系统中 LIN 通信是基于 SCI 模块完成的，在 MC68HC908GZ16 控制器的 ESCI 模块控制寄存器中，SBK 位完成了同步间隔场的发送。当 SBK = 1 时，系统将发送 13 位的低电平，当 SBK = 0 时，低电平发送完毕，这样在程序设计时，先将 SBK 设置为 1，然后设置为 0，这样就发送了 13 位或 14 位的同步间隔场。

接下来需要发送的是同步场。同步场包含的是时钟的同步信息，其格式是固定的，为“0x55”，表现为 8 个位定时中有 5 个下降沿，即“隐性”跳变到“显性”的边沿。上述两个场在 LIN 发送中是固定的，每次都需要发送这些数据，接下来就需要发送 LIN 标记符场。标记符场由两部分组成：低六位是每个任务对应的 ID 号，最高两位是由 ID 按一定的算法计算出来的奇偶校验位。标识符场定义了报文的内容和长度，标识符位的第 4 和第 5 位（ID4

和ID5）定义了报文的数据场字节数，这就把64个标识符分成4个小组，每组16个标识符，这些标识符分别有2、4和8个数据场。

上面这些都是主机任务发送的数据头部分，接下来的就是从机任务的响应。报文的响应场由两部分组成：数据场和校验和场。正确接收报文后的应答过程在LIN协议中没有定义。主机控制单元检查由主机任务初始化的报文和由它自己的从机任务接收的报文的一致性。如果不一致（例如，丢失从机响应，校验和不正确等），主机任务可以改变报文的进度表；如果从机检测到不一致，从机控制器将保存这个信息并将它用诊断信息的形式向主机控制单元请求。诊断信息可按普通报文帧的形式进行发送。

LIN是基于SCI或UART实现的，故其数据场的格式也是通常的SCI或UART串行数据格式，每个字节场的长度是10个位定时，起始位是一个显性位，它标志着字节场的开始，接着是8个数据位，最后以一位隐性位作为结束位，它标志着字节场的结束，数据场由最低位依次进行发送。

数据场可以是主机节点发送给从机节点的，也可以是从机节点发送给主机节点的，或者是从机节点之间传输的。车灯控制系统主要用到的是主机节点给从机节点发送数据、从机节点之间的数据传输。以主机节点向从机节点发送的数据为例进行说明。主机节点传输给从机节点的数据一方面是开关状态信息，另一方面是由主机节点接收到的CAN报文信息组成的LIN报文帧，也需要发送给相应的从机节点。无论是开关信息，还是由CAN报文组成的LIN信息，都可以由两个字节进行发送，所以选择两个字节的数据场，这里只有第一个字节作为信息传递字节，第二个字节为预留字节。对于开关量信息的传输，各个开关在数据字节中对应的位表示，“1”表示开关闭合，“0”表示开关断开。这些开关量信息均储存在第一个数据字节中。在实际工作过程中，无论检测到哪个开关状态发生变化，都将组成的LIN信息发送给所有的从机节点，然后进行控制。对于接收到的CAN报文信息，首先将倒车信号和制动信号赋给两个不同的变量，然后两个变量分别由LIN数据场的两个字节发送。接收节点对接收到的数据进行分析处理，完成对车灯的控制。

最后需要发送的是校验和场。校验和场是数据场所有字节的和的反码，其中的和按照“带进位加法（ADDC）”方式计算，每个进位都被加到本次结果的最低位，这就保证了数据字节的可靠性。对于主机发送的数据头和响应，从机节点均以中断的方式进行接收，这样保证了数据不会丢失。各个从机节点都需要接收LIN的数据头，在从机的MCU接收到数据头后，从机的微控制器MC68HC90GZ16根据ID进行滤波，即判断收到的ID是否为本节点的ID，如果是本节点的ID，则进行下一步的命令信息接收，即数据场的接收，按照既定的要求，应该接收两个字节的数据信息及一个字节的校验和。接收节点可以对接收到的数据进行核对，需要满足的条件是：所有数据字节的和的补码与校验和场之和必须是“0xFF”。之后，对接收到的命令帧进行分析，并根据控制逻辑对相应的车灯做出控制。

为了控制的准确性，并减少对功率驱动芯片的操作，本控制系统并没有直接应用所接收到的信号进行车灯控制，而是先将这次收到的信息与上次收到的信息进行比较，如果一致，则保持上次车灯的状态不变，否则才会对功率芯片进行操作，完成车灯状态的控制。如果检测到远光灯开关闭合，则发送给四个从机节点相应的控制信息，只有前部的两个节点通过对功率驱动芯片控制完成远光灯状态的控制，而后面的两个节点都不做出反应。

3.3 FlexRay 总线及其应用

3.3.1 概述

车辆控制中，与安全有关的信息传递要求绝对的实时，这类高优先级的信息必须在指定的时间内传输到位，如制动，从制动踏板踩下到制动起作用的信息传递要求立即正确地传输。同时，汽车网络中不断增加的通信总线传输数据量，要求通信总线有较高的带宽和数据传输率。目前广泛应用的车载总线技术 CAN、LIN 等由于缺少同步性、确定性及容错性等，较难满足未来汽车应用的要求。一些汽车厂商意识到传统的解决方案并不能满足汽车行业未来的需要，更不能满足汽车线控系统（X-by-Wire）的要求。2000 年 9 月，宝马和戴姆勒克莱斯勒联合飞利浦、摩托罗拉成立了 FlexRay 联盟。由于 FlexRay 的优秀特性和广大的发展前景，又有很多的汽车、半导体和电子系统的生产商陆续加入了 FlexRay 联盟，为联盟的壮大注入更强的活力，并使 FlexRay 通信系统很快获得了动力。该联盟致力于推广 FlexRay 通信系统在全球的采用，使其成为高级动力总成、底盘、线控系统的标准协议。其具体任务为制定 FlexRay 需求定义、开发 FlexRay 协议、定义数据链路层、提供支持 FlexRay 的控制器、开发 FlexRay 物理层规范并实现基础解决方案。由 FlexRay 联盟制定的 FlexRay 协议标准给出了汽车工业总线更为理想的解决方案。当前，FlexRay 协议已经得到业界各大汽车生产厂家以及汽车半导体公司的支持，成为下一代车用网络标准。FlexRay 提供了传统车内通信协议不具备的大量特性，具体如下。

1. 高传输速率

FlexRay 的每个信道具有 10 Mbps 带宽。由于它不仅可以像 CAN 和 LIN 网络这样的单信道系统一样运行，而且还可以作为一个双信道系统运行，因此可以达到 20 Mbps 的最大传输速率。

2. 同步时基

FlexRay 中使用的访问方法是基于同步时基的。该时基通过协议自动建立和同步，并提供给应用。时基的精确度介于 0.5 μs 和 10 μs 之间。

3. 确定性

通信是在不断循环的周期中进行的，特定消息在通信周期中拥有固定位置，因此接收器已经提前知道了消息到达的时间。到达时间的临时偏差幅度会非常小，并能得到保证。

4. 高容错

强大的错误检测性能和容错功能是 FlexRay 设计时考虑的重要方面。FlexRay 总线使用循环冗余校验 CRC（Cyclic Redundancy Check）来检验通信中的差错。FlexRay 总线通过双通道通信，能够提供冗余功能，并且使用星形拓扑可完全解决容错问题，如果出现意外情况，星型的支路可以有选择地切断。

5. 灵活性

在 FlexRay 协议的开发过程中，关注的主要问题是灵活性。不仅提供消息冗余传输或非冗余传输两种选择，系统还可以进行优化，以提高可用性（静态带宽分配）或吞吐量（动态带宽分配）。用户还可以扩展系统，而无须调整现有节点中的软件。同时，还支持总线或星形拓扑。FlexRay 提供了大量配置参数，可以对系统进行调整，如通信周期、消息长度等，以满足特定应用的需求。

3.3.2　FlexRay 总线技术

1. 帧格式结构

FlexRay 帧格式包括帧头段、有效载荷段与帧尾段三部分。节点在网络上传输帧时，首先传输的是帧头段，其次传输的是有效载荷段，最后传输的是帧尾段。

FlexRay 帧头段包括保留位、有效载荷段指示位、空帧指示位、同步帧指示位、起始帧指示位、帧 ID、有效载荷段长度、帧头 CRC、周期计数。帧 ID 的范围从 1 到 2047。在每个通道的一个通信周期内，帧 ID 仅被使用一次。一簇中每个可能被传输的帧都赋予了一个帧 ID。ID 数字越小，则优先级越高。有效载荷段长度用来指明有效载荷段的尺寸。有效载荷段的尺寸被编码为有效载荷段数据字节数值的二分之一。在静态时序部分的一个通信周期内，所有发送帧的有效载荷段长度应该是稳定不变的。在动态时序部分的一个通信周期内，不同帧的有效载荷段长度可能不同。另外，在不同周期内特殊动态时序部分的帧有效载荷段长度可能变化。

2. 编码与解码

FlexRay 总线协议独立于底层物理层，有两个不同级的二进制媒介。这两个不同级媒介所产生的比特流叫作通信要素。节点使用“不归零”编码的方式对通信要素 CE 进行编解码。编码与解码实际讲述了通信控制器与总线驱动器之间，TxD、RxD 和 TxEN 接口信号的编码与解码行为。当总线上有一个传输给本节点的帧时，总线驱动器先把接收到的物理电平信号转变为一个串行信号，然后发送给通信控制器。当通信控制器有数据要发送到总线时，过程刚好相反。编码与解码主要包括 3 个过程：编码与解码过程、位过滤过程与唤醒模式解码过程。这些过程主要涉及以下三项技术：位时钟对齐、采样与多数表决及通道空闲检测。

3. 媒体访问控制

在 FlexRay 协议中，媒介访问控制是以一个循环进行的通信周期为基础的。在一个通信周期中，FlexRay 提供了两种访问方式，分别为静态的基于时分多址的访问方式和动态的基于微型时槽的访问方式。通信周期是 FlexRay 进行媒介访问的基本单位。它是通过时间等级层次来定义的。它包含静态段、动态段、符号窗及总线空闲时间。在静态段中，静态的时分多址方式用来仲裁静态段传输的优先级。在动态段中，动态的基于微型时槽方式用来仲裁动态段传输的优先级。符号窗是一段通信时间段，在这段时间内可以传输一个符号。总线空闲时间是一段总线通信空闲时间，一个通信周期在此后结束。

仲裁层包含有仲裁网络，它构成了 FlexRay 媒介仲裁的主干部分。在静态段中，仲裁网络由叫作静态时槽的连续时间间隔组成，在动态段中，由微型时槽的连续时间间隔组成。静态段和动态段中的仲裁是基于分配给每个通道的节点簇中节点的独特帧标识符及能计算出传输时槽的数目的计数方法进行的。帧标识符能够决定该帧由哪个段中的传输时槽在什么时候开始发送。

4. 时钟同步

FlexRay 协议使用分布式时钟同步机制，机制中每个节点观测从其他节点发送来的时间同步帧，根据这个时间同步帧每个节点各自地同步于整个簇。时钟同步包含两个主要的并发过程：宏节拍产生过程与时钟同步过程。宏节拍产生过程应用相位与速率修正值，控制周期与宏节拍计数器。时钟同步过程实现了周期起始的初始化、偏差值的测量与存储、相位与速率修正值的计算三个过程。

时钟同步功能的主要任务是确保将簇中不同节点间的时钟偏差抑制在一个精度内。节点间两种不同的时间偏差可以区别为相位偏差和频率偏差。同步不同节点本地时间基准，可以对相位偏差及速率偏差进行修正。FlexRay 使用了两种方法的结合，相位修正与速率修正在所有节点中使用的处理方法相同。相位修正仅在奇数通信周期的总线空闲时间段执行，在下一个通信周期起始前结束。速率修正应在整个周期内被执行。

5. 唤醒与启动

为了节省资源，部分节点处于不工作状态时，进入“节电模式”。当这些节点需要再次工作时，就需要“唤醒”它们。主机可以在通信信道上传输唤醒模式，当节点接收到唤醒特征符后，主机处理器和通信控制器才进行上电。

在通信启动执行之前，整个簇需要被唤醒。启动节点工作时，需要在所有通道上同步执行。初始一个启动过程的行为被称为冷启动，冷启动一个起始帧的节点是有限的，它们称作冷启动节点。在至少由三个节点组成的簇中，至少要有三个节点被配置为冷启动节点。组成簇的节点少于三个时，每个节点都应配置为冷启动节点。每个起始帧同样应为同步帧，因此每个冷启动节点同样应为同步节点。冷启动节点中，主动启动簇中消息的节点被称为主冷启动节点，其余的冷启动节点则被称为从冷启动节点。

当节点被唤醒并完成初始化后，它就可以在相应的主机控制命令发出之后进入启动程序。在非冷启动节点接收并识别至少两个相互通信的冷启动节点前，非冷启动节点一直等待。同时，冷启动节点监控两个信道，确定是否有其他的节点正在进行传输。当检测到信道没有进行传输时，该节点就成为主冷启动节点。

3.3.3　FlexRay 的实现方式

基于 FlexRay 节点架构，其硬件实现方式主要有两种。一种是微控制单元、通信控制器和总线驱动器组合在一起，该方式下每一个模块相对独立，实现比较方便，能够选择的芯片种类较多，但集成度比较低。另一种方式是微控制单元 + 总线驱动器，主控芯片集成了 FlexRay 通信控制器，整个节点的集成度得到了提高。除了上述两种硬件实现方式外，理论上还有一种集成度最高的形式，即把主控单元、通信控制器和收发器总线驱动器都集成到一个芯片当中。这是未来 FlexRay 的发展趋势，但要实现这样高集成度的目标，还有很多困难。这是因为，FlexRay 协会规定，为了尽可能地提高系统的安全性，应该将控制器和收发器分开；此外，半导体工艺也面临一些难题。

软件方面，由于 FlexRay 总线对于总线上数据收发的实时性要求严格，因此在程序设计时采用中断的方式来执行 FlexRay 总线的数据通信。FlexRay 数据接收中断处理程序，读取 FlexRay 中断中接收到的数据，并按照固定的数据结构存入单片机的缓存中，实现 FlexRay 总线数据采集；FlexRay 数据发送中断处理程序，将数据按照特定的时槽发送到 FlexRay 总线上，实现数据的发送。

1. FlexRay 初始化

由于 FlexRay 通信主要基于时间触发的周期性通信循环，时间同步是 FlexRay 网络的通信基础；FlexRay 网络将启动节点的时钟作为参考，通过启动，建立整个网络的同步时间，且在通信的过程中，其他节点不断地以此为基准进行自我校正。FlexRay 的初始化主要实现 FlexRay 网络通信之间的唤醒、启动、时间同步，是实现 FlexRay 网络正常通信的基础。

2. FlexRay 通信发送

当 FlexRay 网络正常启动后，才可以进行 FlexRay 数据通信。FlexRay 总线通信主要是基于时间触发。在静态段中，它是基于 TDMA 技术的时间触发，是通过事先安排好的时刻表赢得总线。FlexRay 消息发送的中断产生过程：TDMA 时分表中的每个时槽都会对应一个中断，且这些中断按时分表在时间轴上分布开来，只有在其对应的时槽时刻，才会由 FlexRay 模块自动置位中断，且每个时槽的发送中断产生与标志置位都是在该时槽数据发送完毕之后，由 FlexRay 模块自动产生相应的置位与中断；当进入 FlexRay 对应时槽的中断服务程序后，调用发送函数，锁定发送时槽对应的发送缓存，对发送缓存赋值并置位发送，最后解锁发送缓存，等待下一个周期该时槽的发送时刻到来时发送。

3. FlexRay 通信接收

FlexRay 数据接收也是采用中断方式，FlexRay 协议控制器采用“提前搜索算法”来保证数据准时接收。在 FlexRay 中，每一个接收时槽的接收中断产生都是在时槽接收数据完毕并确认有效后，由 FlexRay 模块自动产生相应的接收中断。当进入 FlexRay 对应时槽中断服务程序后，程序调用接收函数，锁定接收时槽对应的接收缓存，确认为数据帧后，读取接收缓存中的数据与帧长度，最后解锁接收缓存，等待下一个周期该时槽的接收时刻到来。

3.3.4 FlexRay 的应用领域

FlexRay 拥有传输速率高、容错性好以及可灵活应用等特点使其适用于较多应用领域。

1. 替代 CAN 总线

在数据速率要求超过 CAN 的应用中，人们现在同时使用了两条或多条 CAN 总线，而数据传输速率高于 CAN 的 10 ~ 20 倍的 FlexRay 则可以轻松应用于这些场合。

2. 骨干网络

FlexRay 的拓扑结构非常灵活，包括单/多通道总线结构，单/多通道星型结构以及多种不同总线、星型混合结构等，网络可与现有其他各种总线（如 LIN、CAN 等）系统兼容，故具有成为联系大量元器件主干网的先天优势。同时，其灵活的系统结构，也可使设计者针对不同的应用背景选择不同的可靠等级以控制成本。

3. 实时应用，分布式控制系统

FlexRay 的访问方法基于同步时基，该时基通过协议自动建立和同步。因此用户可提前知道消息到达时间，消息周期偏差非常小，这使得 FlexRay 成为具有严格实时要求的分布式控制系统的首选技术。

4. 面向安全的系统

FlexRay 使用循环冗余校验 CRC 来检验通信中的差错，还可以通过双通道通信提供冗余功能，并且使用星形拓扑可完全解决容错问题，如果出现意外情况，星型的支路可以有选择地切断。因此，FlexRay 的高容错性和可靠性可以支持面向安全的系统设计。

随着通信要求的进一步提高和技术的进一步成熟，FlexRay 在汽车上的普及只是时间问题。从更长远的角度来看，汽车发展的趋势是实现全自动无人驾驶，这将需要大量不同功能的传感器、传输装置以及电子控制单元，而这些零部件的相互通信和协调控制则对车载网络提出了更高的要求。因此，FlexRay 及车载网络还有待进一步研究和发展。

第 4 章　无线通信技术在车辆中的应用

通信是智能交通领域最重要的组成部分之一，任何需要联网、信息传递的地方，都有通信网络的存在，包括 GPS 运营、交通信号控制、道路监控设备等。可以说，没有通信就没有智能交通。按照服务需求主体的分类，可以将交通系统划分为出行者子系统、中心子系统、车辆子系统、路侧子系统等部分。其中车辆子系统的通信服务需求主要表现在各种调度信息的传输、各种付费设施的电子收费、交通情况获取、车车通信、车与路面基础设施的通信等。这些车辆系统的通信需求离不开无线通信。无线通信从其服务的领域来看，可以分为中继通信、卫星通信、移动通信等部分。其中移动通信是目前发展最为迅速的无线通信业务，本章主要介绍 GSM、GPRS、3G 等无线通信技术及其在车辆中的应用情况。

4.1　GSM 及其在车辆中的应用

GSM 数字移动通信系统源于欧洲。1982 年，北欧国家向欧洲邮电行政大会提交了一份建议书，要求制定 900 MHz 频段的公共欧洲电信业务规范。在这次大会上成立了一个隶属于欧洲电信标准学会技术委员会的“移动特别小组（Group Special Mobile）”，简称 GSM，来制定有关的标准和建议书。随着设备的开发和数字蜂窝移动通信网的建立，GSM 逐步成为泛欧数字蜂窝移动通信系统的代名词，欧洲的专家们将 GSM 重新命名为“Global System for Mobile Communications”，使之成为“全球移动通信系统”的简称。

1990 年，由英国提出将 1 800 MHz 频段归入 GSM 标准之中，此建议的目的是针对个人通信网的应用，以进一步适应城区更高容量的需求。我国 1992 年开通第一个 GSM 演示系统，并于 1993 年 9 月正式开放业务。在发展的过程中，GSM 系统的功能不断得到丰富。GSM 系统的短信息服务（Short Messaging Service，SMS）提供了一种新颖、便捷、廉价的通信方式。1994 年，GSM 实现了基于电路交换的数据业务和传真服务。1999 年，WAP 协议使得用户可以通过手机访问互联网。2000 年后开始商用的通用分组无线服务（General Packet Radio Service，GPRS）使得 GSM 系统能够以效率更高的分组方式提供数据通信。

4.1.1　GSM 系统的组成

GSM 网络由终端、无线接入设备和核心网络等几部分组成。具体包括交换网络子系统（Network Switching Subsystem，NSS）、无线基站子系统（Base Station Subsystem，BSS）、操作维护子系统（Operation Sub-System，OSS）和移动台（Mobile Station，MS）四大部分。

1. 交换网络子系统 NSS

交换网络子系统 NSS 包括移动业务交换中心（Mobile Switching Center，MSC）、拜访位置寄存器（Visited Location Register，VLR）、归属位置寄存器（Home Location Register，HLR）、鉴权中心（AUthentication Center，AUC）和移动设备识别寄存器（Equipment Identity Register，EIR）。各功能实体间以及 NSS 与 BSS 之间通过符合国际电报电话咨询委员会信令系统 No. 7 协议规范的 7 号信令网络互相通信。它的主要作用是管理 GSM 用户和其他网络用户之间的通信。

移动业务交换中心 MSC 是 GSM 系统的核心，它完成最基本的交换功能，即实现移动用户与其他网络用户之间的通信连接。提供面向系统其他功能实体的接口、其他网络的接口以及与其他 MSC 互连的接口。MSC 为用户提供承载业务、基本业务与补充业务等一系列服务，还支持位置登记、越区切换和自动漫游等功能。为了建立至移动台的呼叫路由，相关的 MSC 还应能完成网关移动交换中心（Gateway Mobile Switching Center，GMSC）的功能，即查询位置信息的功能。

拜访位置寄存器 VLR 存储所管辖区域中所有用户的全部有关信息，为已经登记的移动用户提供建立呼叫连接的必要条件。它是一个动态数据库，需要随时与有关的 HLR 进行大量的数据交换以保证数据的有效性。当用户离开其覆盖区时，用户的有关信息将被删除。VLR 在物理实体上总是与 MSC 一体。

归属位置寄存器 HLR 是 GSM 系统的中央数据库，存储管理部门用于移动客户管理的数据。每个移动客户都应在其归属位置寄存器注册登记，它主要存储两类信息：一是有关客户的参数，包括用户的漫游权限、基本业务和补充业务等；二是有关客户目前所处位置的信息，以便建立至移动台的呼叫路由，例如 MSC、VLR 地址等。一个 HLR 可以覆盖几个移动交换区域甚至整个移动网。

鉴权中心 AUC 存储用户的加密信息，用以保护用户在 GSM 系统中的合法地位不受侵犯。它是用于产生为确定移动客户的身份和对呼叫保密所需鉴权、加密的三参数（随机号码 RAND，符合响应 SRES，密钥 Kc）的功能实体，是一个受严格保护的数据库，在物理实体上与 HLR 共存。

设备识别寄存器 EIR 也是一个数据库，存储有关移动台 IMEI 的信息。主要完成对移动设备的识别、监视、闭锁等功能，以防止非法移动台的使用。

在 GSM 网上还配有短信息业务中心（Service Center，SC），即可开放点对点的短信息业务，类似数字寻呼业务，实现全国联网，又可开放广播式公共信息业务。另外配有语音信箱，可开放语音留言业务，当移动被叫客户暂不能接通时，可接到语音信箱留言，提高网路接通率。

2. 无线基站子系统 BSS

BSS 系统是在一定的无线覆盖区中，由 MSC 控制，与 MS 进行通信的系统设备，它主要负责完成无线发送接收和无线资源管理等功能。它给 MS 和 NSS 之间提供了传输通道并管理这个通道。BSS 功能实体可分为基站控制器（Base Station Controller，BSC）、基站收发信台（Base Transceiver Station，BTS）和码型转换单元（TransCoder，TC）。

BSC 主要负责控制和管理，主要由 BTS 控制部分、交换部分和公共处理器部分等组成。具有对一个或多个 BTS 进行控制和管理的功能，它主要是进行无线信道的分配，释放以及越区信道切换的管理等，起 BSS 系统中交换设备的作用。BTS 包括收发信机和天线，以及与无线接口有关的信号处理电路等无线接口设备，它完全由 BSC 控制，主要负责无线传输，完成无线与有线的转换、无线分集、无线信道加密、跳频等功能。TC 具有码型转换，速率适配的功能。

3. 操作维护子系统 OSS

GSM 系统的操作维护子系统（OMC），它主要是对整个 GSM 网络进行管理和监控。通过它实现对 GSM 网内各种部件功能的配置管理、故障管理和性能管理等功能。其功能实体包括操作与维护中心 - 无线部分（Operation & Maintenance Center-Radio，OMC-R）、操作与维护中心 - 移动部分（Operation & Maintenance Center-Mobile，OMC-M）和操作与维护中心 - 交换部分（Operation & Maintenance Center-Switch，OMC-S）。

4. 移动台 MS

移动台是移动客户设备部分，它由两部分组成：移动终端（Mobile Terminal，MT）和客户识别卡（Subscriber Identity Module，SIM）。

移动终端可完成话音编码、信道编码、信息加密、信息的调制和解调、信息发射和接收，以及实现鉴权、位置更新等通信处理。

SIM 卡也称作智能卡，存有认证客户身份所需的所有信息，并能执行一些与安全保密有关的重要信息，以防止非法客户进入网络。SIM 卡还存储与网络和客户有关的管理数据，只有插入 SIM 后移动终端才能接入进网，但 SIM 卡本身不是充值卡或预付费卡。

4.1.2　GSM 系统的业务功能

GSM 是一种多业务系统，可以依照用户的需要为用户提供各种形式的通信。习惯上，人们把话音业务与数据业务（或称非话音业务）区别开来：话音业务中，信息是话音，而数据业务传送包括电文、图像、传真及计算机文件等在内的其他信息。除了这些外，GSM 还提供一些非传统的业务，如短信业务。为用户提供的服务取决于以下 3 个独立因素：

（1）用户注册的业务。网络运营部门为用户提供了所有可提供业务的项目，同时确定相应的费率，用户按照自己的需要选择并为之付费，网络运营部门也只为用户提供其注册登记的业务。

（2）网络能力。并不是所有的网络都能提供同样的服务范围，用户使用的业务可能会与它漫游进入的网络有关。

（3）用户终端性能。有些业务需要用户终端的配合。例如，传真业务在只有话音业务的终端上就无法提供。

通信网络提供的基本业务主要涉及传输媒介和建立呼叫的方式。补充业务则使用户能够更好地接受基本业务或是简化电信的日常使用，为用户提供方便，如呼叫前转、来电显示等。基本业务与补充业务的区别在于，一项补充业务可以适用于几个基本业务。GSM 所提供的基本业务可分为承载业务和电信业务，这两种业务是独立的通信业务，其差别在于用户的接入点不同。电信业务主要包括话音业务、数据业务及短信业务等。

1. 承载业务

GSM 系统一开始就考虑兼容多种在综合业务数字网络（Integrated Services Digital Network，ISDN）中定义的承载业务，满足 GSM 移动客户对数据通信服务的需要。GSM 系统设计的承载业务不仅使移动客户之间能完成数据通信，更重要的是不仅能为移动客户与公共交换电话网（Public Switched Telephone Network，PSTN）或 ISDN 客户之间提供数据通信服务，还能使 GSM 移动通信网与其他公用数据网互通，例如公用分组数据网和公用电路数据网。

多种客户应用需要不同种类的承载业务，要支持各种承载业务也就需要经过不同类型的 MS 或互配功能（InterWorking Function，IWF）接入接口和终端网路。实际上，以上对不同种类的承载业务所支持的各种客户应用阐述也就是各种承载业务在定义上的差异点。

2. 话音业务

话音业务是 GSM 系统提供的最主要业务，这种业务允许 GSM 用户与其他 GSM 用户或其他固定用户双向通话。电话业务派生出两种特殊业务：一是紧急呼叫业务，这种业务使移动用户通过拨打一个简单号码接入到就近的紧急业务中心（如警局或消防中心）。一般约定以 112 这个号码作为紧急业务号码，紧急业务不收费。另一个是语音信箱，这种业务能把话音储存起来，以备收方提取。在呼叫不能接通时，用户可以将声音信息存入 GSM 语音信箱，一旦收方接通就会得到通知，收方就可以从语音中提取存储的话音信息。语音信箱提高了网络效率，为用户带来了方便。

3. 数据业务

GSM 规范在制定时便按照 ISDN 模式为用户提供各种数据业务。因为数字业务的应用越来越广泛，GSM 系统的数字业务包括大部分为固定电话用户和 ISDN 用户提供的数字业务，由于移动信道的局限性，在信号速率和容量方面受到一定的限制。

4. 短信息业务

短信息业务是一种类似寻呼的业务。它不仅可以从系统中得到短信息，也能实现 GSM 用户之间的短信息传递，主要有以下几种：

（1）点对点短信息业务。GSM 用户可以发出或接收长度有限的数字或文字消息。移动台接收这种消息时与寻呼接收机类似，消息会显示在移动台显示屏上。但 GSM 网的短信息业务比寻呼网功能更强，主要原因是 GSM 网具有双向通信能力。GSM 系统可以确认收方是否收到所发的短信息，即使用户关机或处于不服务区，GSM 系统能将短信息存于系统内，当GSM用户重新接入系统后，能从系统中取出信息并给系统发出确认信息。这种方式可确保用户的短消息不被丢失，而寻呼网不能做到这一点。

（2）短消息小区广播。GSM系统可在特定的地区向移动台发送广播信息，在GSM技术规范中对这些信息不设地址也不加密，任何移动台只要有这一业务功能就能接收并对信息进行解码。

5. 补充业务

补充业务修改和添加了基本业务，它主要是允许用户能够选择网络对其呼叫的处理以及通过网络为用户提供信息，能更充分地利用基本业务。GSM所提供的补充业务有号码类补充业务、呼叫提供类补充业务、呼叫完成类补充业务、多方通信类补充业务、集团类补充业务、计费类补充业务、附加信息传送类补充业务、呼叫限制类补充业务等。

4.1.3　GSM网络通信在车辆监控管理中的应用

由于公众GSM网络在全球范围内实现了联网和漫游，建立GSM系统不须再组建专用通信网络，所以具有实时传输数据功能的短消息应用可以做成传输各种检测、监控数据信号和控制命令的数据通信系统，可以广泛用于远程监控、定位导航、个人通信终端等。GSM通信服务系统根据数据传输方式的不同，可采用短信和GPRS两种方式。短消息业务（SMS）是GSM/DCS1800系统中唯一不需要建立端到端业务通道服务，是GSM技术应用的一项重要内容。它具有一些突出特点，如一次可传输140个字节的数据，数据的内容可以是字符或数字；可以在GSM网络内端对端传输，还可以从GSM网络外（如互联网）发送短消息给一个端点站；短消息通过设在移动通信部门的短消息中心（Message Switching Center，MSC）用GSM系统的信令信道传送，与语音信道不冲突，即使终端处在通话状态下也可进行传送；在短消息传送过程中，不进行呼叫连接建立和释放的过程；MSC具有短消息的存储功能，在终端设备关机时，可以保持消息在一定时间内有效等。利用这些特点，及其双向传输的性能，可方便地实现对于采集站设备的信息采集和远程控制，即实现遥测和遥控。

图4-1是一种基于GSM网络通信的车辆监控管理系统，其中车载单元和监控中心都采用短信收发通信模块。车载单元短信收发通信模块将短信和要发往的目的站一同发给短信服务中心（Short Message Service Center，SMSC），再由SMSC转发给监控中心短信收发通信模块；同理，监控中心短信收发通信模块也将包括中央处理机送出短信和要发往的目的站一同发给SMSC，再由SMSC转发给车载单元。车辆主控芯片收集车辆运行数据以及车载GPS接收数据后，进行数据分析、组包，通过车辆上的短信收发通信模块发送出去，经由GSM网络进行传输到终端的GSM模块由计算机终端进行解包、分析数据后，实时将车辆位置及运行数据显示出来。

图4-2是计算机终端显示界面。通过该显示界面可以实时地观察到对应编号车辆的实时运行数据及行驶位置，包括经度、纬度、海拔、车辆行驶速度、发动机转速、发动机温度等信息，从而实现对车辆的实时监控管理。

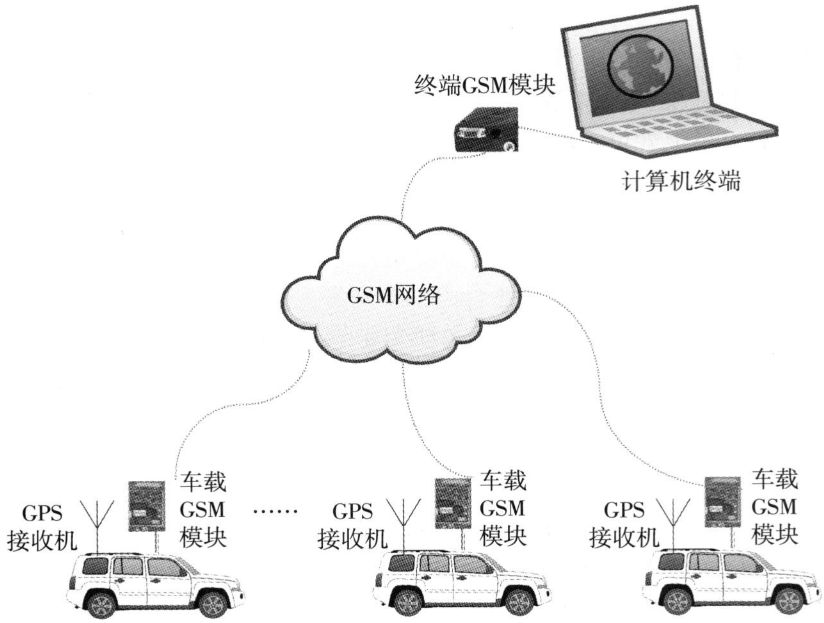

图 4－1　基于 GSM 网络通信的车辆监控管理系统

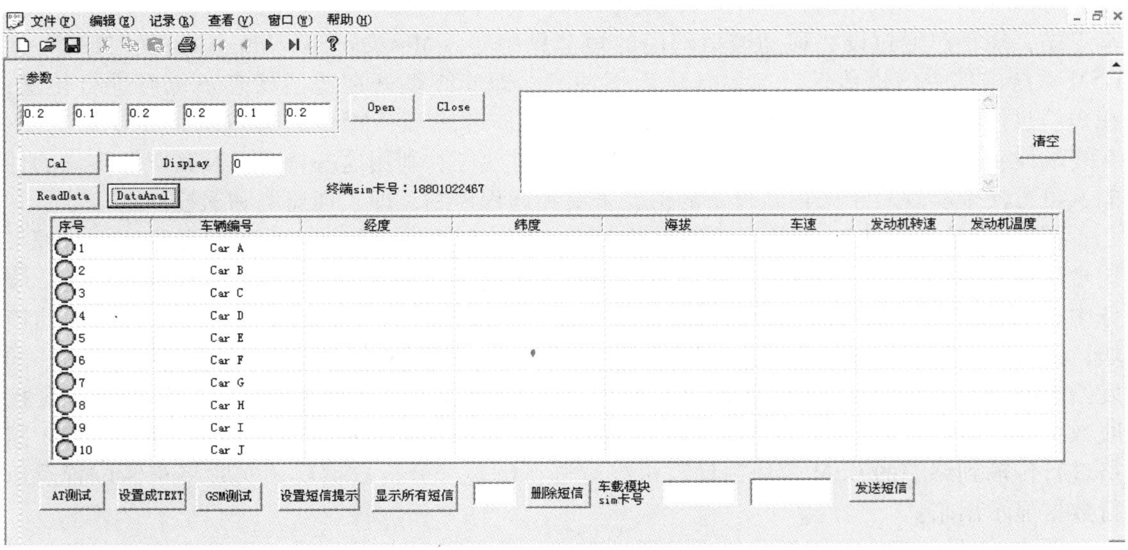

图 4－2　终端界面

4.2　基于GPRS的客车AMT远程标定系统

通用分组无线业务GPRS是在现有GSM系统上发展出来的一种新的承载业务，目的是为GSM用户提供分组形式的数据业务。它是一种新的移动数据通信业务，在移动用户和数据网络之间提供一种连接，给移动用户提供高速无线IP。GPRS采用分组交换技术，每个用户可同时占用多个无线信道，同一无线信道又可以由多个用户共享，资源被有效利用。使用GPRS技术实现数据分组发送和接收，用户永远在线且按流量计费，迅速降低了服务成本。GPRS移动数据传输系统有很大的应用范围，几乎所有中低速率的数据传输业务都可以应用，如城市配电网络自动化、自来水、煤气管道自动化、商业POS机、Internet接入、个人信息、股票信息、金融、交通、公安等。GPRS的技术优势有：

（1）相对低廉的连接费用。GPRS引入了分组交换的传输模式，使得原来采用电路交换模式的GSM传输数据方式发生了根本性的变化，这在无线资源稀缺的情况下显得尤为重要。按电路交换模式来说，在整个连接期内，用户无论是否传送数据都将独自占有无线信道。在会话期间，许多应用往往有不少的空闲时段，如上Internet浏览、收发E-mail等。对于分组交换模式，用户只有在发送或接收数据期间才占用资源，这意味着多个用户可高效率地共享同一无线信道，从而提高了资源的利用率。GPRS用户的计费以通信的数据量为主要依据，体现了“得到多少、支付多少”的原则。

（2）传输速率相对较高。GPRS可提供115 kbps的传输速率。GPRS也称为2.5G，它的传输速率高于GSM，但要小于3G无线传输速率。

（3）接入时间短。GPRS是一种新的GSM数据业务，它可以给移动用户提供无线分组数据接入服务。GPRS主要是在移动用户和远端数据网络（如TCP/IP、X.25等网络）之间提供一种连接，从而给移动用户提供高速无线IP和无线X.25业务。

基于GPRS的客车机械自动变速器（AMT）远程标定系统整体结构如图4-3所示，包括下位机、无线传输网络、上位机。下位机采集AMT的运行参数，然后经GPRS网络传输到因特网，最后到达上位机。

4.2.1　系统组网方案

在组网过程中，如果GPRS模块和数据采集服务器双方的IP地址都是动态的，模块端和服务器端将无法建立连接。在实际应用中，可以使用公网静态IP、动态域名解析、SMS通信、接入点名称（Access Point Name，APN）专线接入等组网方案。根据用户需求和应用环境的不同，可以选择合适的方案进行组网和规划。

1. 公网静态IP方案

由于同一模块每次上线获得的IP可能是不同的，因此一般情况下数据采集服务器无法

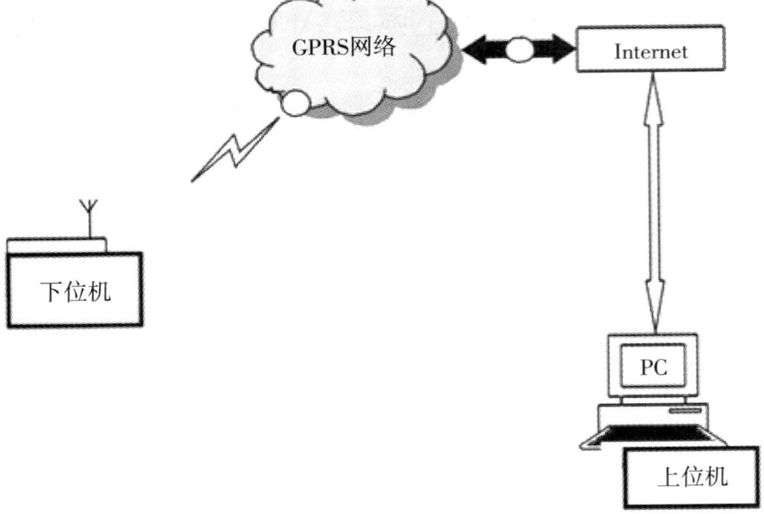

图 4－3　系统整体结构

主动对 GPRS 模块进行定位。一种解决方法是数据采集服务器端使用静态口并且事先将这一静态 IP 写入模块中。这样模块就可以通过事先写入的数据采集服务器端 IP 与其进行联系，获得临时 IP 地址并告知数据采集服务器，实现两者的连接。采用这种方案，需要提前将服务器端的静态 IP 写入 GPRS 模块的初始设置中。

2. 动态域名解析方案

由于公网静态 IP 在使用费用和安装条件等方面的限制，服务器端往往采用动态 IP 方式接入 Internet，如非对称数字用户线（Asymmetric Digital Subscriber Line，ADSL）拨号。因此，在实际应用中，动态口结合域名服务器（Domain Name Server，DNS）域名解析的组网方式更为常见。在这种方式中，服务器端每次上线的 IP 可能不同，但可以通过 DNS 动态域名解析，并在两者之间建立关联。采用动态域名解析方案，需要首先联系 DNS 服务商，为数据采集服务器申请域名，并把这个域名写入 GPRS 模块中。数据采集服务器端接入 Internet 后，与 DNS 服务器进行连接，将当前获得的动态 IP 报告给 DNS 服务器。GPRS 模块上电后，首先采用域名寻址方式连接 DNS 服务器，再由 DNS 服务器找到服务器公网动态 IP，这样就可以在两者之间建立通信。此种方式可以减少申请和使用公网静态 IP 的开支，但其稳定性受制于 DNS 服务器的稳定性，所以必须确保所选择的 DNS 服务器的可靠性。

3. SMS 通信方案

模块之间利用互发短消息的方式建立连接也是一种可行的方案。以两个模块 A、B 为例，双方首先都连接到 GPRS 网络中，获得各自的动态地址。如果模块 A 需要与模块 B 通信，则模块A首先向模块B发送短消息，告知模块B自己的IP地址。模块B收到有短消息的信号后，也进行同样的操作，向模块A发回短消息，告知模块A自己的IP地址。当双方都收到对方的IP地址后，便可以通过网络建立两点的连接，进行数据传输。这种方案有较高的可行性，但短消息的发送和接收容易受到干扰，造成收发失败或延时等问题。

4. APN专线接入方案

APN专线接入方案不需要经过Internet网，而是从数据采集服务器通过1条2M的APN专线直接接入移动公司的GPRS网络。双方互联路由器之间采用私有固定IP地址进行广域连接。在GGSN（Gateway GPRS Support Node，网关GPRS支持节点）与移动公司互联路由器之间采用通用路由封装协议（Generic Route Encapsulation，GRE）并为客户分配专用的APN，普通用户不得申请该APN。用于GPRS专网的SIM卡仅开通该专用APN，限制使用其他APN。得到APN后，给所有监控点及中心分配移动内部固定口。模块和服务器之间采用端到端加密，避免信息在整个传输过程中可能的泄漏。双方采用防火墙进行隔离，并在防火墙上进行IP地址和端口过滤。

综上所述，考虑分析系统组网的稳定性及可行性，选择公网静态IP方案。

4.2.2　GPRS网络通信

由于GPRS网络通信是以GSM网络为基础，GSM网络的语音通信优先级较高，当GPRS长时间在线但不产生流量时，数据业务的优先级会自动降低，网关GPRS支持节点（GGSN）服务器会为了节省线路带宽而断开其网络连接。此时对于GPRS模块来说，虽说IP地址还在，但已无法进行数据传输。为了防止这种情况导致网络的中断，可在系统中设定“心跳”功能，通过单片机的定时器来实现，每隔一段时间向服务器发送一个传输控制协议（Transmission Control Protocol，TCP）数据包，以保证系统的网络连接不断线。“心跳”频率应根据实际情况来设定，频率不宜过高，以免产生过高的额外流量。由于GPRS无线网络受天气环境影响较大，当出现雷雨等恶劣天气或是信息拥塞时可能会发生数据包丢失、掉线等现象。为了防止丢包的现象发生，可以根据数据的重要性与否采取TCP或是用户数据报协议（User Datagram Protocol，UDP），TCP协议具有延时重发功能，对于UDP方式，则必须自行设计校验和纠错规则。对于受干扰掉线的问题则可定时测试网络连通状况，向远程数据终端发送互联网控制信息协议（Internet Control Message Protocol，ICMP）回显请求（即ping命令），根据终端的应答情况来判断网络状况。当多次请求未回应时即启动GPRS模块重新连接。当数据采集模块处于电磁干扰特别强烈的电力变压器、电力整流器、电力开关产生的火花等环境中时，GPRS模块和SIM卡运行时间长了偶尔会出现死机的现象，因此要对GPRS模块和SIM卡进行实时监测。

对GPRS模块的监测：每隔一定的时间对模块进行用户使用的移动终端（Access Terminate，AT）指令测试，如果模块有返回数据则说明模块运行正常，没有死机；如果没有返回，则模块出现问题，此时用单片机控制关闭模块电源，几秒钟后再打开电源，重新启动模块。

对 SIM 卡的监测：在模块测试完毕后接着发送关于 SIM 卡的 AT 指令，如果返回 OK 则 SIM 卡工作正常，如果返回 ERROR 则 SIM 卡复位或者死机，此时可用 AT 指令重新启动模块。

图 4－4 所示系统具体通信步骤如下：

①数据采集模块采集所需的数据，传送到 GPRS 模块。

②GPRS 模块负责对数据进行 TCP/IP 协议转换，再以 GPRS 数据包的形式发送至 GPRS 无线基站。

③数据由 GPRS 无线基站发送到 GPRS 服务支持节点（Serving GPRS Support Node，SGSN）。

④SGSN 与 GPRS 网关支持节点（GGSN）进行通信，GGSN 将数据进行相应处理后发送到 Internet。

⑤采用防火墙在 Internet 和数据采集服务器之间进行隔离，保证数据的安全性。

⑥数据采集服务器接入 Internet，接收传回的数据。

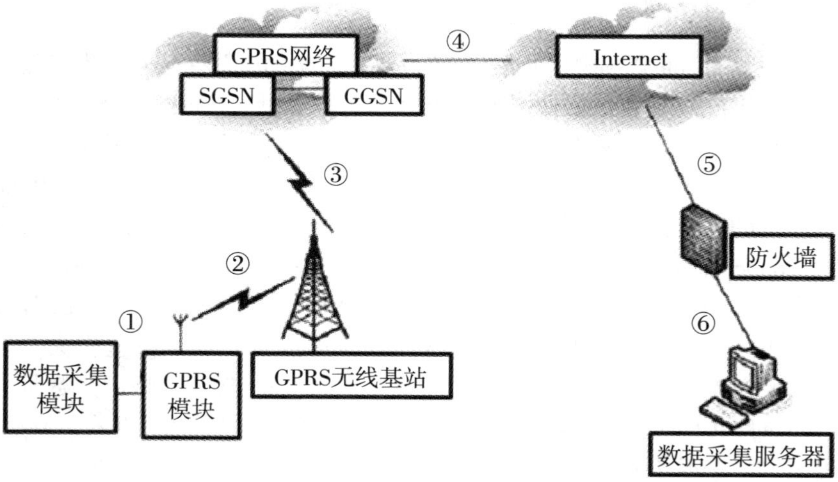

图 4－4　远程数据传输的实现步骤

4.2.3　系统的主要功能

该系统在和 AMT 的连接过程中要实现发动机转速（N_e）、变速箱输入轴转速（N_1）、变速箱输出轴转速（N_2）、油门踏板位置（L_{pd}）、离合器位移（L_c）、制动踏板位置（L_{bd}）、挡位（g_p）、选位位移传感器位置（T_x）、换挡位移传感器位置（T_y）等参数的实时监测功能，同时根据监测数据实现对 AMT 系统的远程标定。

（一）下位机的功能

（1）CAN/GPRS 网关功能。下位机作为上位机和终端控制单元（Terminal Control Unit, TCU）通过 CAN 总线通信，同时下位机和上位机通过 GPRS 通信，下位机实现上位机与 TCU 之间的数据转换功能。

（2）AMT 主要运行参数的采集。下位机通过 CAN 通信实现与 AMT 的数据交换，采集 AMT 运行过程中的重要参数。

（3）数据的远程传输功能。下位机通过 GPRS 网络、因特网和上位机进行通信连接，运行过程中下位机将从 AMT 采集到的数据通过 GPRS 网络传输到上位机，同时接收从上位机发送来的指令，并对指令进行分析，从而执行不同的任务。

（4）标定功能。标定命令分为读取参数值和修改参数值两个命令，下位机接收上位机的标定指令，解析远程命令，通过自定标定协议传输标定参数，达到远程改变 AMT 运行参数的目的。

（5）数据本地存储功能。考虑到远程数据采集过程中可能遇到的数据传输不稳定的问题，下位机要设计实现本地存储功能。

（二）上位机的功能

远程标定系统中上位机通过 LABVIEW 编写，负责接收并解析经过 GPRS、因特网传输来的数据，同时实现数据标定功能。

（1）数据接收功能。上位机有固定的公网 IP 和端口映射，下位机的 GPRS 模块里记录了上位机的 IP 地址，上位机的计算机连接到 Internet 网络上之后，就会作为客户端处于网络侦听状态，当有下位机采集的数据传输到网络后，上位机就会接收到。

（2）动态数据显示功能。上位机接收到数据后可以根据设定的通信协议进行校验、解包分析，将接收到的数据按照 AMT 的运行参数在显示界面上显示出来。

（3）数据存储功能及回放。上位机不仅可以实时显示接收到的动态数据，同时可以将 AMT 的运行参数按照不同的通道名进行本地存储，存储的数据可以在数据回放曲线显示界面进行分析。

（4）远程标定功能。上位机的标定界面可以实现标定功能，标定界面系统中标定数据按照设定的协议进行打包，然后将打包的数据发送到 Internet 网络上，经过 GPRS 网络到达下位机，下位机对数据解包发送到 TCU 实现标定功能。

（三）通信网络功能

无线通信网络的功能是实现车载系统和地面系统之间的通信，下位机发送到上位机的数据，上位机对下位机的远程控制命令等信息都是通过无线网络来实现的。下位机使用专门的 GPRS 无线通信模块发送数据，需要发送数据时，下位机把数据发送给无线通信模块，无线模块通过网关实现数据到因特网的传输，上位机通过静态 IP 的端口映射连接到因特网，接收完毕后把数据发送到 Internet 公网上。数据传输就由公网传输网络实现，地面系统接入网络之后就可以接收到车载系统发送的故障信息。

4.2.4 下位机总体构成

要实现远程采集及标定功能，汽车内部的电子控制单元都挂接到 CAN 总线上，汽车的内部数据信息通过 CAN 总线进行传递，而需要与外界交互的数据则通过下位机进行收发。

如图 4－5 所示，下位机主要由单片机、GPRS 模块、电源模块、晶振模块、存储模块、CAN 模块等组成，单片机 CAN 总线接口连接到汽车 CAN 总线上，单片机通过串口连接 GPRS 模块，单片机从 CAN 总线接收数据，通过 GPRS 模块发送到 GPRS 网上，最后到达上位机。同时，上位机发送的指令也通过因特网、GPRS 网络、GPRS 模块到达单片机，单片机解析后发送到 CAN 总线上。

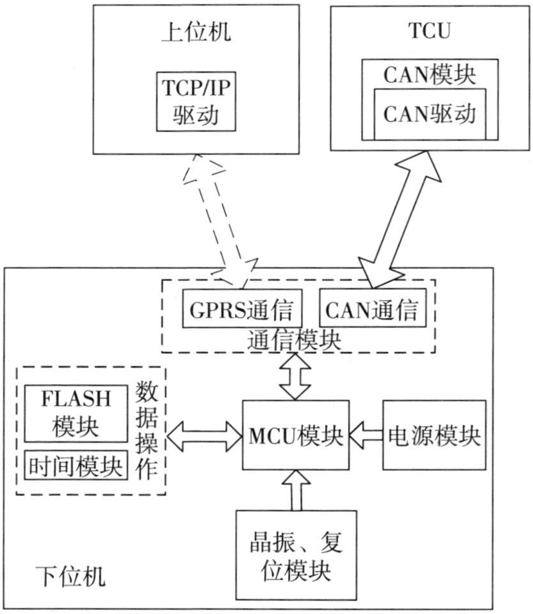

图 4－5 系统组成

（一）主控芯片选择及外围电路设计

根据下位机的功能要求，单片机要具有 CAN 接口和串口，同时因为要较快地实时处理数据，而且性能上也要有所保证，选择 MC9S12DP512 型单片机。该单片机上集成了许多标准模块，包括 2 个异步串行通信口 SCI，3 个同步串行通信口 SPI，8 通道输入捕捉/输出比较定时器、2个10位8通道A/D转换模块、1个8通道PWM模块、5个CAN模块以及1个内部总线模块，片内拥有4 KB的EEPROM，512 KB的FLASH，符合要求。

主控芯片设计应包括使单片机正常工作的整个系统设计。除主控芯片选择外，通常还包括三部分设计：复位电路设计、时钟电路设计及供电电路设计。

1. 复位电路

在系统中，复位电路主要完成系统的上电复位功能。单片机的复位信号可以通过给单片机的复位管脚RST一高电平产生，当RST管脚上有超过两个机器周期的高电平时就复位。选用DS1233芯片作为复位芯片，而不是简单的应用电阻、电容配合复位方式。单片机复位时，DS1233能确保复位端维持超过两个周期的高电平时间，提高单片机的工作稳定性。DS1233通过一个精确的温度补偿基准和比较电路监控电源的状态。当检测到电源超过阈值时，产生一个内部掉电信号强制复位到有效状态。当电源回复到阈值内时，复位信号保持有效状态大约为350 ms，以待电源和处理器趋于稳定。DS1233的第二个功能是按键控制复位，DS1233防止闭合按键反跳，并将产生一个大约350 ms的复位脉冲信号。选用低成本TO－92封装的DS1233－5，其1号引脚接地，2号引脚接MC9S12DP512单片机的42号引脚RESET，3号引脚接5 V电源。其原理图如图4－6所示。

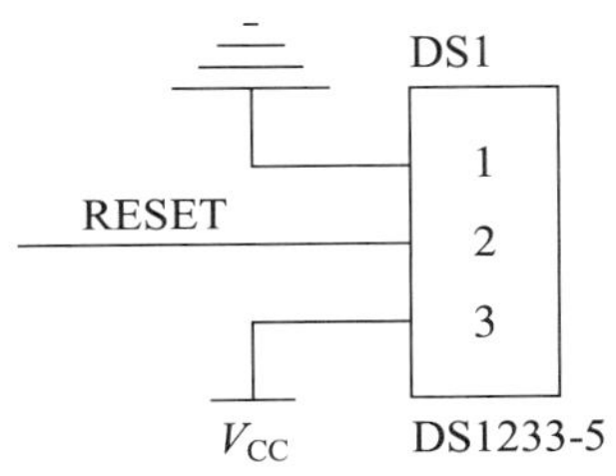

图4－6　DS1233复位电路设计

2. 时钟电路

单片机时钟采用了外部振荡器提供系统时钟，外部振荡器由16 MHz有源晶振和1个22 pF微调电容组成。该外部晶振的设计是按照MC9S12DP512数据手册中推荐的外部晶振连接电路图设计的，其中外部有源晶振的4号引脚OUT经过C_{21}与R_3、R_5组成的简单电路后与MC9S12DP512单片机的46号引脚EXTAL相连。MC9S12DP512单片机的47号引脚XTAL悬空，36号引脚XCLKS需要拉低。采用单片机内的电压调整器，V_{DDPLL}由单片机内部提供2.5 V电压。时钟电路如图4－7所示。

3. 供电电路

单片机的工作电压为5 V，AMT系统供电为24 V，系统设计中使用DC－DC电源转换模块实现外部24 V到5 V电压的转换，模块电路如图4－8所示。

（二）通信模块接口设计

下位机需要通过CAN模块与AMT通信，同时通过串口与GPRS模块实现通信，为了实现串口通信、CAN通信两种通信方式，智能下位机需要设计一个串行通信交换中心接口（Switching Center Interface，SCI）和一个CAN接口。

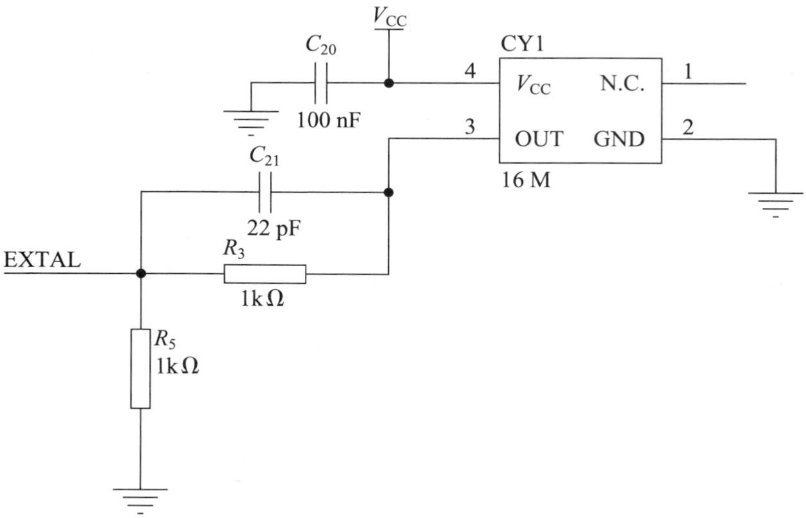

图 4-7　时钟电路

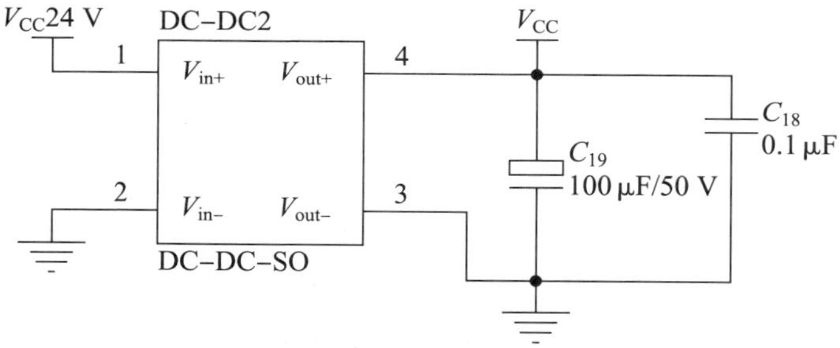

图 4-8　电源转换模块电路

1. 串口模块

该系统采用 RS232 电平转换芯片 MAX232，下位机可以利用异步通信协议与 GPRS 模块进行通信。由于 RS232 标准所定义的高低电平信号与 MC9S12DP512 单片机所定义的高低电平完全不同，MC9S12DP512 单片机所定义的标准逻辑“1”对应 2～3.3 V 电平，逻辑“0”对应 0～0.4 V 电平，而 RS232 标准采用负逻辑方式，即标准逻辑“1”对应 -5～-15 V 电平，标准逻辑“0”对应 +5～15 V 电平。显然两者之间要正常通信必须经过信号电平的转换，采用 MAX232 集成电路进行电平转换。

要实现最基本的串口通信功能，实际上只需要 3 个引脚发送分配器（Transmitter Divider，TxD）、接收分路器（Receiver Divider，RxD）和公共地（Ground，GND）即可。MAX232 有两路的串行通信接口，这里只用到了一路，其中 MAX232 的 11 号引脚 T1IN 与

MC9S12DP512 单片机的 90 号引脚 TxD 连接，12 号引脚 R1OUT 与 MC9S12DP512 单片机的 89 号引脚 RxD 连接。其接口电路如图 4－9 所示。

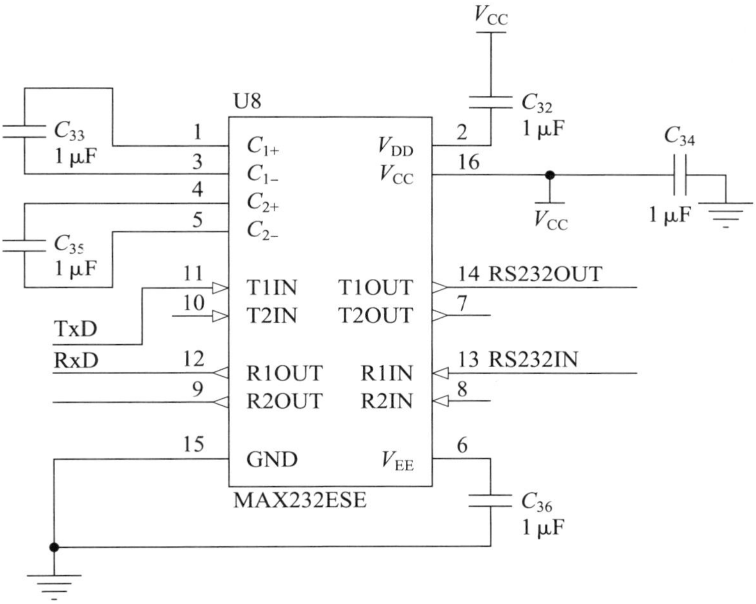

图 4－9　接口电路

2. CAN 模块

完整的 CAN 总线通信接口的硬件部分应包括 CAN 控制器、CAN 收发器、电气隔离部分等。它们的主要功能分别是：

（1）CAN 控制器：集成了 CAN 协议的物理层和数据链路层的功能，可完成对通信数据的位流和成帧处理（包括位填充、数据块编码、循环冗余检验、优先级判别等）、位速率控制、接收滤波、总线错误管理和微处理器接口逻辑等工作。常用的 CAN 控制器包括 SJA1000、MPC2515 等。

（2）CAN 收发器（驱动器）：集成了 CAN 协议物理层的部分功能，主要完成电信号的转换（TTL 电平与差分电平的转换）、电气保护、过热保护等功能。常用的 CAN 收发器包括 PCA82C250、TJA1050 等。

（3）电气隔离部分：将本地系统与总线从电气上隔离开来，增强了系统的可靠性，减少了系统与系统之间的相互影响。信号隔离通常采用光电耦合器件。电源隔离通常采用 DC－DC 隔离电源转换模块，选用 6N137 进行信号隔离。

3. GPRS 模块

GPRS 模块选用 simcom900A 为核心的数据终端单元（Data Terminal Unit，DTU），属于四频 GSM/GPRS 模块，完全采用 SMT 封装形式，同时采用了功能强大的 ARM926EJ-S 芯片处理器。GPRS 模块本身支持透明传输，所以该系统在上位机和下位机的通信只制定应用层协议。GPRS 模块通过串口通信和单片机系统连接，模块本身需要高电平复位启动。其引脚定义，如表 4－1 所示。

表 4－1　GPRS 模块引脚定义

插　　针	RS232	说　　明
1	NC	空置
2	Tx－TTL	TTL 电平
3	Rx－TTL	TTL 电平
4	Tx－232	RS232 电平
5	Rx－232	RS232 电平
6	NET 指示	TCP 连接指示
7	RST	启动脚
8	GND	电源负极
9	V_{CC}	电源正极

GPRS 通过串口与单片机连接，如图 4－10 所示。GPRS 的输入输出接口与串口模块的输入输出接口相连，同时 GPRS 模块的 RST 引脚高电平时 GPRS 模块正常启动，模块供电为 5 V。

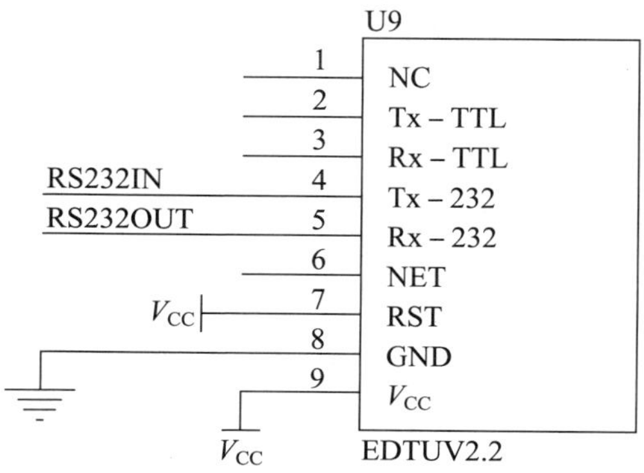

图 4－10　GPRS 模块电路连接

4.3　基于 3G 通信的车辆监控

4.3.1　概述

3G 是 3rd Generation 的缩写，即第三代移动通信技术。相对第一代移动通信和第二代移动通信，第三代移动通信一般地讲，是指将无线通信与国际互联网等多媒体通信结合的新一代移动通信系统。它能够处理图像、音乐、视频流等多种媒体形式，提供包括网页浏览、电话会议、电子商务等多种信息服务。为了提供这种服务，无线网络必须能够支持不同的数据传输速度，也就是说在室内、室外和行车的环境中能够分别支持至少 2 Mbps、384 kbps 以及 144 kbps 的传输速度。简单地说，3G 实际上就是一个宽带的无线网络。而启动这个无线宽带网络的意义在于，它可以为用户实施各种新的应用，提供更为宽广的平台。

随着相关技术的日益成熟，目前全世界已经有众多运营商开始正式运营 3G 业务。3G 业务依据不同的层次可以分为不同的种类。按照运营网络传输的内容来划分，可以分为话音业务与数据业务，包括基本通话业务、视频业务、图片业务；按照面向用户需求的业务划分，可以分为通信类业务、娱乐类业务、资讯类业务及互联网业务。由于各地的文化、需求层次不同，运营商在不同的区域内主推的业务不尽相同，各个区域的用户对于不同的 3G 种类也有不同的偏好。

1. 通信类业务

通信类业务通常包括基础话音业务、视频业务，以及利用手机终端进行即时通信的相关业务。3G 虽然以数据业务区别于现有的 2G 业务，但是传统的话音业务在 3G 时代还是占有很大的比例。无论手机终端如何发展，运营商提供的数据业务有多丰富，通话毕竟是手机的基础功能，话音业务仍然会在 3G 初期占据业务的大额比例。况且，3G 时代的基本话音业务比 2G 更有价格优势，其通话质量显著提高，失真率降低，有望接近于固定电话的音质。视频业务是 3G 时代最引人关注的业务之一。通过 3G 终端的摄像装置以及 3G 网络高速的数据传输，电话两端的用户可以看见彼此的影像，从而实现对话双方“面对面”实时交流。突破现有的“新视通”、“可见通”囿于电话线、网线的限制，基于无线传输的视像业务可以真正做到音频、视频的随时随地交互式交流。

2. 娱乐类业务

与现有的手机娱乐业务多半依靠文字类的短消息传递相比，3G 的娱乐类业务称得上“声色俱佳”。在音乐频道，用户可以欣赏到最新的歌曲、音乐电视，可以查找喜欢的歌手，尽情点播喜欢的歌曲；在电影频道，用户可以随时随地通过 26 万色彩的生动画面，以 2.4 Mbps 的速度，观看最新、人气最旺的电影。在“体育世界”里，用户可以了解到包括高尔夫球、网球、板球、一级方程式赛车、赛马和橄榄球等在内的世界体育赛事新闻；在

"足球天地"里可以查到足球赛的各种相关资料，如足球新闻、球队新闻、进球记录、赛程表、联赛榜等。

3. 资讯类业务

由于3G网络的大容量与高速率，3G运营商所提供的资讯类业务大多摆脱了2G时代的纯文字内容，更多的是通过视频、音频来实现资讯内容的实时交互性传达。3G服务商一般与全球著名的新闻资讯供应商合作，提供实时的新闻资讯，用户可以视像的形式接收最新的本地及世界新闻，第一时间获知世界大事。随着传播广度的进一步扩大，运营商提供的财经服务也越来越深入。3G服务不再只是单纯地提供财经资讯，更多的是针对财经消息加以分析，提供与消息相关的财经新闻和评论，辅以图表分析和投资组合，让用户在了解信息的同时，还可以得到专业理财专家的建议。有些"交通实况"业务，允许3G手机终端与政府交通指挥部门进行数据传输，用户可以在手机屏幕上看到所查询的主要交通路口的交通状况，以提高出行效率；有些提供移动银行、电话簿查询、黄页、票务预订、餐馆指南、机票信息、字典服务、城镇信息、FM收音信息、烹饪查询、赛马信息等，充分满足了用户的衣食住行等生活需要。

4. 互联网业务

3G通常被认为是移动通信与互联网融合的一个典型运用。运营商在开发3G业务时，除了延续移动通信的传统业务外，也开发了与互联网有关的业务，以适应时代的要求。有些业务，利用3G手机内置的电邮程序，允许用户在3G手机终端撰写、收发、保存、打印电子邮件；有产品宣布其业务支持视频手机开启电邮附件；支持POP3、IMAP4，收发E-mail无须登录电子邮件服务商的Web页面；邮件收取支持话音界面，用户只要拨打业务代码，就可以收听英文电邮、留言信息以及传真标题。其业务还支持3G手机与互联网交换信息，其独有的"家居遥视"业务，就是利用互联网与摄像头，让用户随时随地监视家里状况。其工作原理是通过安置在家中的摄像头，将家居画面转化成视频信号，通过互联网传送到信息处理中心；用户只要拨打运营商分配的"家居遥视号码"，就可以接收到信息处理中心转来的图像，达到"遥视"的效果。

4.3.2 基于3G通信的车辆监控

基于3G通信的车辆监控系统实施方案是，在每辆被监控的车内安装摄像机、无线数字监控终端、视频服务器；通过WCDMA无线通信链路将视频信号及GPS信息远程传送至中心监控管理平台。监控中心服务器用于接收车辆的位置、速度、驾驶员的反馈信息等，进行分析和计算，实时动态地报告被监测车辆的情况，及时发现问题并进行处理。系统主要功能有：远程实时监控和调度；录像、回放及报警；GPS定位；双向视频通话等。由于采用WCDMA的3G通信技术，使无线通信高速、稳定、实时性好。

1. 系统组成

(1) 车载终端。车载终端包括主机（GPS 接收机、WCDMA 收发模块、数字视频服务器等）、显示设备、其他数据采集设备如摄像头等。GPS 接收机完成 GPS 卫星信号的分析计算，通过 WCDMA 通信模块发送给调度管理中心。显示设备可收发消息、实现调度功能、发出提示信息，摄像头可拍摄车内及车辆周边情况。车载终端是车辆监控调度的重要部件。

(2) 中心管理平台。中心管理平台通过 3G 无线网络对车载终端主机进行集中管理；具备车辆调度、车辆报警处理、远程指挥等功能。

(3) 信息交互模块。车载终端主机可通过 3G 无线网络（WCDMA）与中心平台进行交互上传车内外视频图像信息及报警信号，GPS 卫星定位数据以及语音信息等交互功能。

2. WCDMA 无线数据传输技术

WCDMA 是一个 ITU 标准，全称是 Wideband Code Division Multiple Access（宽带码分多址）。它是从码分多址（CDMA）演变而来，从官方看被认为是 IMT－2000 的直接扩展，它能够为移动和手提无线设备提供更高的数据速率。WCDMA 采用直接序列扩频码分多址（Direct Sequence CDMA，DS-CDMA）、频分双工（Frequency Division Duplex，FDD）方式。WCDMA 能够支持移动/手提设备之间的语音、图像、数据以及视频通信，速率可达 2 Mbps（对于局域网而言）或者 384 kbps（对于宽带网而言）。输入信号先被数字化，然后在一个较宽的频谱范围内以编码扩频模式进行传输。窄带 CDMA 使用的是 200 kHz 宽度的载频，而 WCDMA 使用的则是一个 5 MHz 宽度的载频。WCDMA 是 GSM 的升级，其演进过程是 GSM、GPRS、EDGE、WCDMA。WCDMA 是全球用户最广、技术和商业应用最为成熟的 3G 技术。WCDMA 具有以下特点：

(1) 基站支持异步和同步两种方式，能够方便、灵活地进行组网。

(2) 上行的调制方式为四相相移键控（Quadrature Phase Shift Keying，QPSK），下行的调制方式为二相相移键控（Binary Phase Shift Keying，BPSK）。

(3) 采用导频辅助的相干解调方式。

(4) 适应多种速率的传输，同时可通过改变扩频比和多码并行传送的方式来实现多速率、多媒体的业务。

(5) 系统的多址干扰由于上、下行快速、高效的功率控制而大大减少，系统容量得到提高，传输功率得到降低。

(6) 核心网络基于 GSM/GPRS 网络，保持了与 GSM/GPRS 网络的兼容性。

(7) 支持软切换和硬切换，包括扇区间软切换、小区间软切换和载频间硬切换等 3 种切换方式。

3. 视频传输流量控制方法

为了实现 3G 环境下视频传输系统工作的稳定，在处理器端可增加视频传输流量控制模块，并增加监控端接受缓冲区尺寸变化的反馈。根据监控端所占用的缓冲区大小可以近似知道当前传输的速率是否合适，当接收缓冲区之中的内容比较多时说明视频帧有堆积现象，此时应减少视频传输的帧数，并以合适的时延调节以获得较好的传输质量；相对应的在接收缓冲区中积累的数据较小时可以适当增大传输数据的帧数。

4.4 专用短程通信技术 DSRC

专用短程通信技术（Dedicated Short Range Communications，DSRC）是一种高效的无线通信技术，它可以实现在特定小区域内对高速运动下的移动目标的识别和双向通信，例如车辆的“车－路”“车－车”双向通信，实时传输图像、语音和数据信息，将车辆和道路有机连接。DSRC 设备的研发是智能交通系统研究中的一个重要课题，广泛地应用在不停车收费、出入控制、车队管理、信息服务等领域，并在区域分割功能即小区域内车辆识别、驾驶员识别、路网与车辆之间信息交互等方面具备得天独厚的优势。目前，DSRC 技术比较成熟的两个应用是车辆自动识别（Automatic Vehicle Identification，AVI）和电子收费系统（Electronic Toll Collection System，ETC）。在 AVI 应用中常用射频电子标签（Radio-Frequency I-Dentification，RFID），其主要应用在海关车辆通关、集装箱自动识别等场合。在 ETC 应用中，早期的系统多采用记账方式的后付款模式，也仅仅要求 ETC 设备具有简单的读写功能即可，但随着技术的应用和发展，ETC 设备逐渐采用更加灵活、安全和低运营风险的付费方式，并逐渐制定出一套为之服务的 DSRC 标准。

目前，国际上 DSRC 标准化体系的研究分为欧洲、美国和日本三大阵营，并形成了以欧洲的 CEN/TC 278、美国的 ASTM/IEEE 和日本的 ARIB T75 为核心的国际 DSRC 标准化体系。我国智能运输系统标准化技术委员会 SAC/TC 268 于 2007 年 3 月颁布并于 5 月开始实施《电子收费专用短程通信（DSRC）》国家标准 GB/T 20851—2007。GB/T 20851—2007 是以 CEN/TC 278 系列标准为主要参考对象，以满足我国 ETC 应用需求为主要目的而制定的。GB/T 20851—2007 的主要技术特点是采用 5.8 GHz 微波频段主动式通信制式和主从式通信方式，并且将 DSRC 协议与高速公路 ETC 应用捆绑在一起。我国 ETC 系统是在已有的半自动式收费方式和联网收费系统的基础上规划设计建设的。

4.4.1 研究现状及发展趋势

1. 欧洲

欧洲标准化委员会（European Committee for Standardization，CEN）于 1990 年专门成立了道路运输和交通信息（Road Transport and Traffic Telematics，RTTT）及信息处理技术委员会（CEN/TC 278），承担欧洲智能运输系统领域的技术标准化工作。1994 年，CEN/TC 278 第九工作组（WG9）开始 DSRC 标准的起草工作，于 1997 年颁布实施了 prCEN/TC 278 系列标准。2003 年，CEN/TC 278 开始颁布实施现行的 DSRC－ETC CEN/TC 278 系列标准，并

同时废止 prCEN/TC 278 对应的系列标准。DSRC－ETC CEN/TC 278 系列标准如表 4－2 所示。

表 4－2　CEN/TC 278 系列标准

项　　次	标准编号	标准名称
1	EN 12253—2004	道路运输和交通的远程信息技术——专用短程通信（DSRC）——使用 5.8 GHz 微波的物理层
2	EN 12795—2003	道路运输和交通的远程信息技术——专用短程通信（DSRC）——DSRC 数据链层：媒体接入和逻辑链控制
3	EN 12834—2003	道路运输和交通的远程信息技术——专用短程通信（DSRC）——DSRC 应用层
4	EN 13372—2004	道路运输和交通远程通信处理技术（Road Transport and Traffic Telematics，RTTT）——专用短程通信（DSRC）——RTTT 规范
5	EN ISO 14906—2004	道路运输与交通信息技术——自动收费系统——专用短程通信应用接口定义
6	EN 15509—2007	道路运输和交通远程信息管理——电子收费——DSRC 用交替使用应用规范
7	CEN ISO/TS 14907	道路运输和交通远程信息管理——电子收费系统——用户设备和固定设备试验过程 第 1 部分：试验过程描述 第 2 部分：路上装置设备接口性能试验
8	EN 300674	电磁兼容性和无线电频谱情况——在 5.8 GHz ISM 频带上工作的 DSRC 传输设备（500/250 kbps）的技术参数和试验方法

欧洲 CEN/TC 278 系列 DSRC 标准在 ITS 领域中应用最广泛最成功的案例是 ETC。在 ETC 实际应用中，形成了多项以工程项目为基础的相互兼容的应用规范体系，如表 4－3 所示。同时，采用 CEN/TC 278 为其 DSRC 技术标准的国家和地区，也制定了适应自身的应用规范。

表 4－3　欧洲 ETC 应用规范

项　　次	规范编号	规范名称
1	TR 4001 A1：1999.12.06	使用基于 DSRC 中央账户的交互操作 EFC 交易
2	GSS 3.2：2003	全球专用短距离通信规范

续表

项　次	规范编号	规范名称
3	CARDME D4.1：2002.06.01	IST 项目 - 1999 - 29053
4	CESARE II：2002.02.27	ASECAP 公路收费欧洲服务中常见的电子收费系统
5	PISTA D3.4：2002.11.11	收费交互操作系统导航

欧洲 DSRC - ETC 标准在世界范围内受到广泛的关注和认可，应用范围覆盖 30 多个国家和地区，是非常成熟的 DSRC 体系标准，也是国标制定的主要参考依据。CEN/TC 278 与 ISO/TC 204 合作，研究制定了适用于欧洲 ITS 领域的下一代无线通信技术标准 CALM - M5，相对于以前的 DSRC，其主要技术特性和优点是：

（1）短距离变为中长距离（100 ~ 1 000 m）。

（2）低速率（256/512 kbps）变为高速率（3 ~ 27 Mbps）。

（3）支持 P2P、V2V 和 P2V 的通信方式和主从式与实体对实体的通信模式，且不同模式可配置不同参数和不同协议。

（4）支持用户透明的不同媒体间的不间断无线切换接入。

（5）与 DSRC-ETC CEN/TC 278 设备系统保持兼容。

（6）可接入 Internet，可提供 ITS 和 Internet 服务。

（7）特别适合车辆安全、紧急状况等对实时性要求较高的应用。

（8）基于国际标准和许多较成熟的技术，可靠性好，技术生命周期长。

2. 日本

1994 年，日本建设省和道路公团（Highway Industry Development Organization，HIDO）邀请日本国内 10 家公司和集团联合进行 ETC 收费系统野外试验。历经 3 年时间，于 1997 年日本 ARIB T75 委员会完成了 DSRC 标准制定工作。2002 年的修改版为 ITU-RM. 1453 - 1 ARIB STD - T75&T88。2007 年，日本向 ISO 提案，使用 DSRC 进行 Internet 接入的 ITS 应用的技术标准化，其核心技术为媒介自适应接入（Media Adapted Interface Layer，MAIL）。

3. 美国

美国 ITS 协会与美国国家标准和通信协议委员会负责协调美国 ITS 领域相关标准的研究和编制工作，专业技术委员会负责完成技术标准的具体编制工作。1992 年，ASTM 提交了基于 915 MHz 频段的美国前 DSRC 标准 ASTM PS 111—1998 草案并获得通过，其主要特性是在 902 ~ 928 MHz 频段内同时支持主动和被动两种通信制式，但该标准的应用并未得到很好的推广。1998 年，美国联邦通信委员会（Federal Communication Committee，FCC）将 5.850 ~ 5.925 GHz 频段 75 MHz 的带宽资源分配给交通运输服务，并颁布实施了基于 5.9 GHz 频段的 DSRC 新标准 ASTM E2213—2003，称为美国新一代的 DSRC 技术。ASTM E2213—2003 基于国际无线局域网标准 IEEE 802.11a/b/g 定义了物理层和数据链路层。

4. 国内

1998 年，我国 SAC/TC 268 委员会向无线电管理委员会提出将 5.8 GHz 频段分配给智能运输系统技术领域的短程通信并获得批准，分配频段为 5.725 ~ 5.850 GHz 共 125 MHz 带宽。2007 年，国家标准《电子收费专用短程通信（DSRC）》GB/T 20851 颁布实施。随着近年来物联网概念的提出与广泛传播，面向国际标准的人车路联网网络通信技术（Wireless Access in Vehicular Environment，WAVE）是我国未来 DSRC 技术的发展方向，它将与其他技术如 GSM/GPRS、3G、GPS、BlueTooth、GIS（Global Information System，全球信息系统）、无线传感、RFID 等协调整合，一起构成人车路联网通信的核心技术及其通信平台，满足 ITS 领域更广泛的应用需求。

WAVE 技术有其自身的优点和特性，与现有的固定、移动通信技术和网络平台不同，在一些特定的 ITS 应用如车辆碰撞避免、安全预警、紧急事件处理和信息发布等对实时性和数据带宽要求较高的领域。WAVE 技术与目前公网移动通信领域先进的 3G 技术相比，有以下特性：

（1）WAVE 用于专网，3G 用于公网。

（2）WAVE 通信距离短，实时性好。

（3）WAVE 占用频段较高，同频段设备少，干扰小。

（4）WAVE 同一系统内提供多种不同的通信技术以适应不同的应用环境和应用对象。

4.4.2　WAVE 技术

1. 概述

WAVE（人车路联网网络通信技术）是新一代 DSRC 技术，能够提供更宽的数据带宽，更短的传输延时，更高的通信移动性，是专门为实现车 - 车通信、车 - 路通信和车路联网通信而制定的标准协议。目前，国际上较为成熟并且已经投入使用的 WAVE 技术是美国 2003 年颁布实施的新一代 DSRC 标准 ASTM E2213—2003。ASTM E2213—2003 的物理层和数据链路层是在 1999 年颁布的 IEEE 802.11a 的基础上制定的，采用美国联邦通信委员会 FCC 分配给 ITS 的 5.9 GHz 频段，与我国的 5.8 GHz 频段不同。此后，IEEE 又开始在 ASTM E2213—2003 的基础上制定 IEEE 802.11p，与 IEEEP1609.01 ~ P1609.04 一起构成了 WAVE 技术的国际核心标准体系。

WAVE 技术的协议体系结构也是以 OSI（Open System Interconnection，开放系统互连）为基础参考模型，其物理层和数据链路层对应于 ASTM E2213—2003（美国）和 IEEE 802.11p（国际），网络层、传输层、表示层、会话层、应用层对应于 IEEE P1609 系列标准。

国际 WAVE 的协议栈相对第一代 DSRC 是一个全新的架构，其物理层和数据链路层基于 IEEE 802.11p，充分借鉴和继承了 WLAN 标准 802.11a/b/g 的优点，并且作为“WAVE

Mode”定义在 IEEE 802.11 框架之中，从而能够与 802.11 的其他标准前后向兼容。

2. WAVE 关键技术

WAVE 协议栈以 OSI 模型为参考，同时分成管理平面和数据平面，管理平面负责协议栈的参数及行为控制，数据平面负责数据信息的有效传输。从功能上看，WAVE 协议栈包含以下内容。

IEEE 802.11p：基于 802.11 MAC 层和 PHY 层，针对 WAVE 的特点进行了相应的修改，采用 5 GHz 频段，有较强的抗干扰能力，采用 OFDM 复用技术，提高了信道数据带宽。

多信道协作功能：多物理信道，如控制信道（Control Channel，CCH）和同步信道（Synchronization Channel，SCH），在同步时钟的协调下协作工作或者切换，来达到增强 WAVE MAC 层的功能，作为 MAC 层的一部分存在于协议栈中。CCH 和 SCH 经过参数化的 IEEE 802.11e EDCA 配置，从而为数据帧提供高效的 QoS 机制。

网络传输服务：WAVE 将网络和传输服务定义在一个标准之中，负责路由转发以及应用层数据传输服务。由于 ITS 中的路由往往与具体的应用程序相关，并且是动态的，因此 WAVE 标准并没有严格规定系统的路由协议，但是提供 IPv6 作为一种可选项。传输服务方面，利用了 IP 协议栈，以期和现有的网络无缝融合，并且引入了新的 WSMP 协议以提高上层应用对底层设备的使用效率。

其他：WAVE 定义了资源管理器，从而将 OBU 中的系统资源以标准化的方式存储，外界实体可以通过标准化的接口来存取 OBU 系统资源，从而为应用程序的设计与实现提供了方便，保障了设备应用间良好的互操作性。安全机制基本沿用了 IEEE 802.11 中的安全算法，但也增加了 Ad-Hoc 模式下新的安全功能，从而保证了车辆私有信息的安全。由于涉及各国的交通系统各不相同，WAVE 的安全难以有一个统一的解决方案，目前相关组织正在努力达成一致。

WAVE 形成的网络，分成两类：WBSS（WAVE BSS）和 WIBSS（WAVE Independent BSS），其前端系统的核心设备仍与 DSRC 相同，可分为车载单元（On Board Unit，OBU）和远端交换单元（Remote Switching Unit，RSU）。WBSS 与 IEEE 802.11 中的 BSS 类似，RSU 为通信主设备，OBU 为通信从设备；而 WIBSS 与 IEEE 802.11 中的 IBSS 对应，其特点是移动自组织（Ad-Hoc）网络。OBU 与 OBU 进行主从通信时，主从设备均是 OBU，RSU 与 RSU 进行主从通信时主从设备均是 RSU。

OBU 作为车载单元，应具备基本的 WAVE 通信功能，并能与 RSU 和 OBU 进行 WAVE 通信。RSU 作为路侧设备，根据功能不同又可分为以下 3 种：

（1）RSU。与 DSRC 国标中所描述的 RSU 一致，即完成简单的与 OBU 的双向通信。

（2）接入点（Access Point，AP）。当距离较远的两个 OBU 需要通信时，就可以通过具有 AP 功能的 RSU 桥接。

（3）端口（Portal）。当 OBU 需要访问 Internet 或其他不同结构的网络时，就需要具有

Portal 功能的 RSU 进行中转和转换。

WAVE 通信可在以下单元之间进行：

（1）车载单元 OBU 和路侧单元 RSU 之间。

（2）车载单元 OBU 和车载单元 OBU 之间。

（3）DSRC 的核心通信单元 OBU 和 RSU 也可通过其与广域网通信。

（4）OBU 和 RSU 可通过车载网络—端口—WAN 的路由互相通信。在 IEEE 802.11 框架下，DSRC 设备必须进入 Ad-Hoc 模式，并且进行相应的通信初始化设置才能进行 DSRC 通信。

3. WAVE 物理层

IEEE 802.11—2007 提供了6种物理层方案，其中 802.11p 使用5 GHz 频段的核心技术为正交频分复用（Orthogonal Frequency Division Multiplexing，OFDM）技术。OFDM 系统采用不同的调制解调技术和编码解码技术可以为 WLAN 提供3种通信速率方案，如表4-4所示。

表4-4　不同技术对应不同的速率方案

调制技术	编码率	速率（信道带宽20 M）/Mbps	速率（信道带宽10 M）/Mbps	速率（信道带宽5 M）/Mbps
BPSK	1/2	6	3	1.5
BPSK	3/4	9	4.5	2.25
QPSK	1/2	12	6	3
QPSK	3/4	18	9	4.5
16-QAM	1/2	24	12	6
16-QAM	3/4	36	18	9
64-QAM	2/3	48	24	12
64-QAM	3/4	54	27	13.5

表中 QPSK（Quadrature Phase Shift Keying）为四相相移键控，BPSK（Binary Phase Shift Keying）为二相相移键控，QAM（Quadrature Amplitude Modulation）即正交振幅调制。DSRC 根据车路通信的实际需要，选用第二种方案，即10 M 的信道带宽，速率为（3 Mbps，4.5 Mbps，6 Mbps，9 Mbps，12 Mbps，18 Mbps，24 Mbps，27 Mbps），其中（3 Mbps，6 Mbps，9 Mbps）是开发 DSRC 设备时必须要做到的。

4. WAVE MAC 子层

DSRC 的 MAC 子层是在 IEEE 802.11 和 IEEE 802.11a 定义的 MAC 子层的基础上，补充 DSRC 的 Ad-Hoc 操作模式的特殊需求，并且 DSRC 设备必须在 Ad-Hoc 模式下操作。在 Ad-Hoc 模式下，类型域（Type Field）只能填充控制（Control）、数据（Data）、管理（Management）三种类型，其中控制类型只包括请求发送（Request To Send，RTS）、清除发送（Clear To Send，CTS）和确认字符（ACKnowledge Character，ACK）三种子类型，数据类型只包括基本数据类型，控制信道不使用 RTS 和 CTS。

在 Ad-Hoc 模式下，多址接入信道（Multiple Access Channel，MAC）子层只提供三种类型的数据帧序列交换：数据帧、管理帧、控制帧。为了支持多速率切换操作，需要计算一帧传输时间并填充到 DurationID 域。在 Ad-Hoc 模式下，DSRC 不继承使用 IEEE 802.11 的分布式 BSS 机制，DSRC 设备不支持扫描操作，因此 BSSID 均设置为 0。在 Ad-Hoc 模式下，DSRC 核心设备 OBU 应支持动态随机的 MAC 地址机制，以支持网络访问和隐私保护，并且 OBU 在开始一次 DSRC 操作之前，就应该产生一个新的 MAC 地址，MAC 地址为 48 位，Individual/Group 位根据需要设置，Global/Local 位设置为 Local，并且侦测是否有重复的 MAC 地址。

4.4.3 车载无线网络

车载无线网络通常涉及两类实体：第一类，车载单元（OBU），即安装在车辆上的无线通信设备，该类设备随着车辆的运动而运动；第二类，路旁单元（RSU），即安装在道路上的无线通信设备，该类设备是静止的，具有接入互联网的能力。车载单元与车载单元间、车载单元与路旁单元间通过无线的方式进行通信。由于 DSRC 通信距离较短，信息以多跳的方式进行传播。由于行驶车辆的移动性，网络的拓扑结构在不断变化。车载无线网络通常具有无线移动自组网（Mobile Ad-hoc NETworks，MANETs）的特性，因此也被称为车载无线自组网（Vehicular Ad-hoc NETwork，VANETs）。

VANETs 由在路上移动的 OBU 和在路边静止的 RSU 组成。OBU 必须具备专用于安全应用的短距无线通信装置，可选具备用于非安全应用的其他类型通信装置。网络中的 OBU 无须集中式的协调，可以全分布的方式运作。若在无线信号覆盖范围内，OBU 间可以直接通信；相反，它们的通信可以多跳的方式，通过中继节点的路由和转发间接进行。RSU 可以是路边的交通信号装置，如红绿灯、限速牌等；也可以是专用的接入点，如设置在路边的无线热点。前者参与安全应用的运行，可用于通告驾驶人当前交通状态或协调所处区域内的节点通信；后者主要用于非安全应用的运行，帮助驾驶人获得诸如导航信息或多媒体文件等非安全信息。

下面简要介绍 VANETs 实现的常见三类安全应用场景：

第一类，前方灾害报警。追尾是道路上最常见的交通事故之一，其发生的原因往往由于驾驶人的注意力分散或前车的突然刹车。前方灾害报警可用于应对此类事故。在车辆行驶过程中，VANETs 参与车辆上的主动式安全应用模块通过无线通信的方式与相邻节点共享其相关信息，如位置、速度和方向等。同时，主动式安全应用模块也收集来自相邻节点的信息，监控自身与邻居车辆的行驶状况。一旦发现异常情况，如前方车辆突然减速等，主动式安全应用模块就可以通过视觉、听觉或者触觉的刺激来提醒驾驶人进行避让，为其争取更多的反应时间。如果灾难无法避免，该模块可以激活安全气囊或预紧安全带等被动防护措施，减少事故造成的伤害。

第二类，视线遮蔽提醒。平交道口和急转弯处是交通事故的频发地带。驾驶人视线被遮蔽造成了其对潜在危险的忽视。基于与第一类应用同样的无线通信模式，主动式安全应用模块可以帮助驾驶人获得路口另一侧或转弯处有车辆驶来的提醒，对可能的危害进行避让。此外，在路口或转弯处设置RSU，通过无线通信的方式向驶来车辆提供此处路况信息，可以进一步增强此类应用的效果。

第三类，车辆行驶辅助。随着车辆行驶速度的提高，驾驶人的注意力愈加集中于前方，而有可能忽视远处或后方可能发生的危险。当道路前方有大车阻挡时，驾驶人由于无法判断大车前的路面状况，有可能做出错误的判断，造成事故发生。此外，对于在自己后方准备超车的车辆，驾驶人也可能因忽视其存在而错误变道，引发事故隐患。通过基于无线通信的车辆状态共享与监控，主动式安全应用模块可以为驾驶人提供必要的辅助，扩大其感知范围，避免此类事故的发生。

第 5 章　车辆定位技术

车辆定位系统用来提供车辆的位置、速度和姿态等信息。目前常用的车辆定位技术主要包括航位推算技术、卫星导航定位技术、地图匹配技术和视觉定位技术。航位推算技术（Dead Reckoning，DR）利用车辆航向、速度和里程计等传感器的信息自主地推算出车辆相对于起始点的位置，它依靠载体自身设备独立进行定位。虽然航位推算技术在短时间内的定位精度较高，但是由于传感器本身存在随机漂移和随机误差，在推算过程中定位误差将随时间而累积。使用更精确的传感器，更准确地描述传感器误差，建立合理的车辆运动模型，能够明显地改进航位推算系统的定位精度。卫星导航定位技术中，应用最广的是 GPS 定位导航系统，该系统具有全球、全天候、连续、实时提供高精度的三维位置和三维速度信息的能力。但是在城市高楼区、林荫道、隧道等地方有可能导致 GPS 信号的遮挡，引起 GPS 信号的暂时中断以及多路径效应，从而造成车辆定位系统无法实时定位或者定位精度降低。地图匹配技术（Map Matching，MM）是一种基于软件技术的定位修正方法，其基本思想是将车辆定位轨迹与数字地图中的道路网信息通过最优匹配算法联系起来，从而确定车辆相对于地图的位置。地图匹配效果的好坏取决于两个前提条件，即数字地图必须相对准确和被定位的车辆必须行驶在道路上。如果不满足上述前提，则地图匹配将输出不可靠的定位信息，甚至有可能引起整个定位系统的定位性能严重下降。视觉定位主要是根据摄像头实时拍摄的视频图像来计算运动物体的运动参数，从而提供定位信息，实现车辆的自主定位。

5.1　航位推算（DR）定位系统

5.1.1　基本原理

航位推算（DR）作为一种经典的定位算法，已广泛应用到车辆定位系统中。通常情况下，车辆的运动空间可以近似看作二维空间（e,n）（e 为局部平面坐标系的东向位置坐标，n 为局部平面坐标系的北向位置坐标）。因此，已知车辆的起始点（e_0,n_0）和初始航向角 θ_0，根据实时获取的车辆行驶距离和航向角的变化，可以推算出车辆的位置。航位推算的原理如图 5－1 所示。

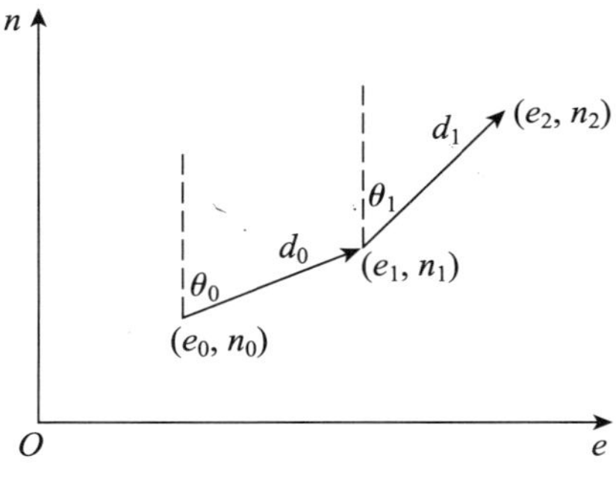

图 5－1　航位推算（DR）原理

由图 5－1 可知：

$$e_1 = e_0 + d_0 \sin\theta_0 \tag{5-1}$$

$$n_1 = n_0 + d_0 \cos\theta_0 \tag{5-2}$$

$$e_2 = e_1 + d_1 \sin\theta_1 = e_0 + d_0 \sin\theta_0 + d_1 \sin\theta_1 \tag{5-3}$$

$$n_2 = n_1 + d_1 \cos\theta_1 = n_0 + d_0 \cos\theta_0 + d_1 \cos\theta_1 \tag{5-4}$$

可得：

$$e_k = e_0 + \sum_{i=0}^{k-1} d_i \sin\theta_i \tag{5-5}$$

$$n_k = n_0 + \sum_{i=0}^{k-1} d_i \cos\theta_i \tag{5-6}$$

$$\theta_k = \sum_{i=0}^{k-1} \theta_i \tag{5-7}$$

当采样周期恒定且采样频率足够高时，可以近似认为在采样周期内车辆的加速度接近零，以上公式可记为：

$$e_k = e_0 + \sum_{i=0}^{k-1} v_i T \sin\theta_i \tag{5-8}$$

$$n_k = n_0 + \sum_{i=0}^{k-1} v_i T \cos\theta_i \tag{5-9}$$

$$\theta_k = \theta_0 + \sum_{i=0}^{k-1} \omega_i T \tag{5-10}$$

其中，v_i 是在第 i 个采样周期 iT 时刻测量的车辆纵向速度。在每一个采样周期内，v_i 和 ω_i 基本上是常量。

航位推算系统包括测量航向角的传感器和测量距离的传感器。测量航向角的传感器主要有磁罗盘、差动里程仪和角速率陀螺；测量距离的传感器主要有加速度计、里程仪、多普勒雷达等。除此之外，还有坡度计和高度计等传感器。上述各种传感器的性能如表 5－1 所示。根据系统对成本、体积、精度等的要求和传感器的性能，可选择不同的传感器组合构成不同的航位推算系统。

表 5－1　几种航位推算传感器的性能

用　　途	名　　称	精　　度	特　　点
航向角传感器	微机械陀螺	0.03°～0.1°/s	对温度敏感，误差随时间积累
	光纤陀螺	0.001°/s	价格昂贵
	差分里程仪	0.01°/m	不易标定
	磁罗盘	2°～4°	对铁性部件敏感

续表

用　　途	名　　称	精　　度	特　　点
距离传感器	里程仪	0.01% ~0.05%	时有突跳
	加速度计	2 ~10 mg	误差随时间积累
	多普勒雷达	1%	对多路径敏感

5.1.2 定位特性

航位推算系统是一个完全依靠自身传感器的主动定位系统，不易受外界环境的影响，数据更新频率一般在 50 ~100 Hz 之间；因此航位推算系统具有较高的空间连续性和实时性。航位推算系统的误差特性是体现其定位特性的主要方面，以下通过建立简化的航位推算系统误差模型，来分析其误差特性。

由式（5 -8） ~式（5 -10）可知，航位推算系统基于测量的车身速度和航向角，计算出车辆在导航坐标系下的速度，然后将导航坐标系下的速度进行积分从而获取车辆的位置。如图 5 -2 所示为车辆二维 DR 定位示意图。描述理想条件下的航位推算系统的微分方程如式（5 -11）所示。

$$\begin{bmatrix}\dot{n}(t)\\ \dot{e}(t)\end{bmatrix}=\begin{bmatrix}\cos(\theta(t)) & -\sin(\theta(t))\\ \sin(\theta(t)) & \cos(\theta(t))\end{bmatrix}\begin{bmatrix}u(t)\\ v(t)\end{bmatrix} \tag{5-11}$$

其中，u 和 v 分别为车辆在车身坐标系的纵向与横向速度。

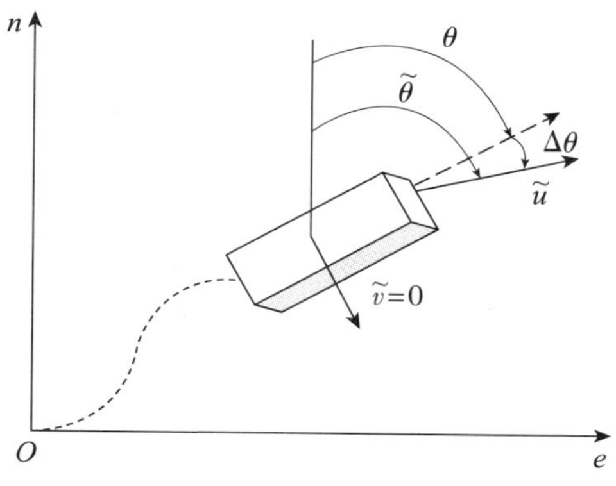

图 5 -2　理想和实际条件下的车辆二维 DR 定位示意图

为获取实际的航位推算系统模型，首先需要建立如图 5 -2 所示的各传感器的误差模型。通常由于局部磁场的作用，采用磁罗盘测量的航向角都包含一个时变的偏差，因此实际测量的航向角可以近似为 $\tilde{\theta}=\theta+\Delta\theta$ 。在实际工程实践中，由于车辆横向速度很小，可忽略不计

($\tilde{v}=0$)，因此车身的纵向速度通常作为唯一的测量量。为了分析的需要，将横向速度看作 $\tilde{v}=v+\Delta v$ (其中 $\Delta v=-v$)，车辆的纵向速度表示为 $\tilde{u}=(1+\Delta s)u+\Delta u$ (其中 Δs 为刻度系数误差, Δu 为偏差)。综合以上各因素，实际的 DR 定位系统的微分方程可由式（5－12）描述：

$$\begin{aligned}\begin{bmatrix}\dot{n}(t)\\ \dot{e}(t)\end{bmatrix}&=\begin{bmatrix}\cos(\tilde{\theta}(t)) & -\sin(\tilde{\theta}(t))\\ \sin(\tilde{\theta}(t)) & \cos(\tilde{\theta}(t))\end{bmatrix}\begin{bmatrix}\tilde{u}(t)\\ \tilde{v}(t)\end{bmatrix}\\ &=\begin{bmatrix}\cos(\theta(t)+\Delta\theta(t)) & -\sin(\theta(t)+\Delta\theta(t))\\ \sin(\theta(t)+\Delta\theta(t)) & \cos(\theta(t)+\Delta\theta(t))\end{bmatrix}\begin{bmatrix}(1+\Delta s)u(t)+\Delta u(t)\\ v(t)+\Delta v(t)\end{bmatrix}\end{aligned}\tag{5-12}$$

在理想系统工作点附近，利用泰勒级数展开将实际系统的微分方程进行线性化，可获得 DR 系统的线性误差微分方程。

$$\begin{bmatrix}\Delta\dot{n}(t)\\ \Delta\dot{e}(t)\end{bmatrix}=\begin{bmatrix}0 & 0\\ 0 & 0\end{bmatrix}\begin{bmatrix}\Delta n\\ \Delta e\end{bmatrix}+\begin{bmatrix}-u\sin(\theta(t)) & u\cos(\theta(t)) & \cos(\theta(t)) & -\sin(\theta(t))\\ u\cos(\theta(t)) & u\sin(\theta(t)) & \sin(\theta(t)) & \cos(\theta(t))\end{bmatrix}\begin{bmatrix}\Delta\theta\\ \Delta s\\ \Delta u\\ \Delta v\end{bmatrix}\tag{5-13}$$

其中, $\Delta n=n-\hat{n}$ 和 $\Delta e=e-\hat{e}$ 。

通过以上分析，可以看出 DR 系统具有以下特性：

（1）由于 DR 是通过求和来近似积分，因此传感器的采样频率越高，积分的精度就越高。

（2）航位推算系统是一种相对定位系统，载体的初始位置无法通过 DR 直接获得。同时初始位置误差 ($\Delta e,\Delta n$) 将会以一个固定偏移的形式影响后续的定位。这也就意味着为了获取好的定位效果，一个更加精确的初始定位值是必需的。

（3）从误差微分方程中，可以看出误差是以积分的形式传递。任何传感器的误差，随着时间的推移和行驶距离的增加，都将导致定位结果的误差累积。因此，航位推算系统中的误差是发散的过程，所以单独的航位推算不能用于长时间的独立定位，需要用其他手段对积累误差进行适当补偿。

（4）误差分析的精度依赖于误差系统模型的精度。任何在系统模型中没有建立的误差特性，都无法体现在误差分析中。通常为了分析方便，会对一些传感器的误差特性进行简化。然而在实际当中这些传感器的特性往往是时变的且会受到外界环境的影响，如磁罗盘的航向角偏差会因地理位置、车身姿态倾斜或者外部磁场的变化等产生突变。以上这些因素都会增加系统误差模型的复杂度，从而引起误差分析的困难。

如图 5－3 所示为 DR 定位性能测试效果图。从图中可以看出，由于测量航向角的偏差使得定位结果与真实道路之间存在一个明显的角度差，同时定位误差随时间的累积导致定位结果逐渐偏离真实道路。

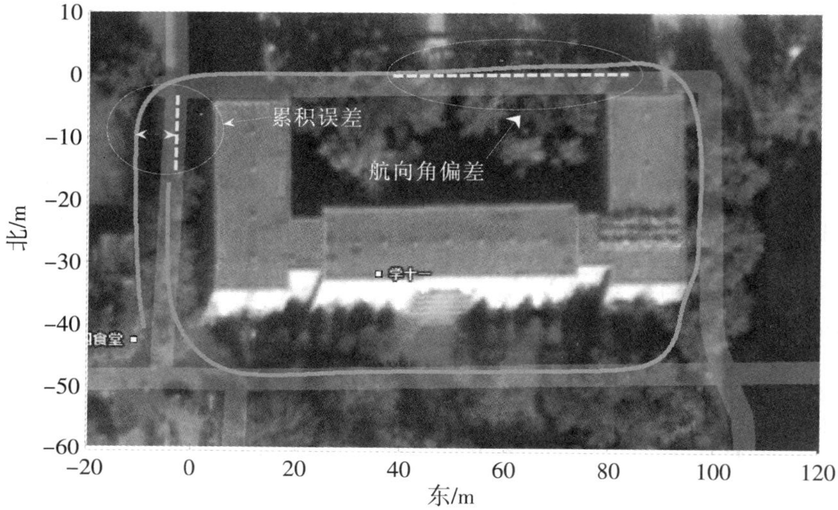

图 5-3　DR 定位效果图

5.2　全球卫星导航定位系统

5.2.1　概述

具有全球导航定位能力的卫星定位导航系统称为全球卫星导航系统（Global Navigation Satellite System，GNSS），它是一个能在地球表面或近地空间的任何地点为适当装备的用户提供24小时、三维坐标和速度以及时间信息的空基无线电定位系统。目前，世界上知名的全球卫星导航系统包括美国的 GPS 系统、俄罗斯的 GLONASS 系统、欧盟的伽利略定位系统和中国的北斗卫星导航系统。

全球定位系统（GLobal Positioning System，GPS）的前身是美军研制的一种子午仪卫星定位系统（Transit）。该系统用 5 ~6 颗卫星组成的星网工作，无法给出高度信息，在定位精度方面不尽如人意。然而，子午仪系统验证了由卫星系统进行定位的可行性，为 GPS 系统的研制打下了铺垫。由于卫星定位显示出在导航方面的巨大优越性及子午仪系统存在对潜艇和舰船导航方面的巨大缺陷。美国海陆空三军及民用部门都感到迫切需要一种新的卫星导航系统。为此，美国海军研究实验室（NRL）提出了名为 Tinmation 的计划，用 12 ~18 颗卫星组成10 000 km 高度的全球定位网。在这些卫星上，初步试验了原子钟计时系统，这是 GPS 系统精确定位的基础。而美国空军则提出了 621 - B 的以每星群 4 ~5 颗卫星组成 3 ~4 个星群的计划。这些卫星中除1颗采用同步轨道外，其余的都使用周期为24 h的倾斜轨道。该计划以伪随机码（PRN）为基础传播卫星测距信号。当信号密度低于环境噪声的1%时也能将其检测出来。伪随机码的成功运用是GPS系统取得成功的一个重要基础。海军的计划主要用于为舰船提供低动态的2维定位，空军的计划能提供高动态服务。由于同时研制两个系统会造成巨大的费用而且这里两个计划都是为了提供全球定位而设计的，所以1973年美国国防部将两者合二为一，并由国防部牵头的卫星导航定位联合计划局领导。其制定的方案是，将24颗卫星放置在互成120°的三个轨道上。每个轨道上有8颗卫星，地球上任何一点均能观测到6~9颗卫星。这样，粗码精度可达100 m，精码精度为10 m。由于预算压缩，GPS计划不得不减少卫星发射数量，改为将18颗卫星分布在互成60°的6个轨道上。然而这一方案使得卫星可靠性得不到保障。1988年又进行了修改：21颗工作星和3颗备用星工作在互成30°的6条轨道上。这也是现在GPS卫星所使用的工作方式。

全球导航卫星系统（GLObal Navigation Satellites System，GLONASS），由苏联在1976年组建，现在由俄罗斯政府负责运营。1991年组建成具备覆盖全球的卫星导航系统，从1982年12月12日开始，该系统的导航卫星不断得到补充，至1995年，该系统卫星在数目上基本上得到完善。GLONASS系统由卫星、地面测控站和用户设备三部分组成。目前的系统由21颗工作星和3颗备用星组成，分布于3个轨道平面上，每个轨道面有8颗卫星，轨道高度为19 000 km，运行周期为11小时15分。

伽利略定位系统（Galileo Positioning System），是欧盟一个正在建造中的卫星定位系统，有“欧洲版GPS”之称。伽利略系统的基本服务有导航、定位、授时；特殊服务有搜索与救援；扩展应用服务系统有在飞机导航和着陆系统中的应用、铁路安全运行调度、海上运输系统、陆地车队运输调度、精准农业。

北斗卫星导航系统（BeiDou Navigation Satellite System）是中国研发的卫星导航系统。北京时间2012年10月25日23时33分，中国在西昌卫星发射中心成功将第16颗北斗导航卫星发射升空并送入预定转移轨道。它与先期发射的15颗北斗导航卫星组网运行，形成区域服务能力。根据计划，北斗卫星导航系统将于2013年初向亚太大部分地区提供正式服务。北斗卫星导航系统自2011年12月正式宣布提供试运行服务以来，系统运行稳定，已逐步拓展到交通运输、气象、渔业、林业、电信、水利、测绘等应用领域，产生了显著的经济、社会效益。

5.2.2　GPS定位的基本原理

GPS系统主要由三大部分组成：空间部分、地面监控系统和用户设备部分。GPS的空间部分由24颗卫星组成（21颗工作卫星、3颗备用卫星）。它位于距地表20 200 km的上空，均匀分布在6个轨道面上（每个轨道面4颗），轨道倾角为55°。卫星的分布使得在全球任何地方、任何时间都可观测到4颗以上的卫星，并能在卫星中预存导航信息。GPS的卫星因为大气摩擦等问题，随着时间的推移，导航精度会逐渐降低。地面监控系统由监测站、主控制站、地面天线所组成。地面监控系统负责收集由卫星传回的信息，并计算卫星星历、相对距离、大气校正等数据。用户设备部分即 GPS 信号接收机，其主要功能是能够捕获到按一定卫星截止角所选择的待测卫星，并跟踪这些卫星的运行。当接收机捕获到跟踪的卫星信号后，就可测量出接收天线至卫星的伪距离和距离的变化率，解调出卫星轨道参数等数据。根据这些数据，接收机中的微处理计算机就可按定位解算方法进行定位计算，计算出用户所在地理位置的经纬度、高度、速度、时间等信息。接收机硬件和机内软件以及 GPS 数据的后处理软件包构成完整的 GPS 用户设备。GPS 接收机的结构分为天线单元和接收单元两部分。图 5－4 为 GPS 系统的卫星分布和组成原理图。

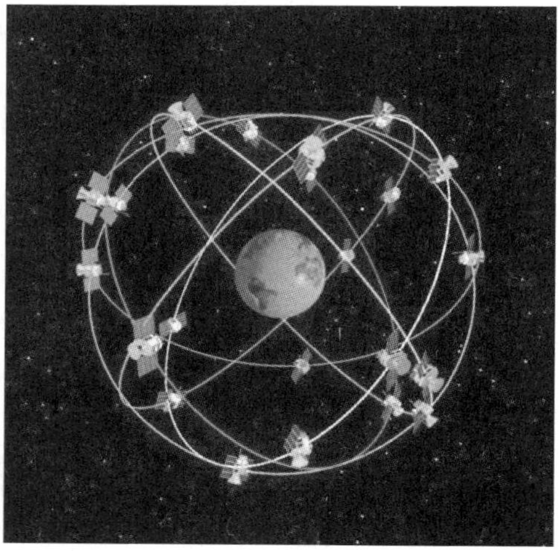

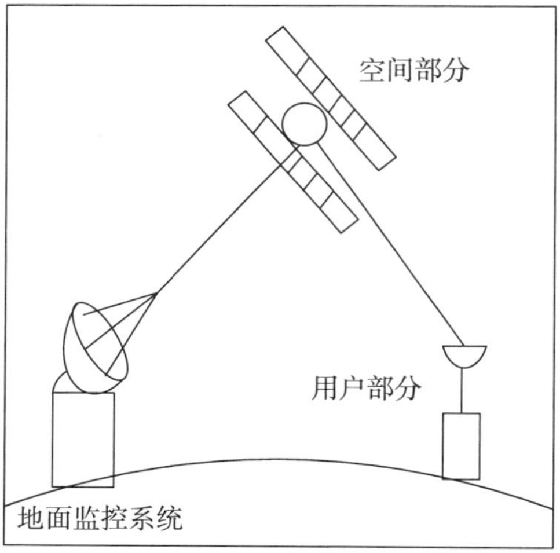

图 5－4　GPS 系统卫星分布和组成原理图

GPS 定位的基本原理是以高速运动的卫星瞬间位置作为已知的起算数据，并基于到达时间（Time of Arrival，TOA）原理或者载波相位原理测量观测点与 GPS 卫星之间的距离，最后采用空间距离后方交会的方法，估计观测点的位置。假设卫星 j 发射信号时的 GPS 时刻和卫星钟时刻分别用 t_G^j 和 t^j 表示，而接收机收到该卫星信号时的 GPS 时刻和接收机钟时刻分别用 T_G 和 T 表示，那么卫星信号的传播时间就可由 $\tau^j = T_G - t_G^j$ 给出。然而，由于实际上测得的量只有 $T - t^j$，因此，卫星时钟偏差 Δt^j 和接收机的时钟偏差 Δt 就可以分别由式（5－14）～式（5－16）推算得到，即：

$$\Delta t^j = t^j - t_G^j \tag{5-14}$$

$$\Delta t = T - t_G \tag{5-15}$$

$$\tau^j = (T_G - t_G^j) + \Delta t - \Delta t^j \tag{5-16}$$

由于实际的信号传播过程中存在电离层时间误差 Δt_{ion}^j、对流层时间误差 Δt_{tro}^j 和多路径

延迟时间误差 Δt^j_{mp} 等，因此式（5－16）可重写为：

$$\tau^j = (T_G - t^j_G) + \Delta t - \Delta t^j + \Delta t^j_{\mathrm{ion}} + \Delta t^j_{\mathrm{tro}} + \Delta t^j_{\mathrm{mp}} \tag{5-17}$$

在式（5－17）的基础上，两边同乘以光速 c，可以得到 GPS 定位的基本观测方程：

$$\rho^j = R^j + c\Delta t - c\Delta t^j + c\Delta t^j_{\mathrm{ion}} + c\Delta t^j_{\mathrm{tro}} + c\Delta t^j_{\mathrm{mp}} \tag{5-18}$$

式中，$R^j = \sqrt{(x-x^j)^2+(y-y^j)^2+(z-z^j)^2}$ 为接收机与观测卫星 j 之间的几何距离；(x, y, z)，(x^j, y^j, z^j) 分别为接收机和卫星 j 在地心空间直角坐标系中的三维坐标；ρ^j 是测量得到的 R^j 的观测量，其与真实距离 R^j 往往不同，所以常称为“伪距”。由于可以通过地面监控系统对卫星钟差 Δt^j 进行测定，同时以通过卫星播发导航电文的方式可以将卫星钟差、电离层和对流层传播延迟等信息提供给用户，因此式（5－18）仅有 x、y、z、Δt 四个未知量需要求解。由此可以知道，至少需要同时拥有 4 颗卫星的观测数据，才能解算出定位信息。

5.2.3　GPS 定位特性分析

1. GPS 定位系统的连续性

由于 GPS 定位系统是基于两点测距原理，至少需要四颗卫星和接收机处于通视状态，同时过低的卫星仰角也会加大大气传播误差而明显降低定位精度。因此，可观测到的卫星数目能够在一定程度上反映出 GPS 定位系统的连续性。

为了清晰地认识 GPS 定位系统的连续性，以环境因素作为依据在北京地区选择了几处具有代表性的区域，如建筑密集区（海淀区中关村）和建筑稀疏区（房山区良乡）采集 GPS 信号。通过以 GPS 接收机可观测到的 GPS 卫星数目作为指标来分析 GPS 定位系统的连续性。测试结果如图 5－5 所示。从测试结果可以看出，GPS 定位系统在建筑密集区有 34% 的区域无法实现定位（小于 4 颗星），仅有 15% 的区域能够实现较为精确的定位（大于等于 6 颗星）；而在建筑稀疏区仅有 5% 的区域无法实现定位，超过 66% 的区域能够达到较好的定位效果。由此可以看出，GPS 定位系统的定位效果受周围环境的影响比较严重，因此其定位的连续性不高。

2. GPS 定位系统的实时性

GPS 定位系统的实时性主要体现在 GPS 接收机更新有效定位数据的频率。卫星广播星历频率、GPS 接收机完整捕获至少 4 颗卫星星历信号的时间跨度和 GPS 接收机解算定位数据的所需时间等都会制约 GPS 接收机更新有效定位数据的频率。同时 GPS 接收机需要输出大量的完整定位数据，并且这些数据往往都是通过串行形式输出，因此这也在一定程度上限制了 GPS 接收机的更新频率。

3. GPS 定位系统的误差特性

由 GPS 的定位原理可知，其准确的解算定位数据需要满足 3 个前提假设：准确地测量卫星信号的传输时间、卫星信号的传输速度已知且恒定和卫星信号沿直线传输。实际中任何

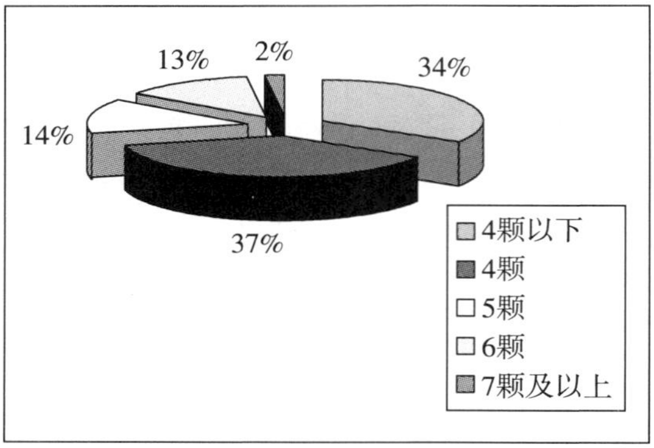

（a）

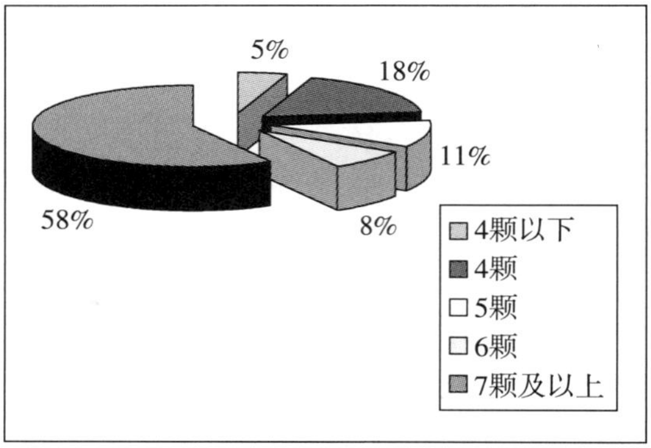

（b）

图5-5　GPS卫星可见性示意图

（a）中关村；（b）良乡

不满足上述假设的因素，都将产生测距误差，从而影响GPS的定位精确性。下面介绍影响GPS定位精度的主要因素。

1）接收机噪声

接收机噪声一般可以认为是白噪声，主要指在处理伪码和载波测量信号时产生的误差。接收机噪声的大小为波长的0.5%。

2）多路径误差

多路径误差主要由GPS接收机周围的地形、地物和各种建筑物等反射体引起，从而造成许多反射波叠加到接收机通道中，造成测距误差，如图5-6所示。

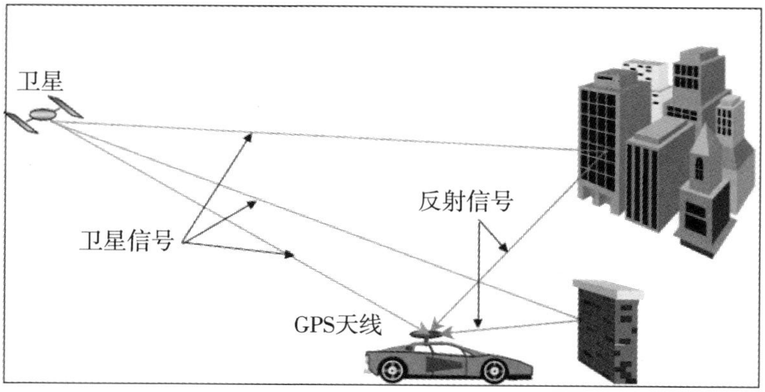

图5-6　接收机多路径误差

3）电离层和对流层延迟误差

电离层中大量自由离子的存在，影响 GPS 信号在其内的传播，导致传播速度不一致，这种不一致就会产生测距误差。对流层是一个中性的区域，GPS 在其内传播时会受到压力、温度和湿度等因素的影响，产生传播延迟；由于在相近的区域，对流层内的状态一致，因此采用特殊的技术可以补偿对流层导致的定位误差。

4）接收机时钟差

接收机时钟差是指接收机钟面时间相对于 GPS 参考时间之间的偏差。其误差取决于钟漂的大小。由于钟差与接收机大小有关，同一接收机观测的全部卫星对应于相同的钟差参数，所以在解算位置参数时可以一并估计此项误差。另外，通过采用差分定位（Differential Global Positioning System，DGPS）等方法对观测量进行求差处理，也可以消除此项误差的影响。

5）星历误差

只有准确地获得卫星的位置，GPS 接收机才能计算用户位置。然而，一旦星历在传播过程中出现错误，就会产生星历误差。这种星历误差将会引起用户位置随着时间而产生误差累积。

GPS 定位系统的定位效果是上述 GPS 的连续性、实时性和误差特性等三种定位特性综合作用的结果。如图 5－7 所示，为一个环形路径的 GPS 定位效果。如图中大椭圆内的区域所示，因环境的遮挡导致 GPS 无法实现定位，出现了定位的不连续；如图中小椭圆内区域所示，由于 GPS 更新频率低，导致了定位距离间隔较大；GPS 的定位误差导致了方框内区域所示的定位跳动现象。

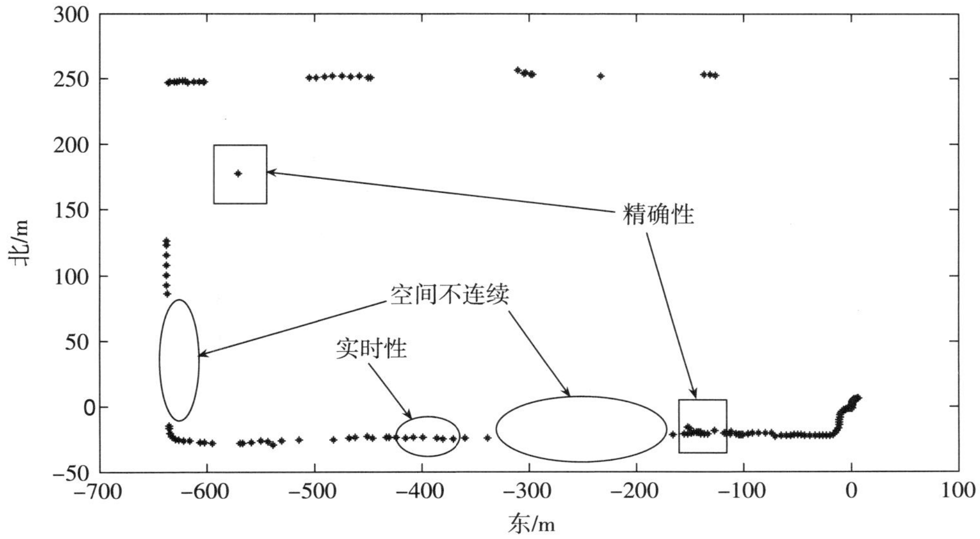

图 5－7　GPS 定位系统定位效果图

5.3 GPS/DR 组合定位

基于高精度、低成本的 GPS 单独定位方法在车辆定位与导航中应用日趋广泛，其不仅能够提供车辆的绝对坐标，且不随时间而累积，同时又具有较好的低频响应特性。但其应用于导航定位的主要缺点是数据输出频率低（常用的为 1Hz），动态环境中可靠性差，易受到外界环境的干扰等，尤其是在高楼林立的城市，或者车辆通过隧道及立交桥时，GPS 卫星信号将很差甚至中断而无法满足定位要求。为保证车辆定位的连续性和可靠性，就需要其他的辅助手段。航位推算是典型的独立定位技术，在短时间内能够保持较高的精度，且有较好的抗干扰性，但 DR 仅能确定相对位置，误差也会随推算过程而累加。GPS 和 DR 定位技术有着很好的互补性，一方面，GPS 输出的绝对位置信息不仅能够为 DR 提供初始的位置信息，同时也可以周期性地纠正 DR 的累积误差；另一方面，DR 输出的高频定位结果可用于补偿 GPS 的定位盲区，从而平滑定位轨迹。因此，将两种定位方法进行合理的组合，充分利用二者定位信息的互补性，就能够获得比单独使用任何一种方法时都要高的定位精度和可靠性。针对定位精度、实时性和计算量的不同要求，可以采用粒子滤波方法、卡尔曼滤波方法或简单模式切换的方法进行数据融合，从而实现 GPS/DR 的组合定位。

5.3.1 卡尔曼滤波

卡尔曼（Kalman）滤波是一种递推线性最小方差估计技术，由于其一次仅处理一个时刻的观测值，计算量小，计算速度快，而且能够在合适的条件下给出无偏估计量，所以 Kalman 滤波技术已成为控制、信号处理与通信领域的最基本、最重要的计算方法和工具之一，而且导航定位领域也是其应用最为成功的领域之一。以线性系统状态估计为例，假定系统的状态方程和测量方程为：

$$\boldsymbol{X}_k = \boldsymbol{\Phi}_{k,k-1}\boldsymbol{X}_{k-1} + \boldsymbol{\Gamma}_{k-1}\boldsymbol{W}_{k-1} \tag{5-19}$$

$$\boldsymbol{Z}_k = \boldsymbol{H}_k\boldsymbol{X}_k + \boldsymbol{V}_k \tag{5-20}$$

式中，$\boldsymbol{X}_k$ 为 k 时刻的 m_1 维状态矢量，也是被估计矢量；$\boldsymbol{Z}_k$ 为 k 时刻的 m_2 维测量矢量；$\boldsymbol{\Phi}_{k,k-1}$ 为 $k-1$ 到 k 时刻的系统一步转移矩阵（$m_1 \times m_1$ 阶）；W_{k-1} 为 $k-1$ 时刻的系统噪声（r 维）；$\boldsymbol{\Gamma}_{k-1}$ 表征由 $k-1$ 到 k 时刻的各个系统噪声分别影响 k 时刻各个状态的程度；$\boldsymbol{H}_k$ 为 k 时刻的量测矩阵（$m_1 \times m_2$ 阶）；$\boldsymbol{V}_k$ 为 k 时刻的 m_2 维量测噪声。Kalman 滤波要求 $\boldsymbol{W}_k$ 和 $\boldsymbol{V}_k$ 是互补相关的零均值的白噪声序列，即：

$$E\{\boldsymbol{W}_k\boldsymbol{W}_j^{\mathrm{T}}\} = \boldsymbol{Q}_k\delta_{kj} \tag{5-21}$$

$$E\{\boldsymbol{V}_k\boldsymbol{V}_j^{\mathrm{T}}\} = \boldsymbol{R}_k\delta_{kj} \tag{5-22}$$

其中，$\boldsymbol{Q}_k$ 和 $\boldsymbol{R}_k$ 分别称为系统噪声和量测噪声的方差矩阵；在 Kalman 滤波中要求它们分别是已知的非负定矩阵和正定矩阵；$\delta_{k,j}$ 是 Kronecker δ 函数。

针对上述描述的线性系统，其离散 Kalman 滤波过程可概括为一个如图 5-8 所示的“预测-修正”过程。“预测”过程也称为时间更新，负责将当前的状态和误差协方差估计在时间轴上，递推以获取下一时刻的先验估计。“修正”过程也称为测量更新，负责将当前时刻的观测量和当前时刻的先验估计组合以获取当前时刻的最优状态估计。

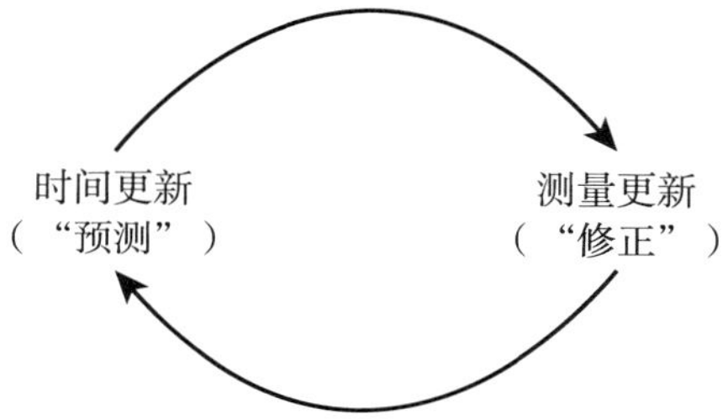

图 5-8　Kalman 预测-修正示意图

时间更新方程包括状态一步预测方程式（5-23）和均方差一步预测方程式（5-24）：

$$\hat{\boldsymbol{X}}_{k/k-1}=\boldsymbol{\Phi}_{k,k-1}\hat{\boldsymbol{X}}_{k-1} \tag{5-23}$$

$$\boldsymbol{P}_{k/k-1}=\boldsymbol{\Phi}_{k,k-1}\boldsymbol{P}_{k-1}\boldsymbol{\Phi}_{k,k-1}^{\mathrm{T}}+\boldsymbol{\Gamma}_{k-1}\boldsymbol{Q}_{k-1}\boldsymbol{\Gamma}_{k-1}^{\mathrm{T}} \tag{5-24}$$

测量更新方程包括滤波增益方程式（5-25）、状态估值计算方程式（5-26）和均方差估计方程式（5-27）：

$$\boldsymbol{K}_k=\boldsymbol{P}_{k/k-1}\boldsymbol{H}_k^{\mathrm{T}}(\boldsymbol{H}_k\boldsymbol{P}_{k/k-1}\boldsymbol{H}_k^{\mathrm{T}}+\boldsymbol{R}_k)^{-1} \tag{5-25}$$

$$\hat{\boldsymbol{X}}_k=\hat{\boldsymbol{X}}_{k/k-1}+\boldsymbol{K}_k(\boldsymbol{Z}_k-\boldsymbol{H}_k\hat{\boldsymbol{X}}_{k/k-1}) \tag{5-26}$$

$$\boldsymbol{P}_k=(\boldsymbol{I}-\boldsymbol{K}_k\boldsymbol{H}_k)\boldsymbol{P}_{k/k-1} \tag{5-27}$$

其中，$\boldsymbol{K}_k$ 选取的标准就是使估计值 $\hat{\boldsymbol{X}}_k$ 的均方误差最小。从式（5-25）中可以看出，如果测量噪声矩阵 $\boldsymbol{R}_k$ 减小，则 $\boldsymbol{K}_k$ 变大，说明对实际的测量值 $\boldsymbol{Z}_k$ 的信赖和利用程度大，而对预测值 $\hat{\boldsymbol{X}}_{k/k-1}$ 的信赖和利用程度小。另一方面，当先验估计误差协方差矩阵 $\boldsymbol{P}_{k/k-1}$ 减小时，则 $\boldsymbol{K}_k$ 变小，说明对实际的测量值 $\boldsymbol{Z}_k$ 的信赖和利用程度小，而对预测值 $\hat{\boldsymbol{X}}_{k/k-1}$ 的信赖和利用程度大。式中 $\boldsymbol{P}_{k-1}$ 为估计值 $\hat{\boldsymbol{X}}_{k-1}$ 的均方误差矩阵，从中可以看出，一步预测均方误差矩阵 $\boldsymbol{P}_{k/k-1}$ 是从估计均方差矩阵 $\boldsymbol{P}_{k-1}$ 转移过来的，并且加上了系统噪声方差的影响。从式（5-26）中也能够直接得出，由于滤波估计的作用，$\hat{\boldsymbol{X}}_k$ 的均方误差矩阵 $\boldsymbol{P}_k$ 比 $\hat{\boldsymbol{X}}_{k/k-1}$ 的均方误差矩阵 $\boldsymbol{P}_{k/k-1}$ 小。

线性 Kalman 滤波器的完整算法流程图如图 5-9 所示，从图中可以看出，Kalman 滤波器在循环执行着两个递推计算过程：从 $\hat{\boldsymbol{X}}_{k-1}$ 到 $\hat{\boldsymbol{X}}_k$ 的时间更新和从 $\boldsymbol{P}_{k-1}$ 到 $\boldsymbol{P}_k$ 的测量更新。Kalman 滤波器以当前时刻的状态估计代替以前时刻的所有观测量，这种递推特性大大简化了计算量，使得工程实际中执行更加灵活、方便。

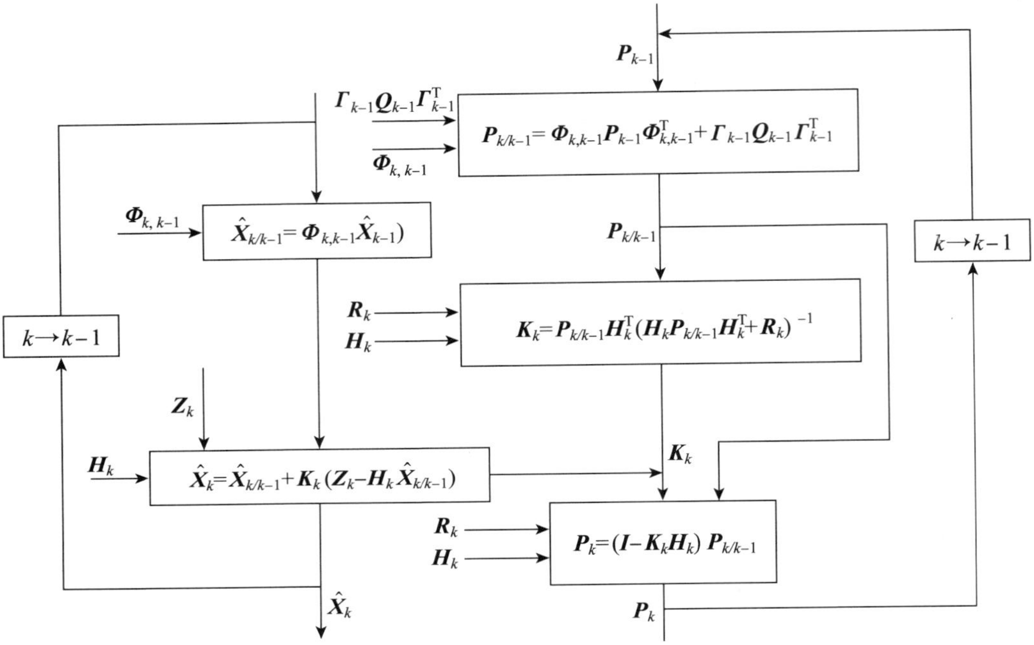

图 5－9　线性 Kalman 算法流程图

5.3.2　GPS/DR 组合方式

设计 GPS 和 DR 两种定位系统的信息组合方案是实现二者组合定位以获得最优的组合定位结果的核心问题。在车辆定位中有两种常用的组合方案：切换式组合和数据融合方案。

1. 切换式 GPS/DR 组合定位

切换式组合定位的原理如图 5－10 所示。定位系统首先根据 GPS 观测到的卫星数和卫星几何分布结构（GDOP），确定 GPS 信号是否有效。当 GPS 信号有效时，则系统工作于 GPS 定位模式，同时利用 GPS 输出的定位信息对 DR 定位系统的初始推算位值进行更新。当 GPS 信号无效时，则系统就切换到 DR 定位模式。

基于切换式的 GPS/DR 组合定位方法具有结构简单、易于实现、计算量小，同时当卫星信号失效时其能够短时间内提供有效定位等优点。但是由于该方法并没有将 GPS 和 DR 两种系统的信息融合在一起，两者的优点不能得到充分发挥。其次，DR 所需要的初始信息由前一时刻的有效 GPS 数据提供，这使得 GPS 数据中的误差被直接传播到了 DR 推算过程中，造成 DR 系统的定位精度下降，缩短了其能够满足定位精度要求的有效工作时间。另外，该方法只能解决卫星遮挡问题，而对于其他原因如多路径效应等造成的 GPS 定位误差则无能为力。

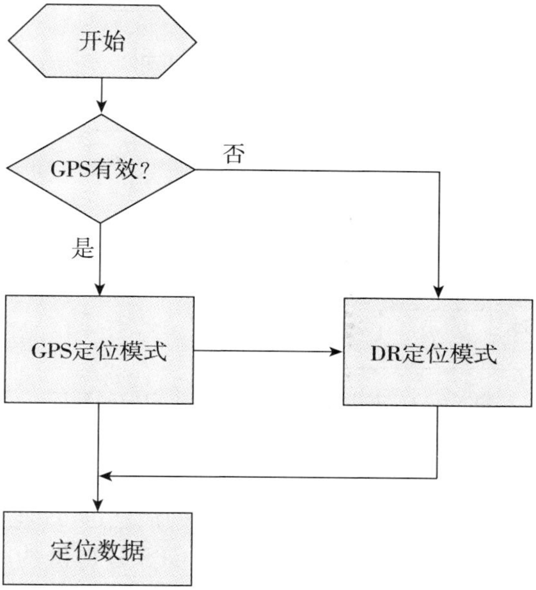

图 5－10　切换式组合定位原理图

2. GPS/DR 数据融合组合定位

GPS/DR 组合的数据融合方法有很多，Kalman 滤波方法是其中应用最多，也是最为经典的一种。GPS/DR 组合定位中应用 Kalman 滤波方法，就是将 GPS 和 DR 的信息同时用于定位解的推算过程，使 DR 系统状态在滤波过程中不断得到修正。组合定位的输出又可以提供较为准确的初始位置和方向信息，从而使得在 GPS 失效后，DR 推算的时间和空间的有效性得到提高。

1）松耦合和紧耦合组合定位

根据系统利用 GPS 信息方式的不同，基于 Kalman 滤波器的 GPS/DR 组合可分为松耦合组合定位和紧耦合组合定位两种。如图 5－11 所示，为松耦合和紧耦合组合定位的原理框图。松耦合直接利用 GPS 接收机输出的位置 p 和速度 v 信息，与 DR 输出的航向角 θ 和速度 v 进行数据融合（如图 5－11 实线所示）。紧耦合则利用 GPS 接收机输出的原始信息（如伪距 ρ、伪距率 $\dot{\rho}$ 和星历数据等）和 DR 输出的信息（如速度变化 Δv 和航向角变化 $\Delta\theta$）进行数据融合（如图 5－11 虚线所示）。

松耦合模式的优点是组合结构简单，系统开发者不需要处理 GPS 原始的观测信息；两个系统能够独立工作，使得定位系统有一定的余度；然而这种简化也付出了性能上的代价，由于 GPS 输出的位置和速度误差具有时间相关性，将会对采用 Kalman 滤波器带来一定的难

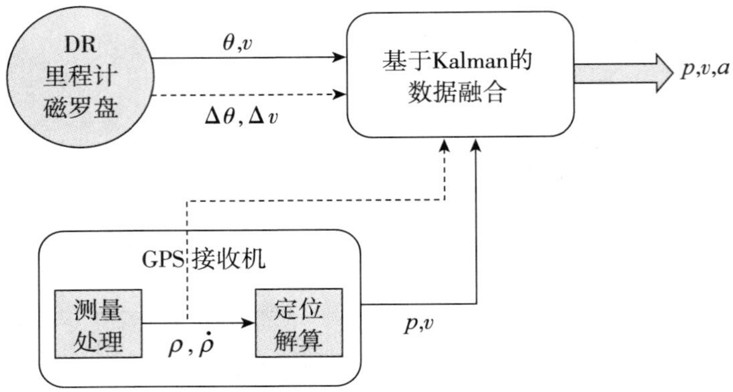

图 5－11　松耦合和紧耦合组合定位原理图

度。紧耦合模式的优点是用伪距、伪距率等作为观测量，其观测误差可以建模扩充为状态进行估计和矫正，因而可提高组合精度；同时 DR 输出的信息也可以辅助 GPS 信号的接收和锁相过程，以提高 GPS 的接收精度和动态性能；由于 GPS 只提供伪距、伪距率和星历数据，可省去导航计算部分，便于和惯导器件进行一体化设计；然而大的计算量和复杂的软硬件设计将阻碍其广泛的应用。从工程实际的角度，松耦合模式简单易于实现；紧耦合模式需要 GPS 接收机能够输出原始的伪距等观测信息，而通常的接收机只能提供解算后的定位信息。

2）互补式组合定位

利用 Kalman 滤波器实现多个传感器的信息融合有两种途径（如图 5－12 所示）：一种是标准的集中式 Kalman 滤波器，另一种是分散式 Kalman 滤波器。

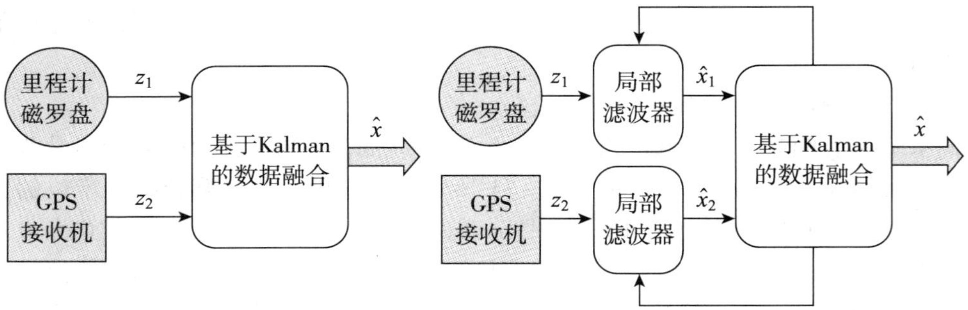

图 5－12　集中式（左）和互补式（右）组合定位原理图

集中式 Kalman 滤波器就是将各传感器的观测量输入到一个单独的数据融合模型中，进行集中处理，理论上可以获得系统的最优估计，但是在实际应用中存在以下缺陷：

（1）集中式 Kalman 滤波器需要系统对所有观测量进行集中处理，导致系统状态维数较高，系统承载的计算量较大，这将严重影响滤波器的动态性能以及实时性能。

（2）对传感器数据进行集中处理也会导致滤波器的容错性能下降。如果传感器中的一个出现较大的数据偏差时，滤波器中的其他状态也可能因为误差的传播而造成污染，使滤波整体的估计精度和工作稳定性严重下降。

采用分散式滤波技术，就可以部分避免或者削弱上述集中式 Kalman 滤波器的缺陷，分散式滤波技术采用一个主滤波器和一组局部滤波器来取代原有的单独的集中式滤波器，同时相应的数据处理过程也由两个阶段组成。首先，局部滤波器接收来自对应传感器的信息并进行局部滤波处理，产生局部最优的状态估计；然后，各局部滤波器输出的局部状态估计送入主滤波器进行集中融合处理，产生最终的全局状态最优估计。在分散滤波过程中，由于不同传感器的数据被单独和并行处理，因而减少了计算量，计算效率大大提高。与此同时，局部滤波器的存在也使整个多传感器融合系统的容错能力有所提高。

互补式 Kalman 滤波器实际上是一种特殊的分散式 Kalman 滤波器，它的特殊之处在于其主滤波器是基于误差状态建立的最优估计模块。多个局部滤波器的状态估计的差值作为主滤波器的观测量；基于这些观测量，主滤波器输出误差状态的最优估计，然后将误差状态估计反馈到局部滤波器中并与其估计值做叠加，输出最终的状态估计。

5.3.3　互补式组合定位系统

基于切换式的组合定位技术结构简单、计算量小，在实际的使用中发现，当环境简单、GPS 信号的连续性和精度较好时，该定位方式能够满足要求；然而在环境复杂、建筑密集时，由于 GPS 误差的不确定性，导致定位可靠性较低，同时定位精度也严重下降。

由于没有充分将 GPS 和 DR 两种定位系统的信息充分融合在一起，不能完全发挥两者的优点。下面通过松耦合的方式利用 GPS 信息，以互补式 Kalman 滤波方法（CKF，Complementary Kalman Filter）作为 GPS 和 DR 的数据融合途径，设计一种组合定位方案，如图 5-13 所示。该组合定位系统通过采用两个局部定位模块 DRKF 和 GPSPP 分别处理 DR 和 GPS 传感器的量测数据，使 DRKF 定位模块提供 10 Hz 的定位值，以及使 GPSPP 定位模块以 1 Hz 的频率提供经过坐标转化和噪声预处理后的定位数据；两个定位模块的定位数据之差，输入到误差估计滤波器 ESKF 模块作为其观测量以完成定位误差的估计；估计的定位误差再反馈到 DRKF 模块，最终形成最优的定位估计值。这样 DRKF 模块就能实时地提供定位数据，并且当 GPS 有效时也能周期性地纠正 DRKF 模块的定位误差，以限制误差的累积；同时局部定位模块的设计，避免了高维数学模型的出现，使系统计算量小，滤波速度快，定位系统的实时性高。

1. DRKF（DR Kalman Filter）定位模块的设计

基于 Ackerman 车辆转向几何模型，建立车辆运动模型。以后轴中心 M 代表车辆的位

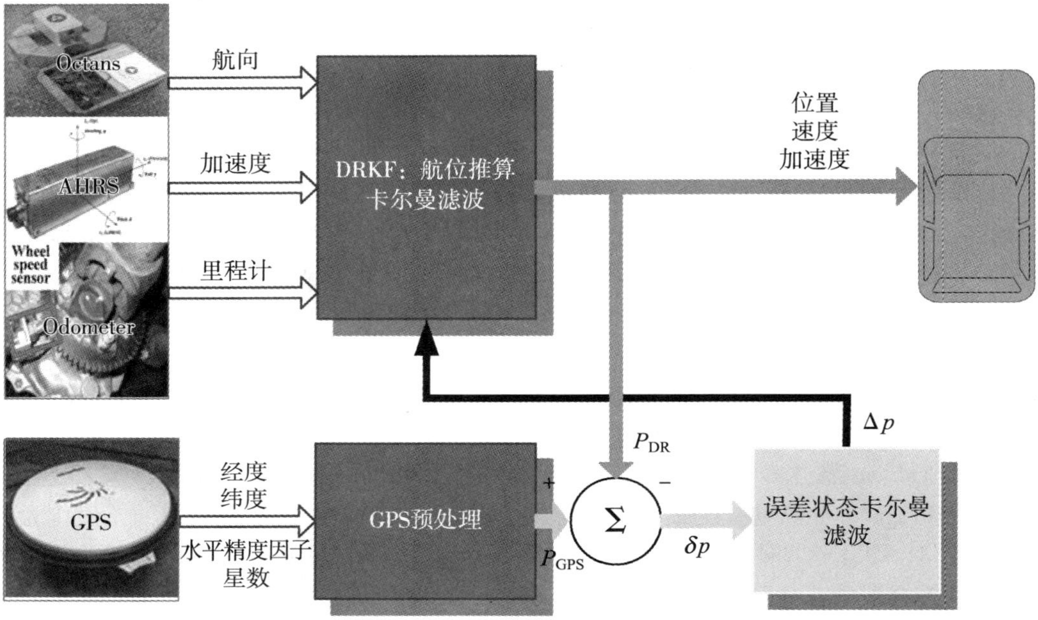

图 5－13　互补式组合定位系统结构框图

置；在 t_k 时刻，车辆的位置为（e_k, n_k），方向角为 α_k（航向角 θ 的余角）。M_k 和 M_{k+1} 为连续的两次运动点。假设地平面平坦，忽略高度变化，则由 Ackerman 模型可知，车辆的运动轨迹为如图 5－14 所示的一圆弧。

因此，可得出车辆所行驶轨迹的弧长 ΔS 为：

$$\Delta S = \rho \cdot \Delta\alpha \tag{5-28}$$

式中，$\Delta\alpha$ 为航向变化量；ρ 为所行使轨迹的圆弧半径。假设车辆向前行驶，则在连续两次采样时刻之间，车辆位置的变化量（$\Delta e, \Delta n$）可表达为：

$$\begin{cases} \Delta e = |M_k M_{k+1}| \cdot \cos(\alpha_k + \Delta\alpha/2) \\ \Delta n = |M_k M_{k+1}| \cdot \sin(\alpha_k + \Delta\alpha/2) \end{cases} \tag{5-29}$$

由欧几里得几何原理，在连续两次采样时刻之间，$\Delta S \approx |M_k M_{k+1}|$ 可达到二阶精度。那么 DR 推算式就可简写为：

$$\begin{cases} e_{k+1} = e_k + \Delta S \cdot \cos(\alpha_k + \Delta\alpha/2) \\ n_{k+1} = n_k + \Delta S \cdot \sin(\alpha_k + \Delta\alpha/2) \\ \alpha_{k+1} = \alpha_k + \Delta\alpha \end{cases} \tag{5-30}$$

对于在二维平面内运动的车辆来说，主要关心的是车辆的位置和纵向的运动状态变化。

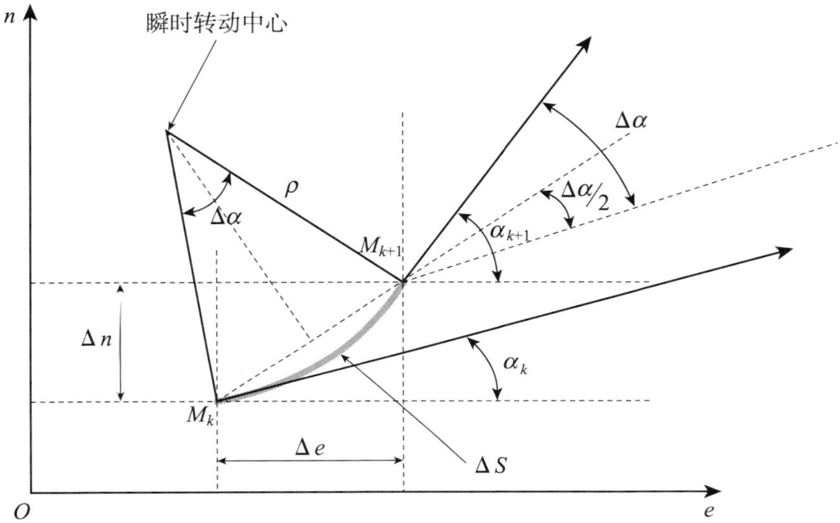

图 5－14　连续两次采样之间的 DR 原理图

此处航向角可以通过 OCTANS Ⅲ传感器获取比较精确和可靠的估计，因此航向角在所设计的 DRKF 模块中，只作为系统状态的已知量。根据上述分析，DRKF 模块的滤波器的整体状态变量可取为：

$$\boldsymbol{X} = (e, n, v, a)^{\mathrm{T}} \tag{5-31}$$

式中，e、n 分别为车辆的东向和北向位置分量；v、a 分别为车辆的纵向速度和纵向加速度。

结合 DR 原理并通过典型的离散化处理方法，可得到该模块滤波器的离散状态方程为：

$$\hat{\boldsymbol{X}}(k+1) = \boldsymbol{\Phi}(k+1,k)\hat{\boldsymbol{X}}(k) + \boldsymbol{W}(k) \tag{5-32}$$

状态转移矩阵为：

$$\boldsymbol{\Phi}(k+1,k) = \begin{bmatrix} 1 & 0 & \sin\left(\dfrac{\theta_k + \theta_{k+1}}{2}\right)\cdot \Delta T & 0 \\ 0 & 1 & \cos\left(\dfrac{\theta_k + \theta_{k+1}}{2}\right)\cdot \Delta T & 0 \\ 0 & 0 & 1 & \Delta T \\ 0 & 0 & 0 & 0 \end{bmatrix} \tag{5-33}$$

式中，θ_k、θ_{k+1} 分别为车辆在 k 和 $k+1$ 采样时刻的航向角；ΔT 为 k 和 $k+1$ 采样时刻的时间间隔。

由于航向角作为系统的已知状态，同时为了降低滤波器维数，减少不必要的计算量，在该模块中只将里程计输出的位置变化和 ARHS 系统测量到的加速度作为外部观测量，即：

$$\boldsymbol{Z} = (\Delta S, \tilde{a})^{\mathrm{T}} \tag{5-34}$$

其与状态变量之间有如下关系：

$$\Delta S = v \cdot \Delta T + \frac{1}{2}a \cdot \Delta T^2 + \boldsymbol{v}_1 \tag{5-35}$$

$$\tilde{a} = a + \boldsymbol{v}_2 \tag{5-36}$$

式中，$\boldsymbol{v}_1$、$\boldsymbol{v}_2$ 分别为里程计和 ARHS 系统的测量噪声。

由此，可得出离散化后的 DRKF 模块观测方程为：

$$\boldsymbol{M}(k+1) = \begin{bmatrix} 0 & 0 & \Delta T & \frac{1}{2}a \cdot \Delta T^2 \\ 0 & 0 & 0 & 1 \end{bmatrix} \tag{5-37}$$

2. GPSPP（GPS Pre - Processing）模块的设计

根据 GPS 定位系统的误差特性分析，GPS 传感器的观测误差可分为以下 4 类。

（1）第 1 类。有清晰统计特性的噪声。原因是电离层和对流层引起的信号传播速度的变化以及接收机的电磁干扰，这种具有统计特性的噪声可近似为高斯分布。

（2）第 2 类。由于卫星几何分布的变化产生的非静态噪声。随着卫星在空中的逐渐运动，第 1 类噪声的统计特性会逐渐改变。然而，此类型噪声最为典型的是，参与定位解算的 GPS 卫星分布的突然变化，即一个新的卫星参与结算或者一个旧的卫星退出结算，由此产生的误差往往是动态变化的。

（3）第 3 类。多路径或突然的信号波动。GPS 信号受到周围环境表面的反射，会导致定位精度降低。这种情况下，往往会出现定位数据的跳变或者一系列连续的非高斯噪声。

（4）第 4 类。信号遮挡或无 GPS 信号。由于周围环境的遮挡，可能导致可视卫星数目低于所需的四颗，将引起解算失效而造成无法定位。

大部分 GPS 观测的定位数据都混合了以上四种类型的噪声，其中以第 1 类和第 2 类最为常见。长时间地收集 GPS 数据，可获得其统计特性。同时 GPS 输出的 HDOP 值也能体现出观测量的 RMS 值。通常在典型的城市环境中，所感兴趣的车辆机动时间相对较小，卫星分布的变化往往具有小的动态性，因此当可视的卫星分布发生变化时，第 2 类噪声更倾向于是一个偏差。为了体现这两种噪声的不同特性，将 GPS 观测量假设如下：

$$\begin{bmatrix} e_m(t_k) \\ n_m(t_k) \end{bmatrix} = \left(\begin{bmatrix} e(t_k) \\ n(t_k) \end{bmatrix} + n_2(t_k) \right) + n_1(t_k) \tag{5-38}$$

这里的 (e_m, n_m)、(e, n) 分别为 GPS 的观测量和车辆的真实位置。$n_1(t_k)$ 和 $n_2(t_k)$ 分别代表第 1 类和第 2 类噪声。由于多路径通常是非高斯的，也能作为 $n_2(t_k)$ 的一部分；第 4 类噪声也可以视为具有极大方差的 $n_1(t_k)$ 。

由上述分析可知，通过估计 GPS 的两类观测噪声 $n_1(t_k)$ 和 $n_2(t_k)$ ，就可以消除 GPS 观测量中的一些噪声和偏差。因此根据 $n_1(t_k)$ 和 $n_2(t_k)$ 的不同特性，设计了两组估计规则，用于对它们的大小进行估计。针对具有明显统计特性的 $n_1(t_k)$ ，估计规则依据 GPS 传感器

输出的卫星数 $sat(t_k)$ 和 HDOP 值 $hdop(t_k)$ 来确定 $n_1(t_k)$ 的估值大小，估计规则如表 5－2 所示。而 $n_2(t_k)$ 不具有统计特性，且更多地体现事件驱动的特性；因此综合卫星数 $sat(t_k)$、HDOP 值 $hdop(t_k)$ 和速度 3 个属性值来估计 $n_2(t_k)$ 的来源，然后再依据由 GPS 的观测量计算出的车辆位移和里程计输出的车辆位移之差来估计 $n_2(t_k)$ 的大小，估计规则如表 5－3 所示。

表 5－2　$n_1(t_k)$ 估计规则

If　$N_j \leqslant sat(t_k) < N_{j+1}$ Then $R_e = R_n = \left(\dfrac{\sigma_j(1 + hdop(t_k))}{\sqrt{2}}\right)^2$
If　$GPS\_Status(t_k) = \text{FALSE}$ Then $R_e = R_n = R_{\text{large}}$

表 5－2 中 R_e、R_n 分别表示 $n_1(t_k)$ 中东向和北向位置的方差，$GPS\_Status(t_k)$ 为该时刻 GPS 的定位状态，R_{large} 为一较大的值以表示此时刻的 GPS 观测量可忽略不计。表 5－3 中，$\begin{bmatrix} e'(t_k) \\ n'(t_k) \end{bmatrix}$ 为调整后的 GPS 观测量（消除偏差 $n_2(t_k)$），$\begin{bmatrix} \Delta e_{\text{GPS}}(t_k) \\ \Delta n_{\text{GPS}}(t_k) \end{bmatrix}$、$\begin{bmatrix} \Delta e_{\text{DR}}(t_k) \\ \Delta n_{\text{DR}}(t_k) \end{bmatrix}$ 分别为连续两帧 GPS 观测量之差和相应时刻的里程计在东、北向的变化量，$\varepsilon_{\text{small}}$、$\varepsilon_{\text{large}}$ 均为车辆速度和 GPS 更新频率的函数，ε 为某一较小值，用于定义 HDOP 值的变化量。

表 5－3　$n_2(t_k)$ 估计规则

Compute $\begin{bmatrix} \Delta e(t_k) \\ \Delta n(t_k) \end{bmatrix} = \begin{bmatrix} \Delta e_{\text{GPS}}(t_k) - \Delta e_{\text{DR}}(t_k) \\ \Delta n_{\text{GPS}}(t_k) - \Delta n_{\text{DR}}(t_k) \end{bmatrix}$
If $\left\Vert \begin{bmatrix} \Delta e(t_k) \\ \Delta n(t_k) \end{bmatrix} \right\Vert_2 < \varepsilon_{\text{small}}$ Then $\begin{bmatrix} e'(t_k) \\ n'(t_k) \end{bmatrix} = \begin{bmatrix} e_{\text{GPS}}(t_k) \\ n_{\text{GPS}}(t_k) \end{bmatrix}$
Else if $\varepsilon_{\text{small}} < \left\Vert \begin{bmatrix} \Delta e(t_k) \\ \Delta n(t_k) \end{bmatrix} \right\Vert_2 < \varepsilon_{\text{large}}$ and $(\ sat(t_k) \neq sat(t_{k-1})$ or $\lvert hdop(t_k) - hdop(t_{k-1}) \rvert > \varepsilon\ )$
Then $\begin{bmatrix} e'(t_k) \\ n'(t_k) \end{bmatrix} = \begin{bmatrix} e_{\text{GPS}}(t_k) \\ n_{\text{GPS}}(t_k) \end{bmatrix} - \zeta \begin{bmatrix} \Delta e(t_k) \\ \Delta n(t_k) \end{bmatrix}, 0 \leqslant \zeta \leqslant 1, \zeta = \dfrac{hdop(t_k)}{hdop(t_k) + hdop(t_{k-1})}$
Else if $\varepsilon_{\text{small}} < \left\Vert \begin{bmatrix} \Delta e(t_k) \\ \Delta n(t_k) \end{bmatrix} \right\Vert_2 < \varepsilon_{\text{large}}$ and $sat(t_k) = sat(t_{k-1})$ and $\lvert hdop(t_k) - hdop(t_{k-1}) \rvert < \varepsilon$ or $\varepsilon_{\text{large}} < \left\Vert \begin{bmatrix} \Delta e(t_k) \\ \Delta n(t_k) \end{bmatrix} \right\Vert_2$
Then if $GPS\_Status(t_k) = \text{TRUE}$ and $GPS\_Status(t_{k-1}) = \text{TRUE}$
Then GPS measurements are discarded;
Else if $GPS\_Status(t_k) = \text{TRUE}$ and $GPS\_Status(t_{k-1}) = \text{FALSE}$
Then GPS measurements are discarded.

3. ESKF（Error State Kalman Filter）模块的设计

ESKF（误差估计）模块的主要目的是以 GPS 的输出位置作为车辆真实位置的观测量，然后对 DRKF 定位模块的定位估计值与真实车辆位置之间的误差进行估计。DRKF 定位模块的定位误差其本质是由于其对车辆的加速度和速度的不准确估计造成的，也就是说速度误差和加速度误差的估计将增强位置误差的估计精度和可靠性。因此，误差估计 ESKF 模块 Kalman 滤波器的状态变量可取为：

$$\boldsymbol{X} = (\Delta e, \Delta \dot{e}, \Delta \ddot{e}, \Delta n, \Delta \dot{n}, \Delta \ddot{n})^{\mathrm{T}} \tag{5-39}$$

依据车辆运动状态模型，同时将加速度误差看作一阶马尔科夫过程，可以建立式（5-40）所示的误差状态微分方程：

$$\begin{bmatrix} \Delta \dot{e} \\ \Delta \ddot{e} \\ \Delta \dddot{e} \\ \Delta \dot{n} \\ \Delta \ddot{n} \\ \Delta \dddot{n} \end{bmatrix} = \begin{bmatrix} 0 & 1 & 0 & 0 & 0 & 0 \\ 0 & 0 & 1 & 0 & 0 & 0 \\ 0 & 0 & \frac{-1}{\tau_h} & 0 & 0 & 0 \\ 0 & 0 & 0 & 0 & 1 & 0 \\ 0 & 0 & 0 & 0 & 0 & 1 \\ 0 & 0 & 0 & 0 & 0 & \frac{-1}{\tau_h} \end{bmatrix} \begin{bmatrix} \Delta e \\ \Delta \dot{e} \\ \Delta \ddot{e} \\ \Delta n \\ \Delta \dot{n} \\ \Delta \ddot{n} \end{bmatrix} + \boldsymbol{W} \tag{5-40}$$

式中，τ_h为加速度误差相关时间；$\boldsymbol{W}$ 为系统噪声。

对上述误差状态微分方程做离散化处理，可得到状态转移矩阵 $\boldsymbol{\Phi}(k+1,k) = \mathrm{diag}\{\boldsymbol{\Phi}_e, \boldsymbol{\Phi}_r\}$，即：

$$\boldsymbol{\Phi}_e = \boldsymbol{\Phi}_n = \begin{bmatrix} 1 & T & (\tau_h - 1 + e^{-T/\tau_h})\tau_h{}^2 \\ 0 & 1 & (1 - e^{-T/\tau_h})\tau_h \\ 0 & 0 & e^{-T/\tau_h} \end{bmatrix} \tag{5-41}$$

过程噪声协方差矩阵 $\boldsymbol{Q}(k) = \mathrm{diag}\left\{\frac{2\sigma_{ae}}{\tau_h}\boldsymbol{Q}_e(k), \frac{2\sigma_{an}}{\tau_h}\boldsymbol{Q}_n(k)\right\}$，即：

$$\boldsymbol{Q}_e = \boldsymbol{Q}_n = \begin{bmatrix} T^5/20 & T^4/8 & T_3/6 \\ T^4/8 & T^3/3 & T^2/2 \\ T^3/6 & T^2/2 & T \end{bmatrix} \tag{5-42}$$

ESKF 模块的观测量可选择为来自 DRKF 模块的估计值（$\Delta e_{DR}, \Delta n_{DR}$）与假设为车辆真实值预处理后的 GPS 观测量之差，即 $(\Delta e, \Delta n)^{\mathrm{T}} = (e' - e_{DR}, n' - n_{DR})^{\mathrm{T}}$。那么观测方程的离散形式为：

$$\begin{bmatrix} \Delta e \\ \Delta n \end{bmatrix} = \begin{bmatrix} 1 & 0 & 0 & 0 & 0 & 0 \\ 0 & 0 & 0 & 1 & 0 & 0 \end{bmatrix} \begin{bmatrix} \Delta e \\ \Delta \dot{e} \\ \Delta \ddot{e} \\ \Delta n \\ \Delta \dot{n} \\ \Delta \ddot{n} \end{bmatrix} \tag{5-43}$$

ESKF 模块中的 Kalman 滤波器由 GPS 观测量和 DRKF 模块的定位值之差所驱动，即：

$$\begin{aligned} Z &= P_{\mathrm{GPS}} - P_{\mathrm{DRKF}} \\ &= (P + \Delta P_{\mathrm{GPS}}) - (P + \Delta P_{\mathrm{DRKF}}) \\ &= \Delta P_{\mathrm{GPS}} - \Delta P_{\mathrm{DRKF}} \end{aligned} \tag{5-44}$$

滤波器的主要目的是估计 DRKF 模块的定位误差 ΔP_{DRKF}，然后再将 ΔP_{DRKF} 反馈到 DRKF 模块以补偿其输出的定位值。从式（5－44）中也可以看出，滤波器观测量的噪声主要来自 GPS 的 ΔP_{GPS}，所以在对 ΔP_{DRKF} 的估计中，合理的设定 ΔP_{GPS} 的统计特性对其估计精度起着至关重要的作用。实际上，ΔP_{GPS} 是时间相关的且各分量之间也具有相关性，然而 GPS 接收机并不输出这种协方差的结构信息。为此，采取了一个次优的选择，即尽可能地将协方差的主对角线信息与基于 GPS 接收机的输出信息相匹配，同时忽略无法获取的一些非对角线信息。基于这种思想，把 R_e、R_n 作为了 ESKF 模块中的 Kalman 滤波器的观测量噪声协方差。在ESKF完成后，车辆状态误差估计的结果就要反馈到DRKF模块中，而此处只反馈并补偿了定位误差 ΔP_{DRKF}，速度和加速度误差并没有得到补偿。因此，ESKF 模块中的 Kalman 滤波器状态的传递需要采用与传统的 Kalman 滤波器不同的传递方式，即：

$$(\Delta\hat{e}, \Delta\hat{\dot{e}}, \Delta\hat{\ddot{e}}, \Delta\hat{n}, \Delta\hat{\dot{n}}, \Delta\hat{\ddot{n}})^{\mathrm{T}}_{(k+1)} = \Phi(k+1,k) \cdot (0, \Delta\hat{\dot{e}}, \Delta\hat{\ddot{e}}, 0, \Delta\hat{\dot{n}}, \Delta\hat{\ddot{n}})^{\mathrm{T}}_{(k)} \tag{5-45}$$

5.4　视觉里程计

传统里程计基于对车轮旋转次数或角速度信息的测定来估计运行距离。在一些特殊环境下（如地面松软、摩擦力弱或是颠簸），传统里程计可能出现较大偏差，甚至导致定位任务的失败。因此，里程计的改进也就成为研究的一个热点。很多里程计的改进都在于提高传统里程计的精度，主要通过在传统里程计的设计上加入一些误差消除的办法，或是定期纠正偏差来提高精度，去除测量错误，但特殊环境的影响还是无法去除，仅是精度的提高或是修正非线性累计误差。也有些设计采用多传感器融合的方法，多将传统里程计、惯导和激光雷达等加以融合，很大程度上增强了里程计对特殊环境的鲁棒性，但其设计复杂、成本高，因此应用也受到了一定的限制。

随着计算机视觉技术的发展，基于视觉的里程计技术开始得到人们的广泛关注。这一类方法仅仅依赖于车载相机采集到的图像信息，基于相机模型与几何学模型等来计算恢复车体本身的6自由度运动，包括3自由度的旋转和3自由度的平移。由于类似于里程计的航位推算，这种基于图像信息的自运动估计方法称为视觉里程计（Visual Odometry）技术。与其他定位传感器相比，视觉里程计主要有以下优点：

（1）它依靠视觉输入信息，因此不存在因编码器读数不准、传感器精度降低或惯导漂移等因素造成的误差。

（2）无须场景及运动的先验信息。

（3）结合车轮编码器及惯导设备定期校正误差可获得更精确的车体定位，是传统方法的有效补充。

（4）采用被动视觉传感器，信息量大，结构简单，功耗小。

下面从系统构成，包括所利用的视觉信息类型、相机数量、相机类型等方面进行分类，从技术角度介绍现有视觉里程计系统的研究进展。

5.4.1 视觉里程计系统的分类

1. 离散方法与连续方法

从所利用的视觉信息的角度来分类，视觉里程计技术主要有基于特征的离散处理方法和基于光流场（Optical Flow Field）的连续处理方法。1996年，Amidi在卡耐基梅隆大学无人直升机项目中开发了基于光流场的视觉里程计定位导航系统，利用高速的帧频和低延迟技术来估计直升机的位置信息和速度信息。Campbell同样利用光流场技术，采用单目摄像机得到机器人运动时在环境中的位置和方向信息。但是这一类算法需要对图像亮度恒定性做出很强的假设，即认为连续帧图像亮度基本不发生改变。而在实际应用中，由于遮挡性、多光源、透明性和噪声等原因，无法满足光流场的灰度守恒假设条件，不能求解出正确的光流场，同时大多数光流方法相当复杂，计算量巨大。目前，主流的研究方向还是集中在基于特征的离散处理方法。

2. 单目视觉与双目视觉

从使用的相机数量来分类，视觉里程计可以分为单目视觉系统和立体视觉系统，其中立体视觉里程计绝大多数指的是双目视觉。Badino认为，在大部分情况下立体视觉的效果要优于单目系统，最主要的原因在于，使用单目视觉会碰到尺度歧义问题。如果采用立体视觉就不存在这个问题。Nistér也对单目视觉和双目视觉的方案进行了比较，同样指出采用双目相机在尺度估计方面的优势是能避免复杂的相对姿态求解步骤，以及对运动退化有良好的抵抗能力。Tomono用图像边缘特征与SIFT描述符来提取立体视觉图像对中的特征，随后用基于RANSAC的迭代最近点（Iterative Closest Point，ICP）算法来求取帧间的相对位姿，以用于其定位系统的航位推算。

采用单目相机来实现的里程计系统，与双目视觉里程计相比其优点在于设备安装方便，投入较小。在立体视觉中由于左右前后多次匹配造成可用特征减少，给运动估计带来了困难。Isaac Esteban 为单目视觉里程计中的局部尺度歧义问题提出了闭式解，但全局的尺度信息仍然需要在初始化系统时进行标定。而首先将 Arckermann 转向模型引入车体运动求解问题中的 Scaramuzza，采用模型约束以及已知的几何关系来求解绝对尺度。Hamme 也提出了基于投影变换后平面特征的单目视觉里程计，对运动的估计则采用了类似霍夫变换的参数空间投票法。可以看到，单目视觉里程计系统一般需要对系统运动做出较强的假设。

从目前的研究情况来看，采用单目视觉和立体视觉的方案各有其应用的场合。

3. 普通相机与全方位相机

从所使用的相机类型来看，视觉里程计又可分为普通相机系统与全方位相机系统。对普通相机来说，由于全局信息的缺乏，当相机姿态变化的幅度超出视野范围时，很容易出现估计的断挡和失效。倘若需要对较大幅度的位姿变换进行估计，采用全方位相机的优点便凸显出来。对于接近球面视野的全方位相机来说，特征可以在视野中存在更多时间，空间上的扩大也使得特征匹配的正确程度大大提高。

J. W. Lee 采用全方位相机，在 IEKF 计算框架下对相机较大范围的运动进行估计。Corke 则提供了采用全方位相机时的光流方法与基于迭代 EKF 的算法两种实现方案。Tardif 采用全方位相机，结合 SIFT 特征点与两帧 SFM 算法机制来实现相机运动的稳定估计。然而，全方位相机视野的扩大是以牺牲分辨率为前提的，在需要精度非常高的应用场合采用全方位相机的算法仍需改进。

4. 两帧方案与多帧方案

从恢复姿态所需要的图像的帧数来分类，视觉里程计系统可以分为两帧方案和多帧方案。其中多帧方案按计算方式又可分为“批处理”方式和递归方式两种。视觉里程计中的两帧方案典型地来自 SFM 算法，也就是利用连续两帧图像的特征信息，来求解位姿变换。经典的视觉里程计系统大多基于这种计算框架。

在多帧方案“批处理”算法中应用最广泛的是光束法平差（Bundle Adjustment）。全局的光束法平差算法是一种非常耗时的计算过程，其基本原理是迭代优化相机姿态以及点的3维坐标，从而获得最小化所有帧的重投影误差的最优最小二乘解，包括 Levenberg – Marquardt 最小化来求非线性解、高斯牛顿法加梯度下降等都常常采用。光束法平差的计算结果精度非常高，但是计算效率非常低以致无法在实时系统中使用，最初只用于离线仿真和参数优化等。直到 Shum 提出了关键帧概念，该方法才开始具备在实时系统中应用的可能；其应用主要是在众多的两帧算法系统中用于阶段性的结果精细化。由于两帧算法是增量式计算姿态的方法，不可避免地会存在累积误差，于是结合多帧方法来做精细化以减小累积误差、增强鲁棒性是一种很好的选择。

多帧方案的递归算法，也就是采用非线性滤波器来对系统进行递归估计。与两帧算法或光束法平差不同，多帧递归算法将非线性问题交给滤波器来做线性化逼近，其中最常用的是扩展卡尔曼滤波（EKF）和无迹卡尔曼滤波（UKF）。前者利用高斯分布的特性进行精确的线性化，后者则通过考虑高斯分布的无迹变换获得更好的估计。在多帧递归方案中，一般基于卡尔曼滤波计算框架的系统都在特征匹配时做较强的约束，如极线限制等牺牲特征的数量来降低误匹配的程度，从而跳过异常值的问题。但是递归方案的另一个难题是，特征会消失，也会有新的特征进入，如何为此来改变状态量？Mclauchlan 首次提出了这个问题，并且相应地采用了一种变状态维数的滤波器。Chiuso 则通过运行一个并行的"子滤波器"来应对新进入的特征，其初始化则由主滤波器的估计得到。Chiuso 还对采用 EKF 计算框架的全局可观测性、联合可观测性、最小实现以及数值稳定性都进行了详细的分析。

5.4.2 视觉里程计算法中的关键问题

经典的视觉里程计系统大多基于两帧计算框架。两帧视觉里程计算法的核心算法模块一般包括特征的选择与匹配，以及基于所选择的特征集合的鲁棒运动估计。其中鲁棒运动估计又由从噪声数据中选择内数据（Inlier）和依据理想数据求解方位两个部分组成。

1. 特征的选择与匹配

视觉里程计的关键工作之一，就是得到一些稳定的、鲁棒的特征。用于恢复相机位姿的特征应当具有良好的光度不变性和几何不变性。前者是指当两个视角有较大的光线变化时，从对应两帧图像所检测到的特征依然对应相同的 3 维世界坐标系点。后者则表示特征在任何投影变换后性质不发生改变，例如投影变换后的点还是点，直线还是直线。这种几何不变性可以说是基于特征的位姿恢复算法的重要基础。

点特征、线特征、曲线（轮廓）特征都可以用于解算两个视角之间的几何变换关系。其中 Harris 角点和尺度不变特征变换（SIFT）特征点得到了最为广泛的应用。Schmid 证明了 Harris 角点在较大范围的光度变化和几何变换中能够保持良好的不变性，也证明了它在信息丰富度方面的表现非常优秀。许多基于视觉的位姿估计系统都采用了 Harris 角点或其改进版本（FAST 角点等）作为其特征检测的对象。不过，倘若场景中存在成簇的或是重复的纹理特征时，角点可能会失效，并不是因为它们不具备良好的判别能力，而是在匹配时容易产生误匹配。Parra 证明了 Harris 角点的这一缺陷，并认为 SIFT 特征更适合应用在视觉姿态恢复系统中。SIFT 特征点对图像的平移变换、尺度变换、旋转变换，一定程度的光照变化、仿射变换或 3 维投影变换都具有良好的不变性。SIFT 特征点的缺点主要在于计算复杂，效率低下。SIFT 特征点更适合于应用在那些对系统频率要求不高的场合。

除了 Harris 角点和 SIFT 特征之外，应用较多的特征还有 Shi－Tomasi 特征点，加速鲁棒特征（SURF）等。但是就视觉里程计系统的特征选择来说并不是一个简单的单项选择问题，因为对于不同的运动模式，不同的参数选择来说，都会有不尽相同的特征检测与描述符的最佳组合。

特征检测完成之后，需要对连续帧的特征进行匹配来生成可以用于估计姿态的特征集。最简单常用的匹配方案是绝对误差和（SAD）和零均值归一化互相关（ZMNCC）。在大部分情况下，前者的效率更高而后者的鲁棒性更佳。Nistér 采用归一化互相关与相互一致性检验方法来获得理想的特征匹配效果。当然，不同的特征检测对应不同的特征匹配方法，如 Gordon 提出对 SIFT 特征点来说最合适的匹配方法是最邻近算法。考虑到特征数量一般都非常多，直接搜索最邻近匹配需要大量的计算时间，Parra 用一种基于 k - d 树搜索的 Best - Bin - First算法来为所有的特征点寻找其最佳匹配，能比直接搜索节省近 95% 的时间。

2. 内数据的提取

在实际中，由特征检测与匹配得到的特征数量远大于求解的需要。并且由于不可避免的误差，得到的特征集合实际是一个噪声数据集。早期的方法是利用所有点做全局直接最小二乘或是更鲁棒的加权最小二乘来求解此超定方程，没有任何抛弃误匹配数据的机制。如今，基于统计学的假设 - 验证结构算法能够从这样的噪声数据中寻找正确的内数据，正逐渐成为解决该问题的通用方法，其中最常用的就是随机采样一致性（RANSAC）算法。

RANSAC 算法首先从全部的观测数据中选择一定数量的随机集合，然后用每一个随机小特征集进行求解，此前的步骤称为假设生成；最后在全部的观测数据上验证，通过某种函数形式计分，分最高者作为最终结果。Nistér 专门对计分函数进行了分析，证明它应是一个计算重投影误差的鲁棒似然函数或贝叶斯代价函数，而非简单的计数。Scaramuzza 分析了假设生成所需要的最少特征数 s 与其能得到正确解的迭代次数之间的关系，证明最少特征数越小，迭代次数也越少，即算法效率越高。与剔除异常值相对应的另一种获得理想特征集的思路是直接用基于最大团的方法检测内数据。Hirschmuller 用欧氏距离约束来选择那些内数据。Howard 采用了与 Hirschmuller 相同的算法，并证明它在整体数据集包含 90% 异常值的情况下依然能够获得理想的内数据集。

3. 相对位姿的计算

从特征点集计算姿态的问题根据两个视角的数据坐标性质来说包括三类：第一，绝对定向问题，即两个数据点集分别是两个视角的 3 维世界坐标；第二，相对定向问题，即两个数据点集分别是两个视角的 2 维图像坐标；第三类，pNp 问题，两个数据点集分别是一个视角的 2 维图像坐标和另一个视角的 3 维世界坐标。而从求解所需要的特征数量可以分为最小集方法和非最小集方法。所谓最小集方法，即用能解算约束方程所需的最少特征来求解，一般包括求解相对定向问题的 N（$N \geq 5$）点算法和求解 pNp 问题的 3 点算法，而非最小集方法本质上就是做全局最小二乘之类的优化方法。

绝对定向问题主要出现在用立体视觉，可以获知场景 3 维信息的场合。求解绝对定向问题一般采用非最小集方法，最常用的是用奇异值分解（SVD）方法或四元数方法等。Haralick 给出了从 1841 年到 1994 年 p3p 问题，即 3 点算法的综述，详细介绍比较了 6 种方法，证明 Finsterwalder 算法能够获得最高的精度。但传统的 3 点算法一般都局限于某种相机模型，如针孔模型等。Nistér 提出了不限定相机模型的 3 点问题的通用最小集算法。相对定向问题则是采用单目视觉所不可避免的。Stewenius 对截至 2006 年相对定向问题的最小集直接算法做了总结，比较了包括 Nistér 的高效 5 点算法和其他多种 N（$N=6\sim8$）点算法，证明了 5 点算法在数值稳定性、计算效率和对场景退化的处理能力方面都具有最为优秀的性能，所以它在单目视觉里程计系统中应用广泛。而求解相对定向问题的非最小集方法中，迭代最近点（ICP）算法是较为常用的一种，且一般不用于直接求解，而是在用高效方法求解最小二乘问题的粗糙解之后来进行迭代优化。

5.4.3 发展趋势

如上所述，视觉里程计算法已经获得了许多研究成果。但是，单纯依靠视觉的车辆自主定位与导航技术还不够成熟。在 2007 年的 DARPA 城市挑战赛中，单纯依靠视觉的定位系统没有获得最好的效果；在火星探测车上，视觉定位系统也不能完全取代惯型导航系统。所以，视觉里程计算法中还有许多问题亟待解决。

（1）更高效率、更高精度的特征检测与匹配算法。当前的研究中，鲁棒的特征提取与匹配本身计算量大，而快速的特征检测又会造成特征集噪声过大，使检测内数据的计算量加大，都影响了系统的实时性。所以，设计更鲁棒、更快速的特征提取与匹配算法非常重要。

（2）“批处理”算法与递归算法的结合。“批处理”算法精度高但效率低，若将其与精度相对较低的递归方案相结合设计出高效、高精度的“批处理” - 递归混合系统，将会是视觉里程计系统的一个可行的发展方向。

（3）在经典的视觉里程计系统中，一个非常重要的假设就是静态场景假设，而在实际应用环境中是难以成立的，如存在动态的行人、车辆等目标。近年来也出现了一些针对动态环境的方法，有依靠目标识别、对噪声建模来剔除动态目标数据或是采用对数据质量要求极低的内数据获得算法等，都没有脱离固有的特征检测机制。若能将视觉里程计系统与基于视觉的行人检测、车辆检测或道路检测等在目前已有大量研究成果的算法有效地结合起来，将是非常有意义的研究工作。

（4）将车辆运动学分析引入视觉里程计的数学模型。对于车辆所装载的视觉系统来说，其运动满足一定的约束。将车辆运动学的研究成果应用到视觉定位与自运动估计系统中，是对摄影测量学与图像几何学非常好的补充。

第6章　基于雷达的车辆环境感知技术

环境感知技术是车辆信息技术的一个重要组成部分，车辆的环境感知类似于人类驾驶员的视听觉感知。车辆是靠一些外在传感器来识别环境的，目前常用的环境感知传感器包括激光雷达、微波雷达、视觉传感器、超声波传感器等。在高速公路环境下，由于速度较快，通常选用检测距离较大的毫米波雷达；在城市环境中，由于环境复杂，通常选用检测角度较大的激光雷达。超声波传感器由于检测距离较短，常用于近距离避障。视觉方法最为灵活，价格也比较低廉，但算法的可靠性和实时性仍有待提高。本章主要介绍基于激光雷达和毫米波雷达的车辆环境感知技术。

6.1　激光雷达

根据扫描方式的不同，激光测距雷达有2D和3D两种。它们大部分都是靠一个旋转的反射镜将激光发射出去并通过测量发射光和从物体表面反射光之间的时间差来测距。3D激光测距雷达的反射镜还附加一定范围内俯仰以达到垂直扫描的效果。它们都属于直接测距，激光测距雷达测量时间差有以下3种不同的技术：

（1）脉冲检测法：直接测量反射脉冲与发射脉冲之间的时间差。

（2）相干检测法：通过测量调频连续波（Frequency-Modulated Continuous-Wave，FM-CW）的发射光束和反射光束之间的差频来计算时间差。

（3）相移检测法：通过测量调幅连续波（Amplitude-Modulated Continuous-Wave，AM-CW）的发射光束和反射光束之间的相位差来获得时间差。

在检测障碍物的应用中，一般的处理方法是根据已知传感器的位置将测量信息转化为高度图，然后根据高度的突变就可以检测出障碍物。有些激光测距雷达除了提供距离信息外，还提供激光的反射强度信息，因此也可利用强度图进行障碍检测。相比而言，3D激光测距雷达价格昂贵，体积较大；2D激光测距雷达只在一个平面上扫描，结构简单。

6.1.1　二维激光雷达

1. 工作原理

大多数激光雷达使用的均是基于脉冲时间测距原理进行测距。脉冲时间测距原理是利用对激光脉冲传播往返时间差（Time Of Flight，TOF）的测量来完成的。如图6-1所示，激光射向被测目标，遇到目标后，激光脉冲的部分能量从目标返回到接收器上。设光速为 c，计时基准脉冲频率为 f，发射信号和回波的时间间隔为 t_r，计数器读数为 n，则目标距离 l 计算式为：

$$l = \frac{ct_r}{2} = \frac{cn}{2f} \tag{6-1}$$

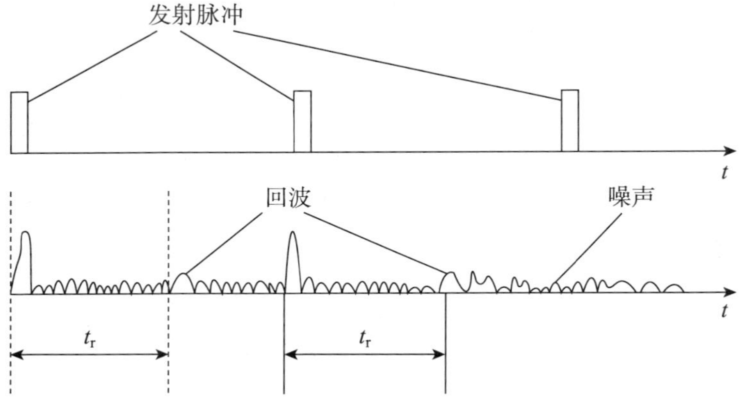

图 6-1　TOF 测距原理示意图

激光雷达主要由激光发射器、反射镜、电机、角度编码器和控制电路等组成。它是一种非接触式光学测量系统。它通过测算向环境中发射激光和接收到反射激光所需时间计算物体的距离。激光束射向前方物体，依据物体的反射率不同，部分光被反射回来，旋转的镜头使激光束射向前方工作区域内的点，每个点的精确方向可由镜头上的角度编码器测量得到。

2. 数据接收

对于车辆环境检测系统，有时需要采用多个激光雷达。由于串行通信本身具有传输速率低、传输距离近的缺点，在传输距离和可靠性方面存在较大的局限性。如果要实现数目众多的传感器与主机之间的通信甚至与多个主机进行通信，基于 RS232 或 RS422 总线方式的传输网络会变得非常复杂。由于串行通信技术自身的局限性，仅仅依靠它来完成系统中的多个激光雷达传感器与主机之间进行数据传输存在许多问题。采用串口服务器的传输方法可以避免数据接收的严重滞后和堵塞，减少系统资源占用。

串口服务器是一种协议转换模块，它可以提供 1，2，4，8 或 16 口的 RS232 或 RS422/485 串口界面，以及一个 10M/100M 的以太网接口，将 RS232/422/485 串行设备接入以太网络中，主计算机通过以太网访问被接入的终端设备。上位机相应采用 SOCKET 编程。以 MOXA NPort6450 多串口服务器为例，根据不同需要，可选择将 NPort6450 的四个三合一的串口界面分别配置为 RS232/422/485 模式。多种不同的 RS232/422/485 设备只需通过使用一台 NPort6450 的一个 IP 地址便可实现联网。Nport6450 有以下特点：

（1）易于使用的液晶模块显示屏，方便配置 IP 地址等参数。

（2）提供包括 TCP Server、TCP Client、UDP 和 Pair Connection 在内的不同 SOCKET 操作模式、Real Com 模式及 RFC2217。

（3）提供 TCP Server、TCP Client 和 Pair Connection 安全以太网数据传输模式，Real Com 安全模式。

（4）满足不同波特率的需求，最高能到 500 kbps。

（5）具备一个 10/100Base Tx 以太网口，且支持 802. 3af PoE 协议。

（6）端口缓存技术可防止网络断线时串口数据的丢失，其缓存容量可借助 SD 卡扩充，预留网络模块插槽，方便扩展网络连接。

串口服务器的工作原理是：当数据下行时，以太网传送给串口服务器的数据在服务器中解包，并根据自定义的通信协议重新打包，为数据向串口的传送做好准备。当系统解包完成后，根据 TCP/IP 通信协议的数据帧能知道系统当前数据包应该发向串口的端口号，再次打包之后，就将此数据包发向指定串行口终端。当数据上行时，其传输过程相反：由串行口终端传输给串口服务器的数据通过解包和再次打包的过程将数据包以 TCP/IP 的数据格式向远端传输。

3. 激光雷达参数标定

为了使激光雷达数据从激光雷达坐标统一转换至车体坐标，需要对激光雷达的安装进行简单的标定。假定激光雷达与车体为刚性连接，两者间的相对姿态和位移固定不变，采用等腰直角三角标定板和正方形标定板来完成激光雷达安装外参数的标定。需要标定的激光雷达的安装参数为激光雷达的俯仰角与侧倾角。

首先用正方形标定激光雷达的侧倾角，如图 6 - 2 所示。正方形 $ABCD$ 为标定板，边长已知，激光雷达在 O 位置，则 γ 即为激光雷达的侧倾角。$\angle FOE$、l_{OE} 和 l_{OF} 可由激光雷达测得，因此可计算得到 l_{EF}，故有：

$$\gamma = \arccos\left(\frac{l_{\mathrm{AB}}}{l_{\mathrm{EF}}}\right) \tag{6-2}$$

当标定得到激光雷达的侧倾角时，换等腰直角三角标定板标定激光雷达的俯仰角。如图 6 - 3 所示，首先把标定放于 A_1 位置，$\angle F_1OE_1$、$l_{\mathrm{OE_1}}$ 和 $l_{\mathrm{OF_1}}$ 可由激光雷达测量数据计算得到，则可计算出 $l_{\mathrm{F_1E_1}}$。考虑由前面计算出了的激光雷达的侧倾角，$l_{\mathrm{F_1D_1}} = l_{\mathrm{E_1F_1}} \times \cos\gamma$，因此，等腰三角形中，$l_{\mathrm{D_1B_1}} = l_{\mathrm{B_1C_1}} - l_{\mathrm{D_1E_1}}$；把标定板移至 A_2 处，同理可得 $l_{\mathrm{D_2B_2}}$。则有激光雷达的俯仰角：

$$\alpha = \arctan\left(\frac{l_{D_1B_1} - l_{D_2B_2}}{l_{A_2A_1}}\right) \tag{6-3}$$

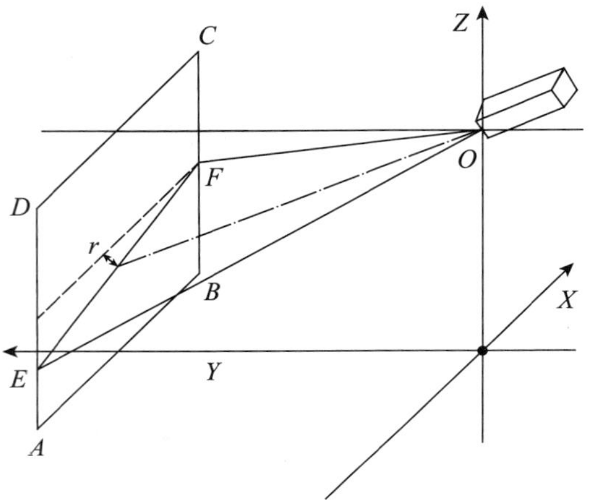

图 6－2　激光雷达侧倾角的标定

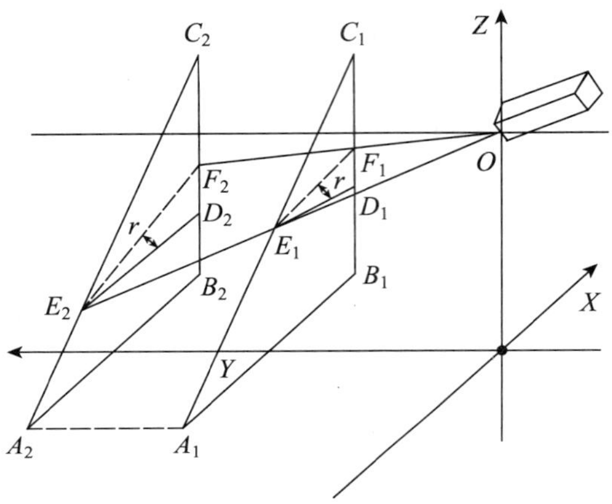

图 6－3　激光雷达俯仰角的标定

6.1.2　三维激光雷达

二维激光雷达实际上是一种单层激光雷达，与之对应的是多层激光雷达，或称为多线激光雷达，如 LD_ML 四线激光雷达、Velodyne HDL－32E 激光雷达。由于它们可以构成垂直视野，其输出数据包含高度信息，通常也称为三维激光雷达。下面以 LD_ML 四线激光雷达为例介绍三维激光雷达的测量原理、测量性能、参数标定等内容。

（一）测量原理

LD_ML 四线激光雷达内部结构包括一个旋转的反射镜、激光发射器与激光信号接收器。激光发射器发出的激光通过反射镜的反射照射目标点，电机带动反射镜旋转，完成对周围环境的扫描。在扫描过程中，激光发射器和信号接收器固定不动，发射光束经物体反射形成的回波信号通过反射镜的反射进入信号接收器，信号接收器由 4 个独立的成直线排列的接收单元组成，形成 4 个扫描层，实现三维观测。对于单线激光雷达而言，仅包含一个信号接收器，产生一个扫描层，形成二维观测。图 6－4 显示出四线雷达的 4 个线性阵列的激光接收器，单线雷达中只有 1 个。

LD_ML 激光雷达的特性参数如表 6－1 所示。

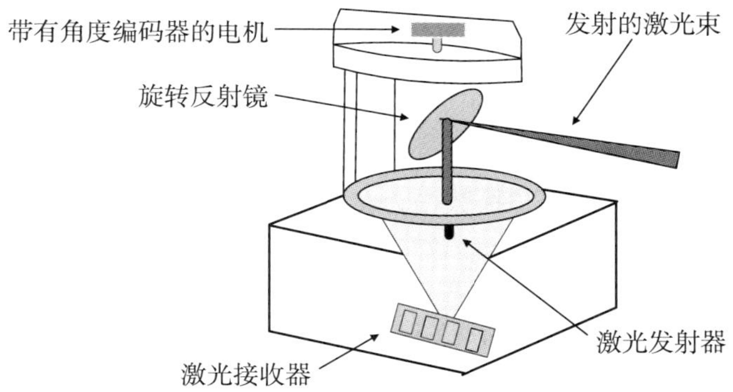

图6－4　激光雷达内部结构图

表6－1　LD_ML 特性参数

激光雷达型号	LD_ML
水平视场/（°）	－135 ～135
垂直视场/（°）	－1.6 ～1.6
水平角分辨率/（°）	0.25
垂直角分辨率/（°）	1.06
扫描范围/m	0.3～128

在 LD_ML 每一帧扫描数据中，水平视场范围内的扫描信息称为扫描层，垂直视场范围内的扫描信息称为扫描面。一帧数据中共有 4 个扫描层，每 0.25° 存在一个扫描面，如图 6－5 和图 6－6 所示。

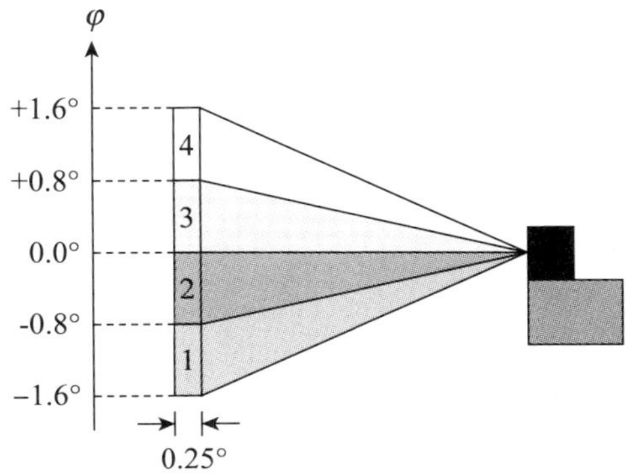

图6－5　四线激光雷达扫描面示意图

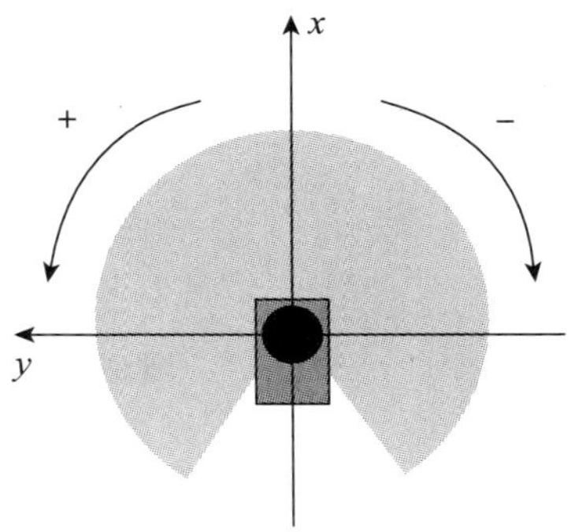

图6－6　四线激光雷达扫描层示意图

图 6 - 6 所示坐标系为 LD_ML 四线激光雷达的 DIN7000 坐标系统。其中，x 轴指向激光雷达正前方，此时对应的雷达扫描角度为零度，角度逆时针方向为正；y 轴指向激光雷达的左方；z 轴垂直于雷达，正指向上。LD_ML 输出的数据共有 3 种类型，分别为原始数据（Raw Data）、扫描数据（Scan Data）和目标物体数据（Object Data）。原始数据为在球坐标系下的障碍物信息坐标值。扫描数据为在雷达 DIN7000 坐标系统下，障碍物 x,y,z 方向上的数据。目标物体数据是指将扫描数据经 ECU 进行卡尔曼滤波后，输出的目标障碍物速度、形状、大小等信息。此外，在扫描数据中，对每个扫描点进行了状态标记。共有记号为 0 ~ 4 的五种标记类型，依次表示正常状态下的雷达扫描点、错误点、打到雨滴上的点、打到地面上返回的点与离雷达较近的点，或者是附着在雷达旋转镜的防护罩上的灰尘点。

（二）测量性能

1. 测量时漂性

测量时漂性是指当激光雷达在开启固定时间后，数据趋于稳定的特性。通过确定激光雷达的测量时漂性，可以知道该激光雷达所需预热时间，以保证在使用时获取的是有效数据。

测量试验选在室温为 25 ℃ 的空旷室内进行。放置激光雷达的台架高度选定为 70 cm，此高度的选择依据为模拟激光雷达在某车辆上安装时的高度位置。试验扫描对象选定一个大小为 90 cm × 25 cm 的单色板，该单色板表面平滑，无高低起伏。将单色板放置在台架的正前方并固定，位置示意图如图 6 - 7 所示。此外，在试验开始之前，激光雷达断电放置 10 h 以上，单次试验时间在 3 h 以上。

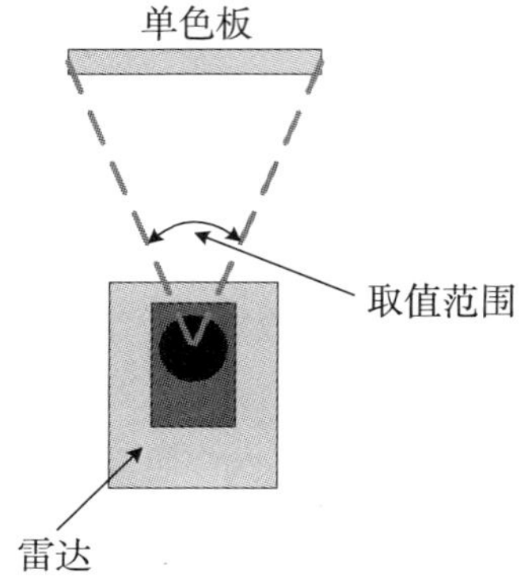

图 6 - 7　测量时漂性试验设备位置示意图

2. 测量稳定性

激光雷达的测量稳定性在车辆环境感知系统中起着至关重要的作用。衡量测量数据的稳定性方法为：固定激光雷达扫描位置，对某一静态对象进行扫描，通过分析得到的扫描对象距离值围绕测量真值的波动性来确定激光雷达的测量稳定性。激光雷达的测量稳定性的确定，可用来提取有效检测范围内的最优数据，以确保算法的准确性，减小障碍物误识率。

试验在保证激光雷达位置不变的前提下，对将单色板放置于不同测量距离下所得到的距离值的准确度进行分析，并保证在每次测量中，单色板的位置均位于激光雷达的正前方。为了保证数据的可靠性，仅选取每帧数据中，单色板的中心点到激光雷达旋转镜中心的距离值作为有效数据。试验分为 3 次，雷达位置固定后，将单色板分别放置在距离雷达 2 m、5 m、10 m 处进行测量；每次放置单色板后，对单色板相对于雷达的位置进行校准。每次试验所采集的数据均为雷达启动 30 min 后的数据，采集时间为 5 min。激光雷达、台架、单色板的放置几何空间位置如图 6－8 所示。

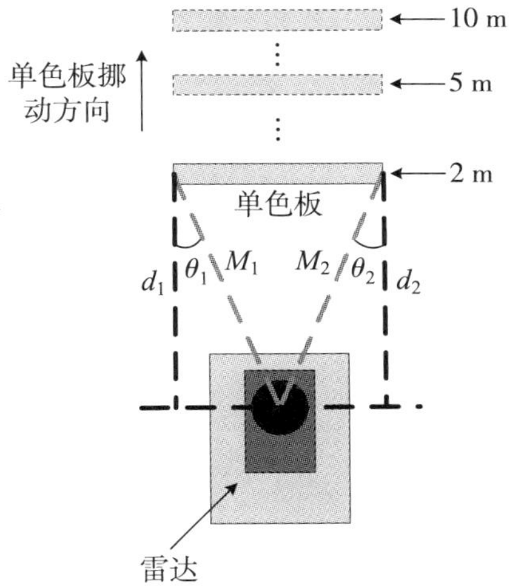

图 6－8　测量稳定性试验设备位置关系图

图中 M_1,M_2 为由激光雷达直接返回的从雷达旋转镜中心到单色板边缘点的距离值；d_1，d_2 是单色板到激光雷达旋转镜中心的距离，均是由人工多次测量求平均值得到的，并将该值作为单色板到雷达旋转镜中心的距离的真值；θ_1,θ_2 是单色板与雷达相对位置的夹角。在每次挪动单色板后，通过求出 θ_1 与 θ_2 的值来调整单色板的位置，确保单色板的中心线与雷达的旋转镜的中心线基本保持在一条轴线上。通过图中的几何关系可以得到：

$$\theta_1 = \arccos(d_1/M_1) \tag{6-4}$$

$$\theta_2 = \arccos(d_2/M_2) \tag{6-5}$$

当 $\theta_1 = \theta_2$ 时，开始进行测量。为了得到激光雷达位于不同测量距离下每组数的准确度，采用每组数围绕测量真实值的离散程度来表示测量数据的准确度，即算出每组数的标准差。

计算公式如下：

$$\sigma = \sqrt{\sum_{i=1}^{n}(X_i - X)^2/(n-1)} \tag{6-6}$$

其中，σ 表示每组数的标准差；X_i 表示每次测得的数据；X 表示该组的测量真实距离值；n 为测量数据的个数。

3. 混合像素

激光雷达发出的是锥形光束，光束直径随传播距离的增加而变大。当光束遇到物体边缘时，部分光束会投射到前景物体边缘，另外一部分光束会投射到背景物体上，即会产生混合像素，如图 6－9 所示。此时返回的测量距离会位于前景物体边缘与背景物体之间。该距离值的大小与光斑打在每个障碍物上的面积及激光雷达到每个障碍物的距离有关。设混合像素距离值为 d，激光雷达到障碍物一、障碍物二的距离分别为 d_1、d_2，激光束打在障碍物一上的面积比为 α，打在障碍物二上的面积比为 β，如图 6－10 所示，则混合像素距离值 d 为：

$$d = \alpha \times d_1 + \beta \times d_2 \tag{6-7}$$

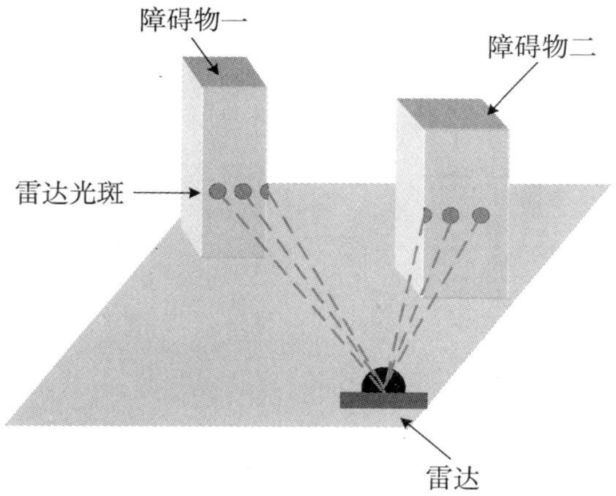

图 6－9　混合像素产生示意图

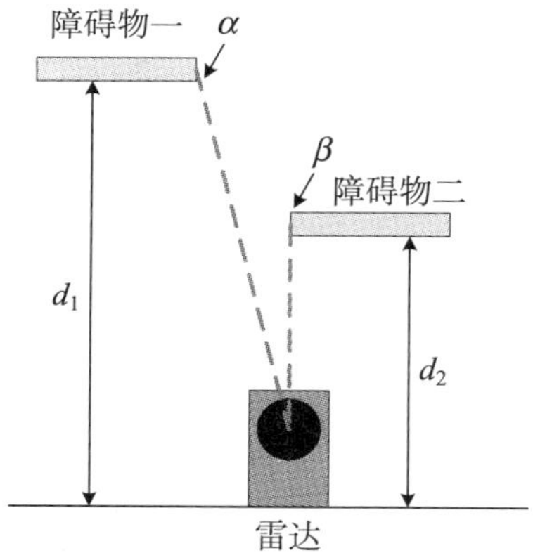

图 6－10　混合像素值计算示意图

激光雷达混合像素现象试验如图 6－11 所示。

提取所采集数据中任意连续四帧的数据来对式（6－7）进行验证。在真实试验场景中，障碍物一距离激光雷达的中心扫描点的距离值为 1.55 m，障碍物二距离激光雷达中心点的距离值为 2.55 m。在每帧从激光雷达获得的数据中，找出障碍物的边缘突变点，作为激光雷达到障碍物的距离，选取介于两个障碍物之间的“噪声点”作为混合像素点。任意连续四帧的数据值如表 6－2 所示。

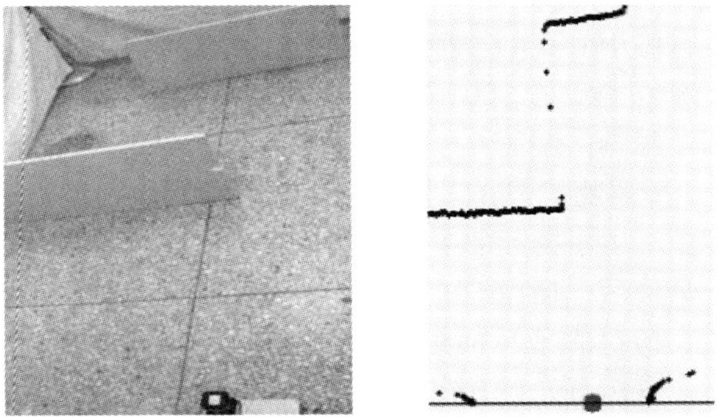

（a）　　　　　　（b）

图 6－11　混合像素现象

（a）混合像素点产生实际场景；（b）单线雷达原场景扫描图

表 6－2　混合像素点的距离值

mm

	激光雷达到障碍物一的距离	混合像素点的距离值	激光雷达到障碍物二的距离
1	1 549	1 557	2 551
2	1 552	1 605	2 550
3	1 550	1 623	2 548
4	1 552	1 646	2 552

从表 6－2 中可以看出，混合像素点的距离值满足式（6－7）的取值范围。

（三）LD_ML 在不同环境下的测量结果

当车辆面临不同的环境条件，如雨、雪等，或不同的道路环境，如积水、扬尘等恶劣情况时，传感器的测量结果直接关系到车辆的自主行驶能力。针对车辆可能处于的各种环境条件，对激光雷达进行了不同环境下的测量试验。

1. 雨天环境下的激光雷达扫描结果

试验进行的天气条件为小雨，全天降水量约 10 mm。将激光雷达固定在放置好的台架上，并在其上方放置挡雨板以防止雨滴打在雷达旋转镜上时对数据产生干扰。LD_ML 激光雷达返回扫描点有标记状态，可分为正确扫描点、雨滴点、距离激光雷达 1.2 m 以内的点以及落在雷达防护罩上的灰尘点。试验结果表明，当雨量小、雨滴细且稀疏时激光雷达无法检测到雨滴点。

2. 扬尘环境下的雷达扫描结果

扬尘现象是车辆在行驶中常见的一种情况。当激光雷达处于程度较为严重的扬尘环境中时，检测效果势必会受到影响。在 2007 年 DARPA 城市挑战赛中，Boss 智能车在比赛中因为遇到扬尘情况而受到了影响。如图 6－12 所示，当 Boss 在行驶过程中遇到障碍时，车辆采取 U－turn 行为去回避障碍物。但在采取此行为时，车轮压到了路沿上。当车从路沿上下来时，扬起了路面的尘土。由于扬起的尘土密度较大，造成了将扬尘误检为障碍物而停下了将近一分钟的时间。一分钟后，扬尘消失，Boss 才开始正常行驶。

为了了解激光雷达在扬尘情况下的表现，对其进行了测试试验。试验场景选在具有乡村道路特点的道路上，激光雷达事先放置在可以迅速移动的手推车上，当有车辆驶过扬起尘土时，将雷达推至路中间进行扫描。试验场景示意图如图 6－13 所示。

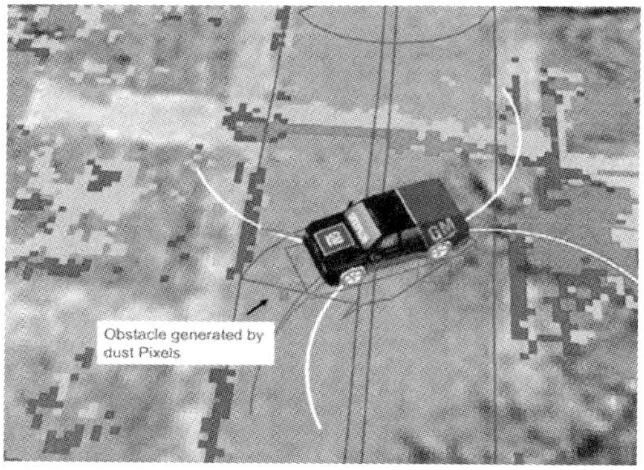

图 6－12　Boss 将灰尘误识为障碍物

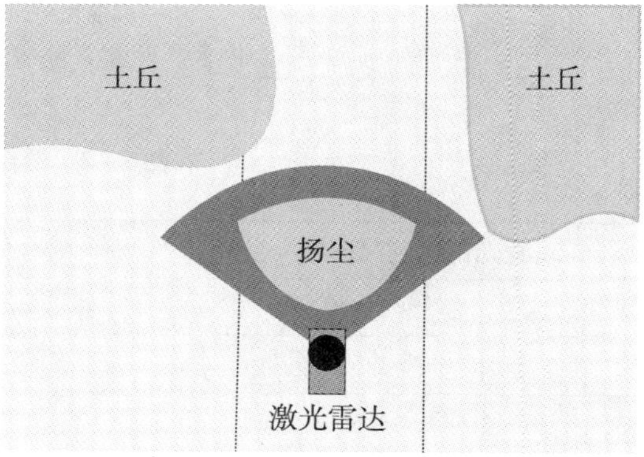

图 6－13　扬尘试验场景示意图

试验结果表明，LD_ML 激光雷达通过对扫描点状态的判断，识别出了部分障碍物，也识别出了包裹在障碍物周围的灰尘点。

3. 积水环境下的雷达扫描结果

积水现象也是车辆常见路况之一。当大雨过后，在乡村道路或者起伏不平的城市道路上，凹陷的地表处就会形成水坑。当激光雷达发出的激光打到表面平滑的积水表面上时，将会发生镜面发射现象。由于激光雷达是基于 TOF 测距原理进行测距的，故激光雷达返回的距离值是水面下物体到雷达的距离或者是反射位置到雷达的距离。所以，当激光雷达发生镜面反射时，其产生的错误障碍物信息值，可能导致车辆在行驶过程中产生危险。

仿照积水路况，搭建了如图 6－14 所示的试验平台。试验平台由一个转动范围为 0°～100°的云台、激光雷达、长宽高为 1.5 m×1 m×0.7 m 装满清水的水盆与一个高约 1.5 m 的单色板组成。在试验过程中，将激光雷达固连在云台上，保证云台在转动过程中，激光雷达不会产生晃动或者脱落。在开始试验之前，初始化云台，确定云台的起始角度为 0°，且与地面平行；终止位置为自起始位置顺时针旋转 90°，与地面相垂直。在通过云台带动激光雷达匀速转动的过程中，即可观察到镜面效应现象从无到有的过程。

试验结果如图 6－15 所示。图中虚障碍是指由于激光在水面反射后而产生的“虚障碍物”；黑色框中的点表示试验场景中放置的水盆。设激光雷达起始位置到障碍物的水平距离为 d_{actual}，激光束的飞行时间为 t_{normal}，当发生镜面效应时，激光束入射飞行时间假定为 t_1，反射激光束的飞行时间假定为 t_2，根据此条件雷达计算的从自身到障碍物的距离为 d_{pecudo}。根据 TOF 测距原理，可得式（6－8）、式（6－9）：

$$d_{actual} = c \times t_{normal} \tag{6-8}$$

$$d_{pecudo} = c \times (t_1 + t_2) \tag{6-9}$$

因为 $t_1 + t_2 > t_{normal}$，所以 $d_{pecudo} > d_{actual}$。结合公式，并通过对比“虚障碍物”与单色板在试验场景中的距离值，确定该“虚障碍物”点为由镜面效应产生的点。

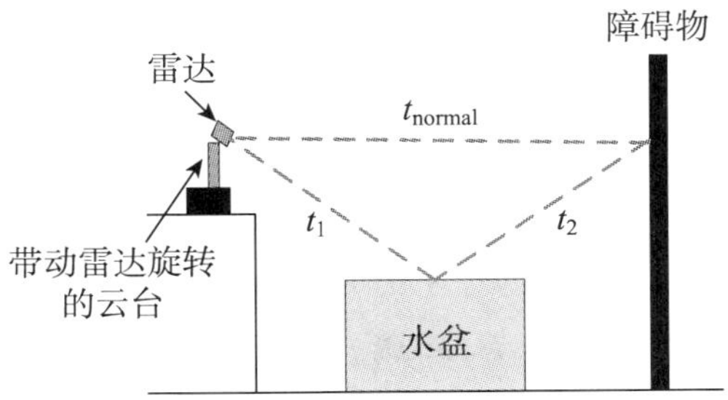

图 6－14　积水检测试验场景示意图

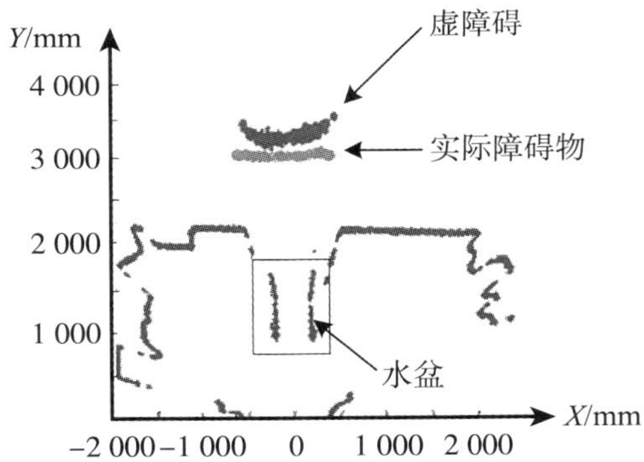

图 6－15　镜面效应检测结果图

（四）四线激光雷达标定

当将激光雷达安装到车上后，为了保证后续坐标转换后数据的准确性，需要对激光雷达安装的俯仰角、侧倾角与横滚角进行标定。因为在将激光雷达调整到符合实际需要的安装角度后，安装位置不再改变，且激光雷达与车体为刚性连接，两者间的相对姿态和位移固定不变，所以采取静态离线标定法对激光雷达安装角度进行标定。

在标定时，选取一个表面平滑，材质均匀的单色板作为标定板，并保证在标定过程中，标定板始终垂直于地面并位于激光雷达正前方。手动量出激光雷达中心到标定板的水平距离 D_{detect}，为了保证数据可靠性，对其多次测量求平均值。在放置好标定板后，启动激光雷达采集数据并提取其中数据稳定性较好的连续 1 000 帧数据，保留每一帧数据的每个扫描层中扫描角度为零的扫描点作为有效点，分别算出每一层数据的 1 000 个有效点的平均值，作为激光雷达每一层到标定板的距离测量值 D_0, D_1, D_2, D_3。假设激光雷达第一层（最底层）与第二层之间的夹角为 θ_0，第二层与第三层之间的夹角为 θ_1，第三层与第四层之间的夹角为 θ_2，激光雷达俯仰角为 α，其关系示意图如图 6－16 所示。

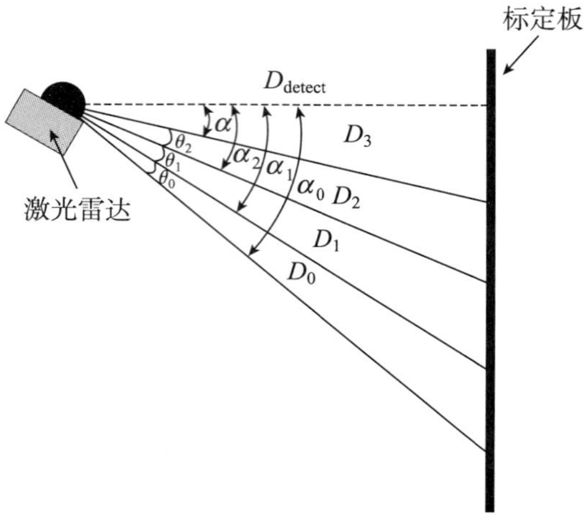

图 6－16　俯仰角标定示意图

由激光雷达返回的扫描数据的距离信息及物体的 Z 值信息，根据余弦定理，利用式（6－10）可以求得 $\theta_0,\theta_1,\theta_2$ 。

$$\begin{cases}\theta_0 = \arccos((D_0^2 + D_1^2 - \Delta Z_0{}^2)/(2 \times D_0 \times D_1)) \\ \theta_1 = \arccos((D_1^2 + D_2^2 - \Delta Z_1{}^2)/(2 \times D_1 \times D_2)) \\ \theta_2 = \arccos((D_2^2 + D_3^2 - \Delta Z_2{}^2)/(2 \times D_2 \times D_3))\end{cases} \tag{6-10}$$

式中，$\Delta Z_0,\Delta Z_1,\Delta Z_2$ 为根据相邻两个扫描层所返回的 Z 值信息相减所得到的高度差。

再根据 $\theta_0,\theta_1,\theta_2$ ，可以求得大地坐标系的 Y 轴与每一层之间的俯仰角 $\alpha,\alpha_0,\alpha_1,\alpha_2$ 。由图 6－16 所示几何关系，可得：

$$\begin{cases}\alpha_0 = \alpha + \theta_0 + \theta_1 + \theta_2 \\ \alpha_1 = \alpha + \theta_1 + \theta_2 \\ \alpha_2 = \alpha + \theta_2\end{cases} \tag{6-11}$$

俯仰角 α 取值范围在 $-45° \sim 45°$ 之间，以 $1°$ 为单位，每个扫描面对应不同的 α 都会有 4 个相对于大地坐标的投影 $D_{P0},D_{P1},D_{P2},D_{P3}$ ，且：

$$\begin{cases}D_{P0} = D_0\cos\alpha_0 \\ D_{P1} = D_1\cos\alpha_1 \\ D_{P2} = D_2\cos\alpha_2 \\ D_{P3} = D_3\cos\alpha\end{cases} \tag{6-12}$$

对于每一个不同的俯仰角 α，都可以得到激光雷达在该角度值下相对应的每一个扫描层到标定板的测量距离值 D_0, D_1, D_2, D_3 与相对于大地坐标的投影值 $D_{P0}, D_{P1}, D_{P2}, D_{P3}$。因为通过人工多次测量求平均值所得到的激光雷达到标定板的水平距离 D_{detect} 已知，假若 α_i 为俯仰角最合理的估计值，那么在该角度下所得到的相对于大地坐标的投影值 D_{P0}，D_{P1}，D_{P2}，D_{P3} 与 D_{detect} 值最为接近，即二者之差的平方和最小。鉴于此判断条件完全符合最小二乘法原则，所以采用最小二乘法对激光雷达安装角度进行标定。

将由式（6－12）所得值代入最小二乘法公式：

$$\min_{x_0,x_1}\left\|\begin{pmatrix}1 & \alpha_0\\ \vdots & \vdots\\ 1 & \alpha_3\end{pmatrix}\begin{pmatrix}x_0\\ x_1\end{pmatrix}-\begin{pmatrix}D_{P0}\\ \vdots\\ D_{P3}\end{pmatrix}\right\|_2=\min_x\|Ax-b\|_2 \tag{6-13}$$

可得参数解为：

$$x_1=\frac{\sum_{i=1}^{n}\alpha_i D_{Pi}-n\cdot\overline{\alpha}\,\overline{D_{Pi}}}{\sum_{i=1}^{n}\alpha_i^2-n\cdot(\overline{\alpha})^2} \tag{6-14}$$

其中，$x_0=\overline{D_{Pi}}-x_1\overline{\alpha_i}$，$\overline{\alpha}=\frac{1}{n}\sum_{i=1}^{n}\alpha_i$。

可以求得从 $-45°\sim45°$ 范围内的每个 α 所对应的线性式：

$$D_{Pi}=x_{0(i)}+x_{1(i)}\alpha_i \tag{6-15}$$

根据每组的线性式，根据式（6－16）求出每一组数的标准差，那么标准差最小的那一组所对应的 α 即为实际中激光雷达的俯仰角。

$$S=\sqrt{\frac{\sum_{i=1}^{n}D_{Pi}-D}{n-1}} \tag{6-16}$$

对于激光雷达的横滚角 β 与侧倾角 γ，采用同样的方法在激光雷达 $y-z$，$x-y$ 的几何平面上分别进行标定。

6.1.3　基于激光雷达回波强度的道路识别

基于激光雷达的道路边界检测算法，依据道路区域与非道路区域存在一定高度的边界，利用边界是直线形状的特征，运用扩展卡尔曼滤波算法对边界深度数据进行提取，完成道路边界的检测。这种方法由于是利用激光雷达作为检测的传感器，实时性比较好，但是这种算法是基于道路与非道路的高度差来识别道路的，当道路与非道路没有高度差或差别很小时，就很难识别出来。

不同的材质具有不同的回波反射率，由于激光雷达返回来的数据信息中，包含了距离信息和回波强度信息，回波强度信息反映了目标的材质特性，尤其是反射率信息。目前，对于物体的回波强度信息已有些研究，例如基于机载三维激光雷达的森林测绘，利用返回的脉冲和回波强度可以给出地物、地表坡度 、粗糙程度和反射率的观测结果。激光雷达是主动传感器，它几乎不受外界的影响。基于激光雷达回波强度，结合激光雷达距离信息的道路识别算法包括激光雷达回波强度数据聚类、区域划分、线段分割、线段表示等步骤。

1. 激光雷达回波强度数据聚类

激光雷达回波强度测试实验表明，同种材质的物体具有类似的回波强度，基于此，可以采用一种均值逐步聚类方法。LD－LRS3100 激光雷达的工作方式是从右向左扫描，根据实际的道路情况，激光雷达扫描角度选择 180°，角分辨率选择 1°，距离分辨率为 1 cm。即每隔 1° 返回一个距离值和一个对应的回波强度，则有 181 个距离数据和回波强度数据。在激光雷达坐标系中得到的距离数据和回波强度都是以极坐标的形式返回（i,ρ_i），（其中 $i=1$，2，…，180）。ρ_i 是第 i 个扫描点到激光雷达的距离或回波强度数据。

首先给定一个阈值 δ（其具体值可以通过实验来给定），以第一个回波强度数据为基础开始计算，用其与下个数据的差值与给定的阈值进行比较，如果其大于阈值，则把其分为不同类；如果在阈值范围内，则暂时把其分为同类，计算这个暂时类的均值，再用其均值与下个相邻点的差值比较，重复这个过程，直到把 181 个点都判断完，记录所有分类及其包含的数据点数。

2. 区域划分

区域划分是根据前一步聚类的结果结合距离信息来进行感兴趣区与非感兴趣区划分，目的是忽略非感兴趣区，提高数据处理速度。首先剔除只包含一个或两个数据类，认为其是噪声点。由于激光雷达的安装角度和高度是一定的，在路面坡度角很小时，道路面返回的距离值在一定范围内，因此激光雷达的距离信息经过角度修正后就可以大致划分出路面所在的一个范围，在这个范围内对回波强度数据类进行搜索，划分出感兴趣区域。

3. 线段分割

经过区域划分后，得到了感兴趣区域和非感兴趣区域，可以用线段来表示感兴趣区域的类 $B_i(i=1,2,\cdots,N)$，这些类可以用一条或者多条线段来表示。对这些类进行线性分割，步骤如下：

（1）在类 B_i 中，对里面所包含的点利用最小二乘拟合出一条直线，计算各点到这条直线的距离，选出距离最大的一个点，若这个距离大于阈值，将这块区域分成两部分，阈值 σ 可选为直线长度的 1/10。

（2）重复步骤（1），可以得到 M 个可以用一条线段表示的线性区域 $L_i(i=1,2,\cdots,M)$，然后由先验的一些物体的回波强度来匹配各线性区域。

4. 线段表示

由前面的步骤基本可以把道路的那个类区分出来，把对应的角度映射到激光雷达所得的距离信息，再对这些距离点利用最小二乘拟合出一条直线，这条直线就是实际的道路。

以图6－17（a）的道路情况为例，感兴趣区域划分如图6－17（b）所示，图6－17（c）为基于回波强度道路识别算法处理的结果图。激光雷达回波强度数据聚类的结果为13类，其中感兴趣区域里的类为3类，最终通过线段分割后及实际的道路宽度，判断出其中的一类为道路，道路两边沿对应的激光雷达角度分别为65°和97°。根据激光雷达的距离信息，可以计算得到该道路的宽度大概为4 m，和实际道路宽度相符合。

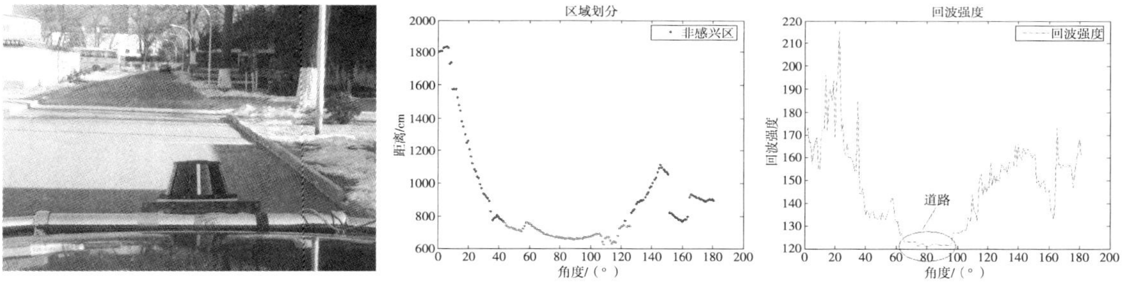

（a）　（b）　（c）

图6－17　道路识别结果图

（a）场景；（b）感兴趣区域划分；（c）识别结果

6.1.4　基于多线激光雷达的路面检测

在城市化的道路中，一般通过确定路面区域或者道路边沿信息从而确定路面可行驶区域范围。从实际中“正”、“负”障碍物的相反空间关系出发，结合四线激光雷达对负障碍扫描时的数据特点，将数据在负障碍上呈现的特性与在结构化道路上的路沿数据特性进行联系对比。图6－18所示的是LD_ML数据在正障碍与负障碍模型下的表现形式。由此可见，二者在数据特征上也呈相反趋势，下面根据四线雷达数据在正障碍物上呈现的特点，对路面可行驶区域检测方法进行介绍。

（一）道路模型

在城市环境下，道路环境在路沿上体现的特征可概括为：路沿明显、连续且无高度突变；对于路面特征可概括为：路面平整且无明显高低起伏。根据以上特点，可建立如图6－19所示城市环境下基于四线雷达的道路多扫描层模型。路面检测的核心工作即为在一帧雷达数据中，找出道路边界线内的雷达数据回波点，路沿检测的核心工作即为在一帧雷达数据中对道路边沿的提取。

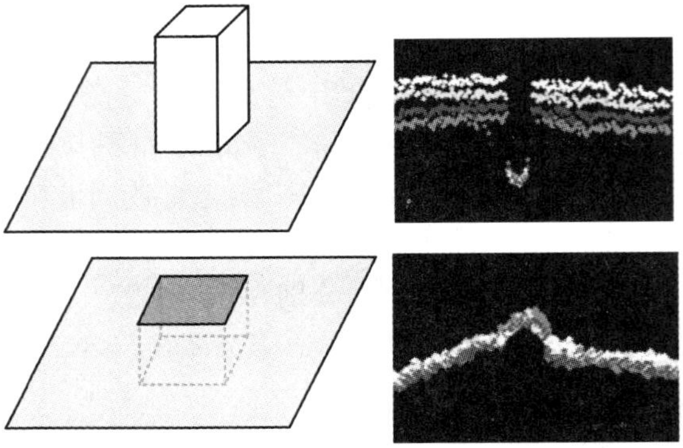

图 6－18　正障碍与负障碍 LD_ML 数据表现形式

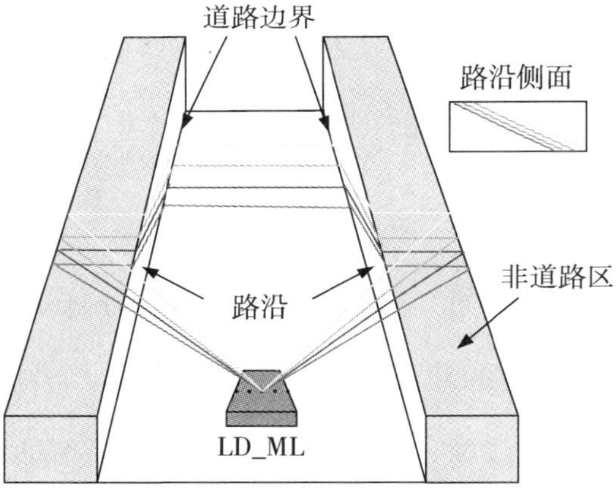

图 6－19　道路多扫描层俯视图

（二）路面检测算法

路面检测算法的思路为首先通过最近邻聚类法对滤波处理后的数据进行聚类，然后基于直线斜率法完成对道路段的提取。

1. 道路段聚类

根据路面连续性好、起伏度小的特点，雷达返回的每一帧路面数据都将会是连续的点集，并且数据点集内部的点相距较近，具有很强的空间相关性。但在路沿与路面的连接处，或者是路面上存在障碍物时，反射回的数据点之间将会出现明显波动。结合该数据特性，首先使用自适应阈值最近邻聚类法对路面段进行聚类，结果如图 6－20 所示。在初步聚类之后，计算每个聚类段的平均高度值 $\overline{H_i}$，高度方差 H_i_Var，距离均值 $\overline{D_i}$ 与距离方差 D_i_Var。因为路面点与路沿点的高度值区分阈值为 H_c，所以将路面段的高度 H_{max} 定为

10 cm，低于这个值的所有聚类段均视为路面段，最终的聚类结果如图 6－21 所示。

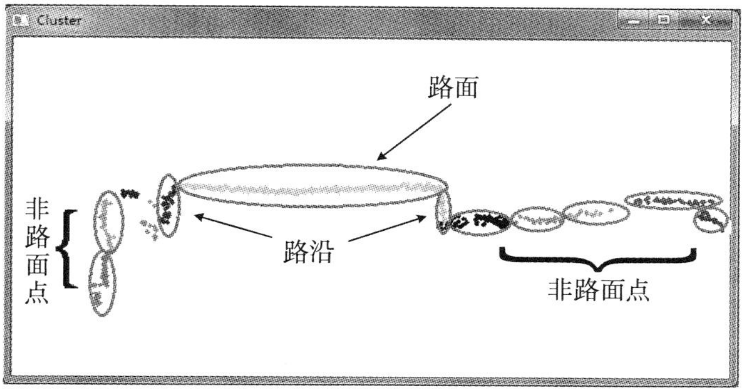

图 6－20　最近邻聚类算法聚类结果图

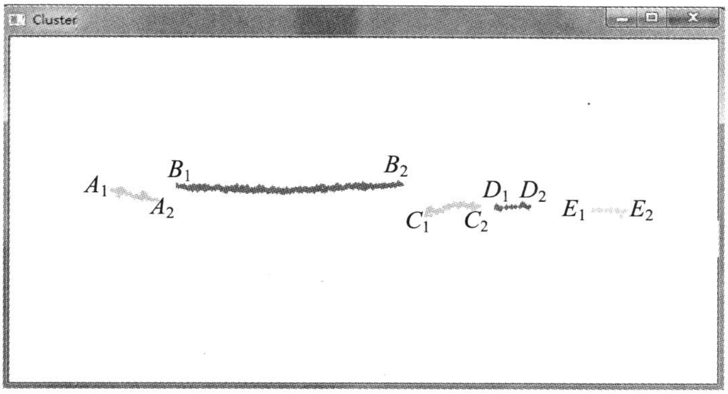

图 6－21　限定高度阈值聚类结果

从效果中可以看出，满足高度条件的聚类段均提取出来，但是部分聚类段如 A_1A_2，C_1C_2，D_1D_2，E_1E_2 均是在路面区域外的与路面段具有类似的行特征线段，会对路面段的判断造成干扰。

2. 直线斜率法道路段提取

由以上结果可以看出，每个聚类段基本都具有一定的直线分布特征。所以，根据每个聚类段的起始点与终止点，采用最小二乘法对每个聚类段做直线拟合，得到的效果如图 6－22 所示。

当车辆在保持直线行驶时，采集的路面数据点所在的直线段应该是近似水平的，即使路面稍有颠簸或者车体稍有摆动，所得直线段的斜率也不会超过一定范围。所以当所拟合直线的斜率在允许摆动的范围内时，则认为其实可能是路面线段。设斜率允许摆动范围为 $[K_1, K_2]$，路面线段斜率为 K_i，即 $K_1 \leqslant K_i \leqslant K_2$。在平坦的路面环境下可以取 $K_1 = -0.8$，

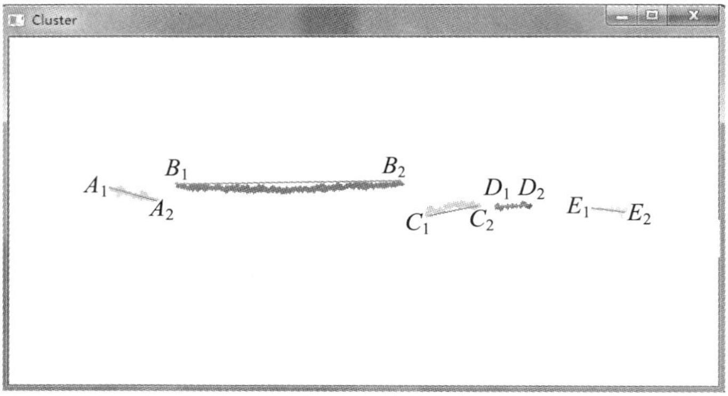

图 6－22　直线拟合效果图

$K_2=0.8$。

从图 6－22 直线拟合后的效果来看，行驶区域外的一些零碎线段的斜率也可能在斜率限制范围内，但其理论长度应小于路面段长度，且每段线段包含的数据点比较少。如果车宽为 1 940 mm，限定车辆的路面可行驶区域宽度不得小于 2 040 mm，即聚类段的最小距离均值 $\overline{D}_{\min}=2.04$ m。由于测量有效范围内的最大光斑间距 Δd_{P} 为 11 cm，得到判定路面区域线段的一个限制条件：每一个路面聚类段至少需要包含 $N_{\min}=19$ 个数据点。

综合以上的限制条件，得到路面上的聚类直线段必须满足以下约束条件：

$$\begin{cases}\overline{H_i}\leqslant H_{\max},\overline{D_i}\geqslant\overline{D}_{\min}\\K_1\leqslant K_i\leqslant K_2\\n_i\geqslant N_{\min}\end{cases}\tag{6-17}$$

根据式（6－17）最终挑选出的路面聚类线段如图 6－23 所示，符合实际场景。

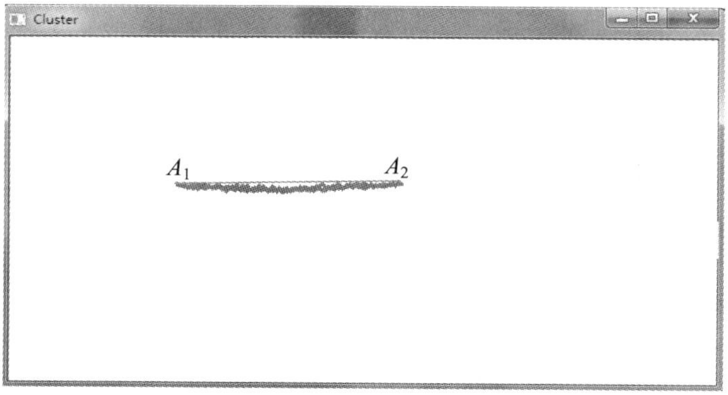

图 6－23　最终路面区域线段

（三）路沿检测算法

由于路沿纵切面积较小，落在上面的激光点数目有限，且由于激光点的自身波动性，四层的激光可能交叠，穿插在一起，从而使各层激光点的空间相关性受到较大的影响。所以，对于路沿点的检测，不能使用路面检测的方法来实现；而是通过将数据投入到栅格地图中，使用空间垂直面法和斜率法对疑似路沿点进行提取；再通过对疑似路沿点进行进一步的聚类，最终完成路沿点的确认与提取。

1. 投射栅格数据

因为单独对雷达某一层扫描数据进行处理的难度较大，所以考虑使用将四层雷达信息汇总到一起使用。即将全部数据投射到事先建立好的大小为 160×80，分辨率为 10 cm×10 cm 的栅格地图中去。

在将数据投射到栅格之前，首先要根据之前所推出的距离区分阈值为 $\bar{d}$ 以及扫描点的高度值区分阈值为 h_c，对滤波后的四层全部的雷达扫描点进行判断。投入到栅格地图中的点应满足以下两个约束条件：

$$\begin{cases}(D_i - D_{i-1}) \geqslant \bar{d} \\ z \geqslant h_c\end{cases} \tag{6-18}$$

式中，D_i 表示当前扫描点 P_i 的距离值，D_{i-1} 表示与该点相邻的上一个点 P_{i-1} 的距离值，z 表示当前扫描点的高度值。若当前点满足以上约束条件，便将该点按照其在几何空间中的位置投射到栅格中的对应位置中去。在投射的同时，对栅格图中的每一个单位栅格进行属性统计。所需统计的属性包括：该点来自激光雷达的哪一个扫描层 $P_{i\_layer(m)}$；每一个点在空间中的 $P_{i\_x}, P_{i\_y}, P_{i\_z}$ 坐标值；单位栅格中共包含多少个点 $G_{i,j(num)}$。

2. 垂直面法路沿检测

因为路沿的侧面是垂直于路面的，所以当四线激光扫描到垂直面时，将会有多层激光雷达扫描点在大地平面上出现投影重合。因此利用该性质，可以通过判断路沿垂直面所对应的单位栅格中的投影点数来初步区分路沿与路面点。设单位栅格点数阈值 $G_{\overline{NUM}}$，其与雷达在车身的安装高度 H、安装角度（俯仰角 α、侧倾角 β、横滚角 γ），雷达的角分辨率 δ，路沿高度 h_c，雷达到负障碍的扫描距离 d，每个栅格的宽 Δw、高 Δh_g 是相关的。根据其几何关系可推出，当扫描束落在路沿区域时：

$$G_{\overline{NUM}} = \frac{\arccos \dfrac{H^2 + d^2\sin\alpha - H \cdot h_c}{\sqrt{H^2 + d^2\sin^2\alpha} \cdot \sqrt{(H - h_c)^2 + d^2\sin^2\alpha}}}{\delta} \tag{6-19}$$

将雷达的安装高度，安装角度，单位栅格的宽、高各值代入公式中，可得单位栅格中的投影点的阈值 $G_{\overline{NUM}} = 2$。即在路沿所在的垂直面上，单位栅格中至少包含来自两层的激光扫描层的数据点，才认为该单位栅格有效。算法处理结果如图 6-24 所示。

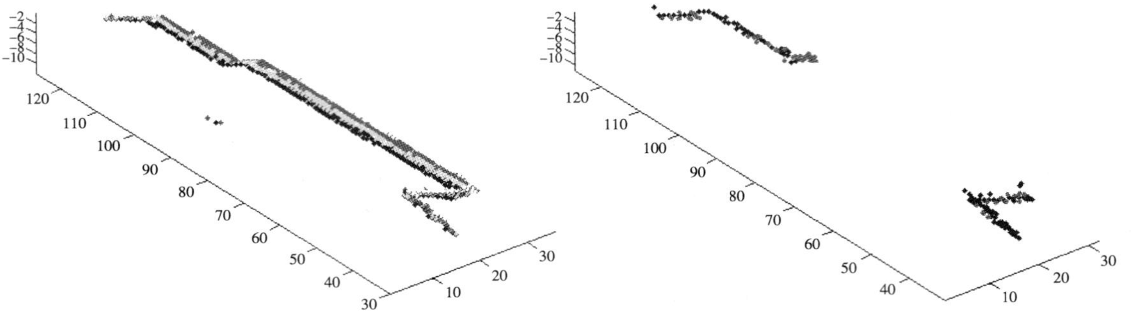

（a）　　　　　　　　　　（b）

图 6 - 24　垂直面法检测结果图

（a）四层数据栅格图；（b）垂直面法分离结果

3. 斜率法路沿检测

如图 6 - 25 所示，建立激光雷达任意一层的路沿区域栅格扫描俯视图。图中，线段 AB、EF 表示非道路区域，线段 CD 表示连续的路面区域，线段 BC、DE 表示路沿区域，并且点 B、C、D、E 表示路面与路沿连接处的数据高度突变点。结合路沿的特性，可知在表示路沿点的栅格内，栅格的走向基本与路面坐标系 Y_R 轴向保持一致。斜率检测算法通过对路沿点所在的栅格在纵向上的斜率关系，完成对路沿段的检测。

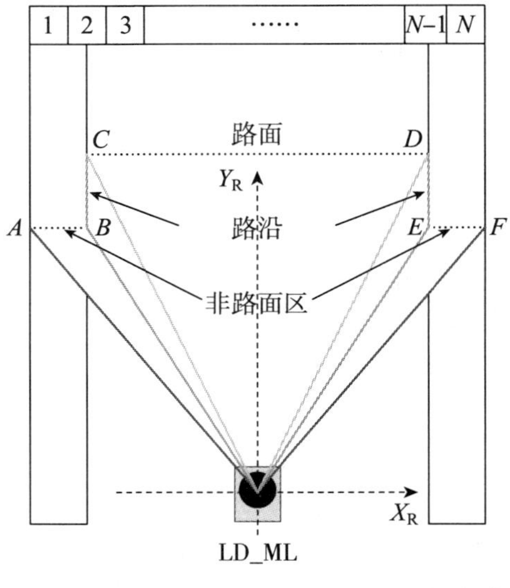

图 6 - 25　道路单扫描层栅格俯视图

在平坦的道路环境中，即使是在道路拐弯处或者是在道路发生轻微变化处，单帧雷达数据扫描范围内的路沿段的斜率也不会发生突变。如图 6 – 26 所示，已知雷达连续两帧数据间的水平夹角 δ 为 0. 25°，当车辆位于道路转弯处或者道路发生轻微曲畸处时，在连续两帧扫描线的夹角范围 δ 内所对应的弧度值为 $\widehat{l}$，且该弧度值应在该夹角范围内，公路最小转弯半径 R 所对应的弧度值相等，可得：

$$\widehat{l} = 2\pi R \frac{\delta}{360°} \tag{6-20}$$

当两点间弧度值较小时，可以将该弧度值作为两点间的直线段距离。所以，在图 6 – 26 中，将连续两帧打在路沿上的扫描线距离 d_1、d_2 与两帧数据在夹角范围内所对应的弧度值 $\widehat{l}$ 视为一个三角形，可推得扫描线距离 d_1、d_2 之间的关系为：

$$d_2 = d_1 \cos\delta + \sqrt{(\widehat{l})^2 - {d_1}^2(1 - \cos\delta^2)} \tag{6-21}$$

根据安装在车身上的惯性导航仪得到该时刻车辆与大地坐标系中正北方向的行驶航向角 ω。假设路沿段在路面坐标系 X_R、Y_R 轴向上发生的长度变化量为 $\mathrm{d}x$、$\mathrm{d}y$，则有：

$$\begin{cases} |\mathrm{d}x| = |d_1 \cdot \cos(90° - \omega) - d_2 \cdot \cos(90° - \omega + \delta)| \\ |\mathrm{d}y| = |d_1 \cdot \sin(90° - \omega) - d_2 \cdot \sin(90° - \omega + \delta)| \end{cases} \tag{6-22}$$

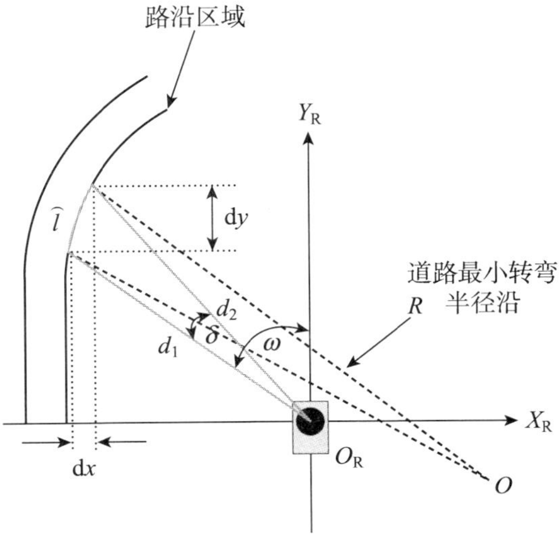

图 6 – 26　路面转弯处路沿长度变化示意图

取最小转弯半径 R 为 30 m，计算可得 $\widehat{l}$ = 16 cm。假设在道路转弯处取能使 $\mathrm{d}x$、$\mathrm{d}y$ 达到最大值的三角函数值，则可得到 $\mathrm{d}x \approx 11$ cm，$\mathrm{d}y \approx 12$ cm 。因为单位栅格的大小为 10 cm ×

10 cm，所以即使当道路在转弯处或者在道路发生轻微曲畸处，只要路沿自身还是连续的，那么在该段路沿所对应的栅格地图中，在纵向上的任意相邻单元栅格应该是在一条直线上。

综上，在斜率法检测路沿中，其限定条件为：

$$K_{(G_{i,j-1},G_{i,j})} = K_{(G_{i,j},G_{i,j+1})} \tag{6-23}$$

当栅格地图中，经过垂直面法过滤后的有效单元栅格满足式（6－23）的斜率约束条件时，认为是有效单元栅格，并标记为疑似路沿点。

4. 路沿点的提取及结果输出

经空间垂直面法和斜率法对疑似路沿段进行提取后，除了疑似路沿的数据被提取出来，还存在一部分在数据特性上与路沿段类似的聚类段。针对这种情况，需要对已经提取到的疑似路沿段进一步地提取。

首先，使用最近邻域法对栅格地图中的存在疑似路沿段的单元栅格进行聚类，并重新标记。聚类完成后，对所有聚类段按照栅格地图自上而下的顺序进行属性统计。所需统计的属性包括：每个聚类段的中心点坐标在栅格纵向上的位置 $c(j)$；每个聚类段的高度均值 H_{segment}；相邻两聚类段间的等效距离 L_{segment}，如式（6－24）所示：

$$\begin{cases} c(j) = \dfrac{1}{n}\sum\limits_{i=1}^{n} n_j \\ H_{\text{segment}} = \dfrac{1}{m}\sum\limits_{i=1}^{m} z_i \\ L_{\text{segment}} = c^{i}(j) - c^{i-1}(j) \end{cases} \tag{6-24}$$

式中，n 为每一个聚类段中有效单元栅格的个数，n_j 为当前聚类段中有效单元栅格沿栅格地图纵向上的坐标值，m 为当前聚类段中包含雷达扫描点的个数，z_i 为栅格内每一个雷达扫描点所对应的高度值。

因为路沿段是沿路面两边延伸的，所以最有可能的是路沿段的两个聚类段之间的距离应与路面宽度相似，且聚类段平均高度在高度阈值范围内。根据这两个特征，按照式（6－25），分别赋予每一个聚类段相应的权重值 W_{value}。该段的权重值越高，确定为路沿段的可能性也就越大。

$$W_{\text{value}} = 2L_{\text{segment}} + H_{\text{segment}} \tag{6-25}$$

W_{value}值最大的所对应的聚类段与该聚类段前一个段即认为是获得的路沿等效段。

最后，以获得的两个路沿等效点为界，去除两点间的所有数据，并与该帧数据中路面的检测结果进行匹配，从而将获得的栅格作为路面路沿检测系统的系统输出，输出结果如图 6－27 所示。

（四）路面路沿检测实验结果

为了验证路面、路沿检测算法在真实路面环境中的检测效果，选取了如图 6－28 所示的

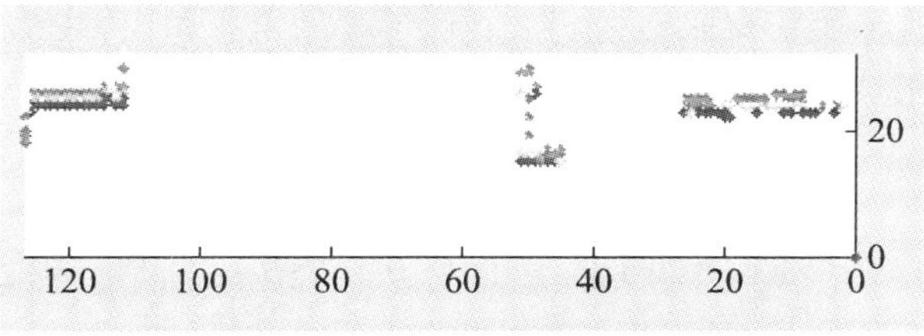

图 6-27　路面路沿检测系统输出结果

图 6-28　路面路沿检测场景

路面环境进行实验。将激光雷达安装在车头正前方，离地高度为 0.8 m。激光雷达安装角度经标定得：俯仰角 $\alpha = 13°$，侧倾角 $\beta = 0.8°$，横滚角 $\gamma = 0.5°$。道路宽度约为 5 m，起伏度小，平整连续；道路两侧均有明显且连续的路沿存在。车辆在试验中行驶速度为 15 m/s。试验结果为车辆在行驶过程中某一时刻的检测结果。

如图 6-29 所示，图（a）所示为车辆在行驶过程中，对道路环境的扫描结果。从图中可以看出在路沿的垂直面处，数据产生堆叠。图（b）所示为在该帧数据中，路沿、路面检测结果进行匹配的过程。图（c）为最终输出的检测结果，结果中所显示的为去除路面区域后的车辆不可行驶的非路面区域。该结果与实际路面情况吻合。

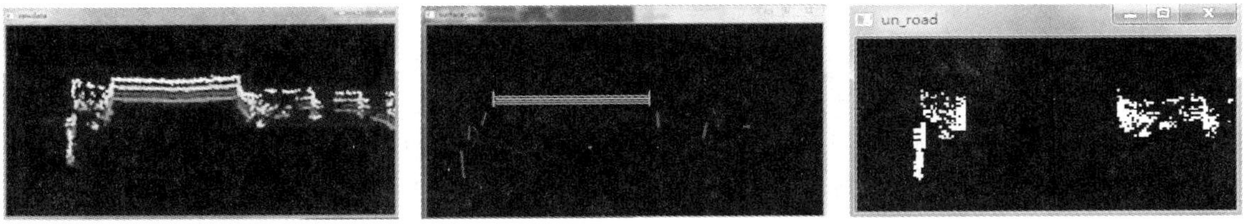

（a）　（b）　（c）

图 6-29　路面路沿检测结果

（a）滤波后原始扫描数据；（b）路面、路沿检测结果匹配；（c）输出非路面区域

6.2　毫米波雷达

车辆控制系统需要前方车辆行驶信息，尤其是相对位置、速度和加速度等信息来进行决策和控制自车速度。目前，能够适应行车环境，实现产品化的主要是基于雷达的前方车辆检

测系统。在各种雷达技术中，毫米波雷达与其他种类的雷达相比有着诸多优点，是目前车辆纵向控制系统中前视雷达的主要设备。

6.2.1 工作原理

毫米波是指工作频率在 30 ~ 300 GHz，波长为 1 ~ 10 mm 的电磁波。毫米波雷达的功能就是精确测量目标的距离和相对速度。毫米波雷达可以全天候工作，它几乎不受天气状况的影响，可以在大雨、大雾、黑夜等条件下正常运行。毫米波雷达受天气条件影响小，这一大优势使其成为汽车前视雷达的首选。

毫米波雷达通过向外辐射毫米波来进行测距、测速。雷达天线向外发射毫米波信号，信号在传播过程中，如果遇到目标则被反射，回波信号被雷达的接收天线接收，然后经过混频和信号处理提取出目标距离和径向运动速度。毫米波雷达类型可以分为脉冲多普勒雷达、双频 CW 雷达、扩频雷达以及调频连续波（FMCW）雷达等。前 3 种雷达结构复杂，成本高，而 FMCW 雷达组成比较简单，价格低，不易受外界电磁噪声的干扰，又能同时测出距离和相对速度，所以车用 ACC 雷达一般工作于调频连续波方式。FMCW 雷达通过对回波信号和发射信号进行相关处理得到目标的距离和速度信息，其组成包括收发天线、射频前端、调制信号源和信号后处理部分。混频输出的中频信号进入后处理部分，滤去干扰信号，得到目标车辆信息。FMCW 雷达采用频率调制的高频电磁载波（通常为锯齿波形调频信号），通过比较反射信号与发射信号，可得到与被测距离成比例的频率差，利用返回信号的多普勒频移还能确定目标的相对速度。

在多种 FMCW 雷达中，线性调频连续波（LFMCW）雷达是最为常见的一种。与脉冲体制雷达相比，线性调频连续波雷达在信号的发射过程中存在线性的频率调制，通常它的信号时宽远远大于最大作用距离所对应的目标回波时延。因此线性调频连续波雷达的发射信号与最大回波时延相比，已不再是一个脉冲信号，而是一个连续波信号。由于线性调频连续波雷达的发射机和接收机是同时开启的，不同于脉冲雷达需要在发射信号脉冲期间关闭接收机，所以 LFMCW 雷达不存在脉冲雷达中特有的距离盲区。LFMCW 雷达在发射信号时，由于线性频率调制的存在，即后发射的信号与先发射的信号的频率差与时间呈线性关系。因此通过对目标反射信号差拍频率的提取，便可获得目标的位置。

线性调频连续波（LFMCW）雷达的载频在调制周期内线性变化。线性变化亦有多种方式，最常用的是三角波调制，即雷达的发射频率按周期性三角波的形式变化。在调频连续波方式中，反射波与发射波的形状相同，只是在时间上有一个延迟 Δt，Δt 与目标距离 R 的关系可表示为：

$$\Delta t = \frac{2R}{c} \tag{6-26}$$

式中，c 为光速。对于静态目标而言，毫米波雷达的发射信号和反射信号之间只相差一个时

延 Δt，根据三角形的相似关系可知：

$$R = \frac{cT}{4\Delta F}\Delta f \tag{6-27}$$

式中，T 为信号发射周期；ΔF 为调频带宽；Δf 表示发射信号与反射信号的频率差。

可以看出：毫米波雷达测量的前方目标 X 向距离与中频频率 Δf 成正比，即与发射信号和反射信号在某一时刻的频率差成正比。如果反射信号来自一个相对运动的目标，则反射信号中包括一个由目标的相对运动所引起的多普勒频移 f_d。在三角波的上升沿和下降沿输出中频频率可分别表示为：

$$f_{b+} = \Delta f - f_d \tag{6-28}$$

$$f_{b-} = \Delta f + f_d \tag{6-29}$$

式中，f_d 为多普勒频移，其符号与目标相对运动的方向有关，即目标接近时为正值，目标远离时为负值。

当目标运动时，根据多普勒原理，目标的相对运动速度 v 为

$$v = \frac{c}{4f_c}(f_{b-} - f_{b+}) = \frac{\lambda}{4}(f_{b-} - f_{b+}) \tag{6-30}$$

式中，f_c 为发射波中心频率；λ 为发射波波长。

结合式（6－28）～式（6－30）可得出多普勒频移：

$$f_d = \frac{2f_c v}{c} \tag{6-31}$$

可得混频后的中频信号频率：

$$f_+ = \left|\frac{4\Delta F}{cT}R - \frac{2f_c v}{c}\right| \tag{6-32}$$

$$f_- = \left|\frac{4\Delta F}{cT}R + \frac{2f_c v}{c}\right| \tag{6-33}$$

根据这两个中频信号可以确定两个二元一次方程，则在 $R-v$ 平面内会确定两个斜率为相反数的直线。通过这两条直线即可确定目标点。

目前大多数毫米波雷达采用多波束天线测量目标方位角。与激光雷达不同，多波束天线无须机械扫描机构，因此更加稳定可靠。多波束天线由一个中央信号发射瓣和左右两个接收旁瓣组成；中央发射瓣发射多束电子开关切换的毫米波。通过比较两个旁瓣接收信号的关系就可以确定目标方位角。目标方位角 θ 与 $(r_1 - r_2)/(r_1 + r_2)$ 有一一对应的关系（r_1，r_2 分别为左右旁瓣信号强度），原理如图 6－30 所示。

当雷达的波束覆盖角度确定时，其探测距离和探测宽度的关系可以用下式计算：

$$w = 2s \cdot \tan(\alpha/2) \tag{6-34}$$

式中，w 表示最大探测宽度，单位为 m；s 表示探测距离，单位为 m；α 表示波束覆盖角度，

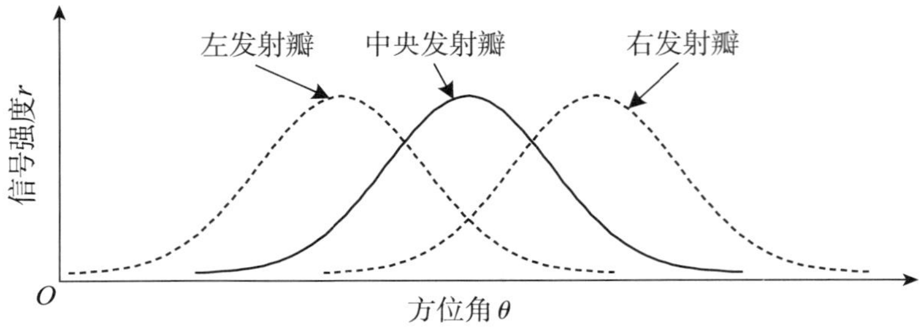

图 6－30　多波束雷达方位角测量原理

单位是（°）。

6.2.2　基于毫米波雷达的车距辅助控制系统设计

根据总体方案设计的要求，基于毫米波雷达的车距辅助控制系统应能够满足以下功能要求：

（1）通过车载毫米波雷达机器数据处理系统感知车辆前方行驶环境的信息。

（2）能够与驾驶员进行交互，可在车辆自动控制和驾驶员控制之间自由切换，并以驾驶员的操作优先。

（3）能够采集车辆自身的运行状态。

（4）能够控制车辆动力传动系统，达到控制车辆纵向运动的目的。

实验车辆具有一定的电控基础，本着满足车距辅助控制系统的要求和尽量减少原车改动的原则，采用基于车辆 CAN 总线的车辆信息采集和控制构架，如图 6－31 所示。充分利用已有电控系统的信息和控制接口是基于 CAN 总线实验平台的主要特点，对原车机械硬件几乎没有改动；增加的车距辅助控制器作为 CAN 总线上的一个节点对所需信息进行采集，同时向 AMT 系统、发动机电控系统和车辆综合信息终端发送控制信息，完成控制目标；此外，车距辅助系统控制器自身集成了驾驶员交互界面，能够显示距离和当前车辆安全状态，并提供了供驾驶员选择的模式切换与期望车距调节接口。

雷达的安装位置直接关系到雷达系统对前车测量的准确性。因此，雷达应安装在实验车辆前部纵向中轴线处，并与前车后部基本处于同一水平面；同时雷达波发射面应与水平面垂直，保证雷达在其有效测量范围内能够扫描到前方车辆，而非地面或者由于雷达仰角过大导致雷达接收不到回波，无法探测前方车辆。

如图 6－31 所示，AMT 电控系统提供了当前挡位信息并开放了工作模式选择接口，可以控制 AMT 系统在自动换挡模式和手动换挡模式之间切换。手动换挡模式能够屏蔽 AMT 固有的换挡规律，从而使挡位保持不变；发动机电控系统提供了发动机转速、齿杆位置和排气

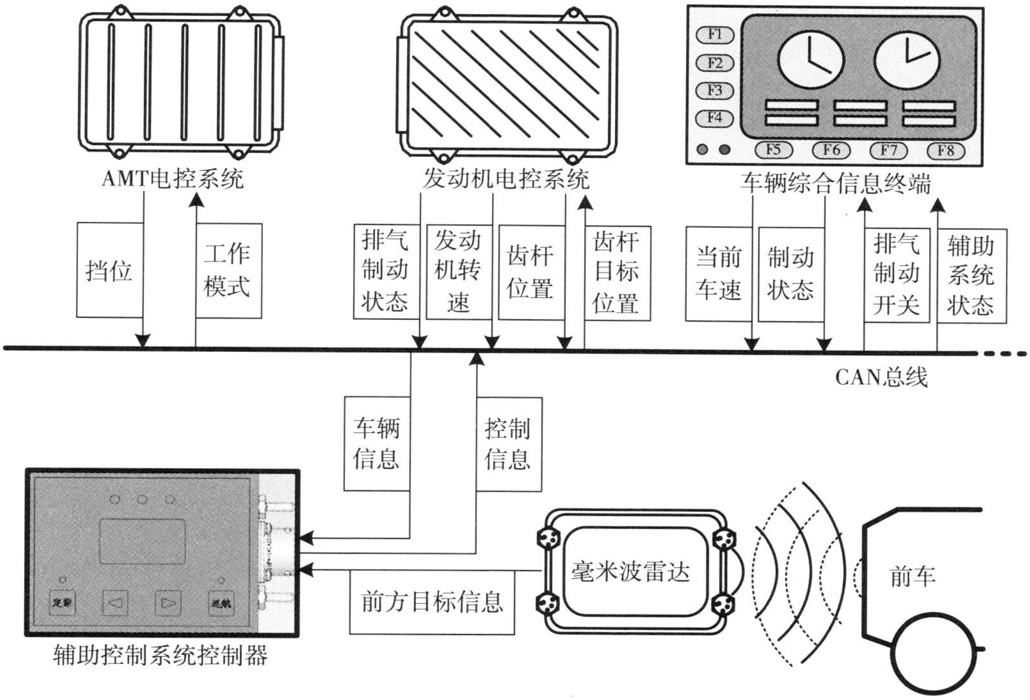

图 6－31　基于车用 CAN 总线的实验平台

制动状态信息，并开放了油门齿杆期望位置接口，可以自动调节发动机油门齿杆位置与期望值一致；车辆综合信息终端提供了当前车速和制动状态，并开放了发动机排气制动控制接口。此外，辅助控制系统通过采集毫米波雷达的信号，获得前方车辆的纵向相对距离，横向位置和纵向相对速度，并将当前工作状态发送到车辆综合信息终端。

车距辅助控制器结构如图 6－32 所示。控制器结构紧凑，使用 MC9S12 系列单片机完成信息的采集、通信和计算，并且集成了人机界面交互功能。其中，人机界面提供了丰富的接口，包括纵向相对距离显示、当前安全状态指示、定距和巡航模式选择，以及定距模式下期望距离的选择。

车距控制辅助系统以驾驶员对车辆的操纵优先，参照国标 GB/T 20608 对 ACC 系统的要求，当检测到驾驶员有主动控制车辆的行为时（油门开度的增加或者使用行车制动），自动退出当前的自动控制模式，将车辆控制权交与驾驶员，返回等待状态。辅助系统模式切换可由图 6－33 表示。

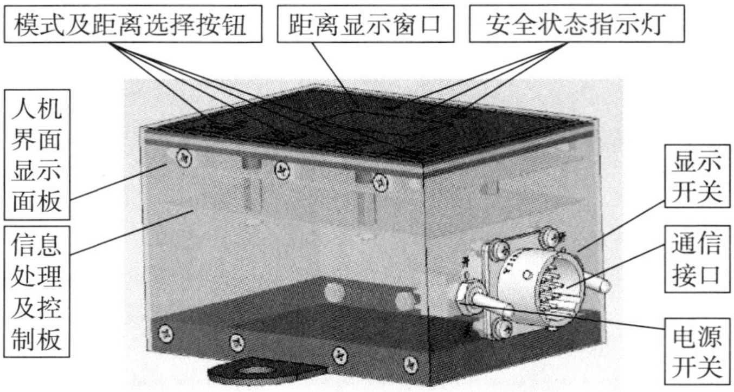

图 6-32　车距辅助控制器结构

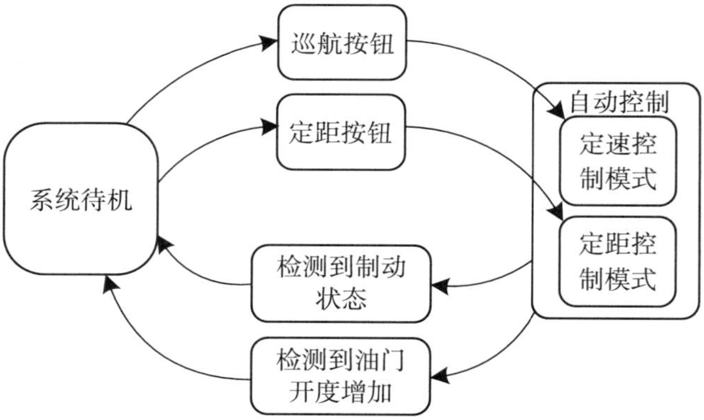

图 6-33　系统模式切换准则

6.2.3　基于毫米波雷达的前方目标识别

车载雷达对前方车辆的检测能力是汽车前向防撞技术的重要组成部分。一方面车载雷达对其视域内的检测结果容易受到路旁干扰物的影响；另一方面汽车行驶中的振动以及目标回波的分布不均使雷达可能产生虚假目标。因此，基于雷达的目标检测方法应具有一定的鲁棒性。对于车辆编队而言，旁道车辆的并线会频繁引起首车前方目标的更换。这种情况下，目标检测的实时性对车辆安全控制具有重要意义。

1. 基于卡尔曼预测的有效目标确定方法

在车辆行驶过程中，将位于自车前方最近的车辆作为有效目标。而毫米波雷达返回多个目标信息，如何从这些信息中判断出有效目标信息，是基于毫米波雷达的前方目标识别方法的关键。目标确定过程如图 6-34 所示。

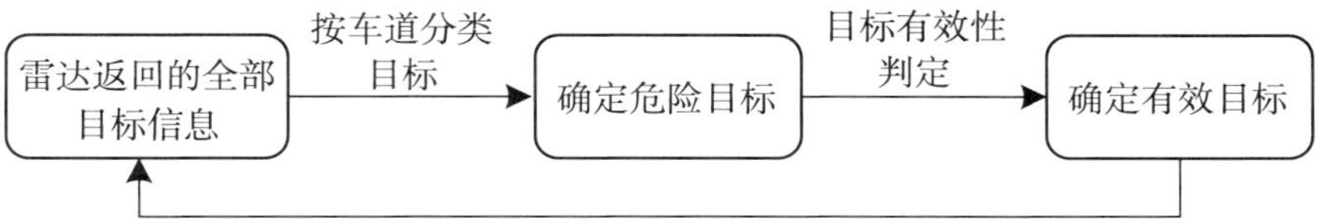

图 6 - 34　有效目标确定过程

毫米波雷达能够检测多个目标，由于每个目标信息中都包含了横向位置信息，因此能够区分目标所在的车道。由于车辆只对自车车道正前方的车辆感兴趣，因此对雷达返回目标的第一步处理应按车道将目标分类，并将与自车处于同一车道的目标暂定为危险目标。选取车道宽度的阈值为 -2 ~ 2 m，与现行公路 3. 75 m 的宽度相适应。确定了危险目标之后，需要对目标有效性做出判断，确定有效目标，并将有效目标的信息送入车辆控制环节。

假定目标一直存在于雷达的视域内，则有效目标的信息是连续的，那么相邻测量周期内的两组有效目标信息在相对距离和相对速度上应该满足一定的关系，即根据前一时刻的纵向相对距离和相对速度能够预测下一时刻该目标的相对距离。

采用二阶卡尔曼预测构建第 n 周期内目标一致性的判断准则：选取目标状态 $\boldsymbol{x}_n = [d_n \; v_n]^{\mathrm{T}}$，其中 d_n 和 v_n 分别表示该目标第 n 周期的纵向相对距离和相对速度。第 $n-1$ 周期的预测值 $\hat{\boldsymbol{x}}_n = [\hat{d}_n \; \hat{v}_n]^{\mathrm{T}}$ 可由式（6 - 35）计算。

$$\begin{bmatrix} \hat{d}_n \\ \hat{v}_n \end{bmatrix} = \begin{bmatrix} 1 & T \\ 0 & 1 \end{bmatrix} \begin{bmatrix} d_{n-1} \\ v_{n-1} \end{bmatrix} \tag{6-35}$$

其中，T 为测量周期，单位为 s。

使用当前时刻对前一时刻相对速度的差分得到相对加速度 a_n，计算公式为：

$$a_n = \frac{v_n - v_{n-1}}{T} \tag{6-36}$$

再考虑到测量误差 $\boldsymbol{\mu} = [\mu_d \; \mu_v]^{\mathrm{T}}$，目标是否有效的判别准则为：

$$\begin{cases} \left| d_n - \hat{d}_n - \dfrac{1}{2} a_{n-1} T^2 \right| \leqslant \mu_d \\ \left| v_n - \hat{v}_n - a_{n-1} T \right| \leqslant \mu_v \end{cases} \tag{6-37}$$

其中，μ_d 和 μ_v 分别表示纵向相对距离和相对速度的测量精度。

在目标有效性确定过程中，引入有效概率 P 表征前方目标的有效性，取值区间为 [0, 100]。当 P 充分大时，认为目标有效；反之，目标失效。目标第 n 周期运动状态的测量值与第 $n-1$ 周期预测值的一致性可改变 P 值的大小，二者一致时 P 增大，反之减小。

令 Q 为目标有效临界值，ε 为每周期 P 值的改变量，检测流程如图 6 - 35 所示。情况一，当待选目标与原目标一致时，原目标有效并继续维持，P 值按照 $P_n = P_{n-1} + \varepsilon$ 增大，下标 n 表示测量周期序号。情况二，当待选目标与原目标不一致时，P 值减小。此时，如果 $P_{n-1} \geqslant Q$，表明原目标并未失效，使用原目标的预测值作为检测结果，以排除短时间出现的扰动；如果 $P_{n-1} < Q$，表明原目标已经失效，应进行目标更换，并令新目标的 $P_n = 100$。

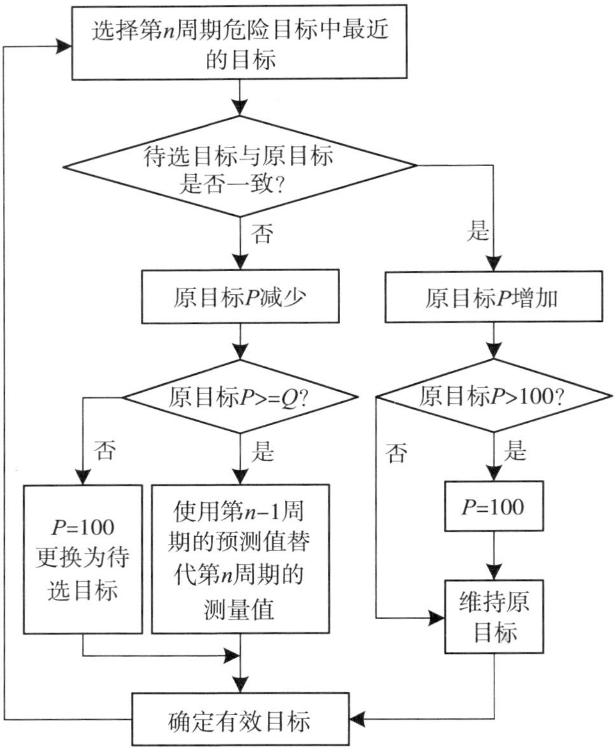

图 6-35　有效目标确定方法算法框图

为验证有效目标检测方法的检测效果，分别进行自车静止和自车跟随前车运动两种场景验证实验。

场景一，静态工况。实验场景如图 6-36 所示。在两侧有围墙、树木、路灯等干扰目标的条件下，自车静止，在距离目标车 60 m 左右放置了一辆障碍车，目标车在距离自车100 m 左右的位置向自车行驶，初始横向位置在自车的右侧车道。

场景一的实验结果如图 6-37 所示。在 19.5 s 以前，目标车从距离自车 100 m 向自车行驶，由于其横向位置不在自车车道的判定阈值以内，在“确定危险目标”阶段就被排除，故这段时间检测到的有效目标为障碍车；当目标车驶入自车车道以后，随着目标车的相对距离

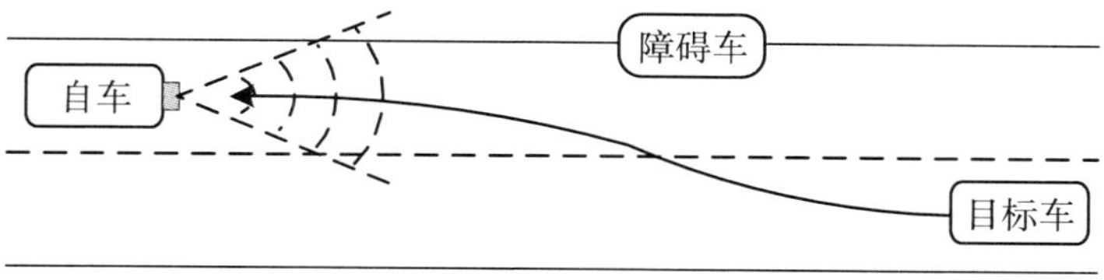

图 6－36　场景一实验过程示意图

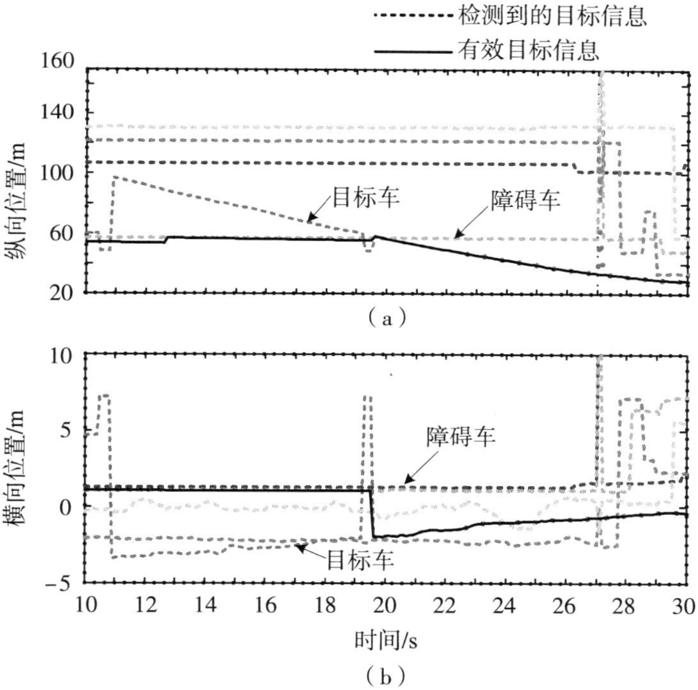

图 6－37　静态有效目标检测结果

（a）目标纵向信息；（b）目标横向信息

越来越小，检测到的有效目标从障碍车变更为目标车。

场景二，动态工况。实验场景如图 6－38 所示。在两侧存在路灯、房屋、绿化隔离和静止车辆带等干扰物环境中进行了跟车检测实验。初始两车相距 5 m 左右，随后自车跟随目标车行驶。

实验中目标车辆始终与自车处在同一车道行驶，实验结果如图 6－39 所示。从图 6－39（a）中可以看出，在第 7 s、11 s、13 s 和 14 s 出现了干扰目标，虽然干扰目标的距离更近，但存在时间短，在从“危险目标”到“有效目标”的判断过程中被有效目标确定方法排除；

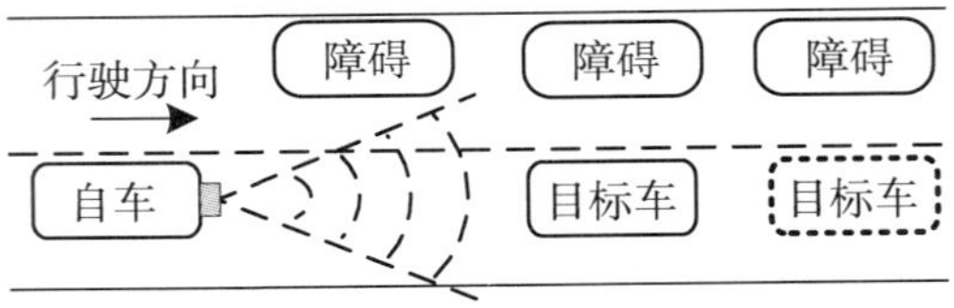

图 6-38　场景二实验过程与实验环境

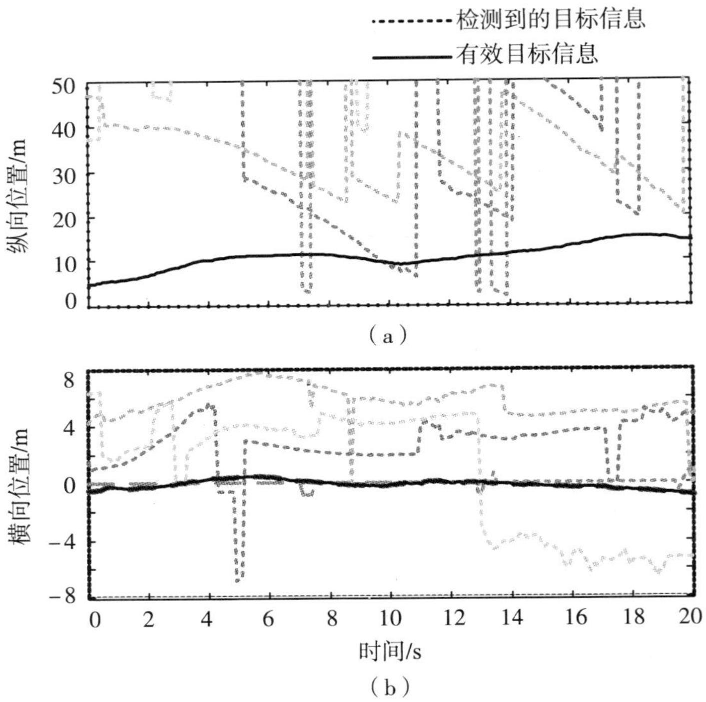

图 6-39　动态有效目标检测结果
(a) 目标纵向信息；(b) 目标横向信息

图 6-39（b）表明目标车始终处于自车正前方。

2. 有效目标确定方法的改进

上述基于卡尔曼预测的有效目标确定方法具有良好的鲁棒性，但有效目标的更换存在延时。原有效目标要更换到新有效目标的条件为原目标的 P 值下降到临界值 Q 以下。目标更换的延迟时间 t_{lag} 可由式（6-38）计算。

$$\begin{cases} P_m = 100 \\ P_n = P_{n-1} - \varepsilon, n = m+1, m+2, \cdots \\ n_{\text{lag}} = n - m, P_n \leqslant Q \\ t_{\text{lag}} = n_{\text{lag}} \cdot T \end{cases} \tag{6-38}$$

其中，P_m表示有效目标的有效概率初值；P_n为第 n 周期的有效概率；n_{lag}为当 P_n小于目标更换临界值 Q 时经过的周期数。依据实验经验和车载雷达技术参数，如果 $\varepsilon=2.5$，$Q=50$，检测周期为50 ms，则有效目标更换的延迟时间 $t_{\text{lag}}=1$ s。在旁道车辆并线时，更快地确定目标对汽车行驶安全具有重要意义。所以，在上述有效目标确定方法的基础上需要提高有效目标的更换速度。

一方面，如前所述，车载毫米波雷达具有多目标探测能力；另一方面，目标有效性检测的实质是排除虚假目标或者持续时间很短的干扰目标，以维持检测结果的稳定。对于编队行驶工况，成员车的行驶环境比较简单，首车行驶环境相对复杂。首车在行驶过程中，旁道车辆切入首车车道是常见的工况，提高这种工况下有效目标的识别速度对车辆安全具有重要意义。假如将要切入的车辆已经存在于旁道，那么其有效性是不需要再次验证的。因此，如果将目标有效性检测过程在旁道完成，当旁道车辆并线时直接更新目标，可以提高目标的更换速度。改进的有效目标确定过程如图 6-40 所示。

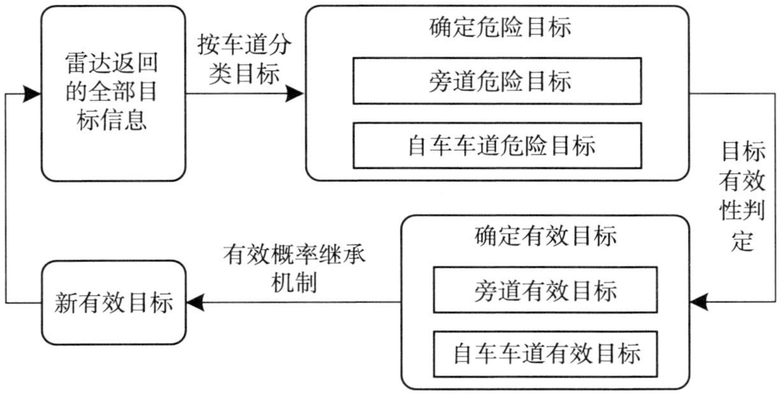

图 6-40　改进的有效目标确定过程

首先对第 n 周期内雷达检测到的危险目标按车道进行分类。然后，分别针对旁道和自车车道上危险目标进行目标有效性检测。其中，旁道目标的有效概率用 P_{side}表示。在有效目标确定阶段，当自车车道的有效目标需要更换时，先根据有效概率继承机制修正原有效目标的 P 值，在新 P 值的基础上进行有效目标的确定过程。

有效概率继承机制实际上是根据待选目标的有效性来调整自车车道有效目标的检测周期。当 $P_{side}=100$ 时，表明待选目标的有效性已经在旁道经过检测，可以立刻更新目标。当 $Q<P_{side}<100$ 时，待选目标的有效性没有得到充分验证，继承该目标的有效概率，令 $P_n=P_{side}$，同时令 $P_{side}=0$，避免下一周期重复继承。当 $P_{side}\leqslant Q$ 时，待选目标的有效性没有得到验证，应继续进行目标有效性检测。

改进后的有效目标确定方法流程如图 6－41 所示。

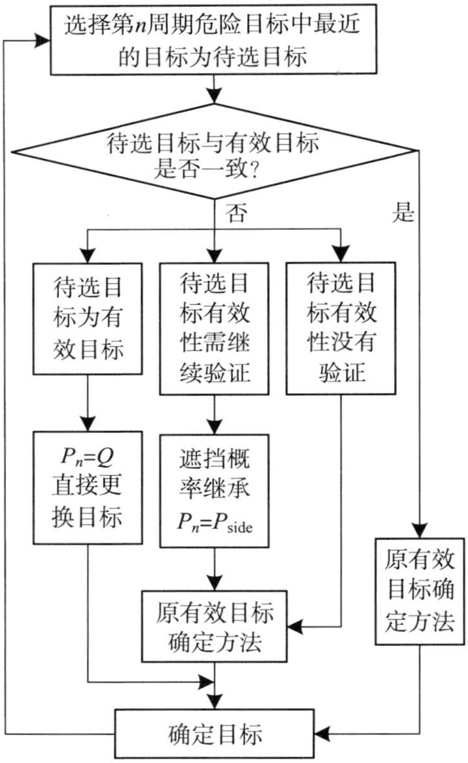

图 6－41　改进的有效目标确定方法

与原方法目标更换一次 P 需要从 100 减少到 Q 相比，当 $Q<P_{side}<100$ 时，P 从 P_{side} 开始减少，目标更新速度得到提高；当 $P_{side}=100$ 时，直接更新目标，完全省略这一过程。为了验证快速检测方法的实时性改善效果，在开阔的机场环境下，利用改进前后的有效目标确定方法同时对前车并线工况进行检测。其实验场景如图 6－42 所示。

实验中，目标车辆先在旁道行驶，然后从旁道切入自车车道。在开阔的环境中，不存在干扰物，雷达所能检测到的目标只有目标车。因此，该目标信息是真实有效的，不需要进行

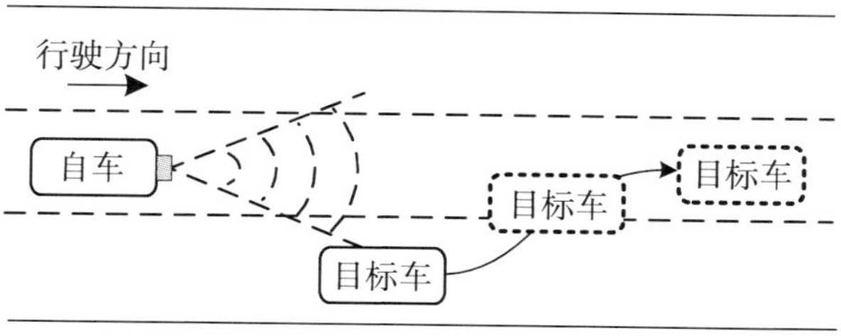

图 6－42　实验过程示意图与实验场景

任何处理。对比雷达获得的原始目标信息，以及原目标有效性确定方法得到的目标信息和改进方法得到的目标信息，可得算法的改进效果。其实验结果如图 6－43 所示。

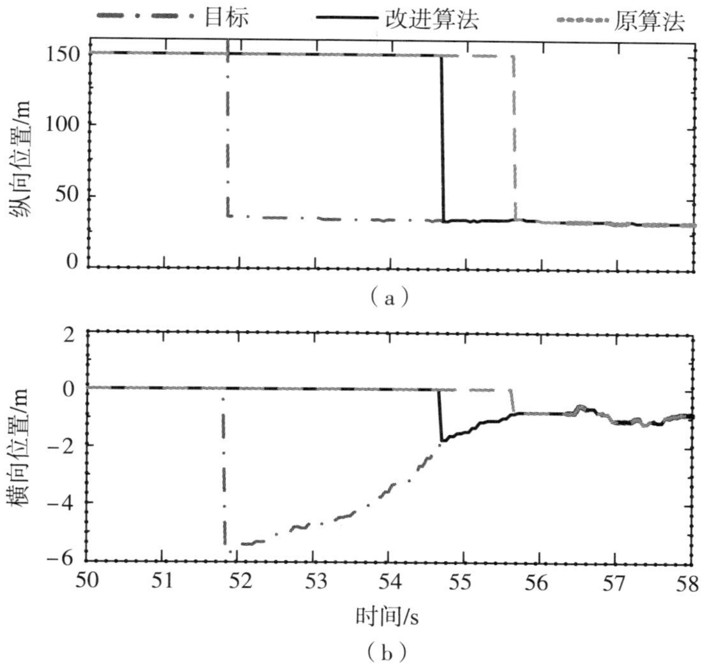

图 6－43　两种方法检测结果对比
（a）目标纵向信息；（b）目标横向信息

在 52 s 之前，目标车辆在旁道行驶，但不在雷达视域内，两种方法检测到的有效目标距离为 150 m（雷达最大探测距离）。目标车在 52 s 进入雷达视域并开始并线，由于没有进入自车车道，图 6－43（a）中两种方法检测结果依然为 150 m，但改进算法已经开始对处于旁道的目标车辆进行有效性检测。图 6－43（b）中，目标在 54.6 s 进入自车车道，此时改进方法对该目标的有效性检测已经完成，发现新目标与原有效目标不一致后，直接更新有效目标，从而立刻检测到目标车；而改进前的方法此时开始对目标车辆的有效性进行判断，在 54.6 s 左右确定目标，滞后约 1 s；之后目标车辆在自车车道行驶，两种方法的检测结果一致。

第 7 章　基于视觉的车辆环境感知技术

驾驶员在行车过程中感知的驾驶环境信息大部分来自视觉，基于视觉的车辆环境感知主要依靠机器视觉系统来实现。利用机器视觉采集道路环境的图像信息，并用计算机加以解释，来帮助或代替驾驶员理解周围的环境。

机器视觉系统通过图像摄取装置将被摄取目标转换成图像信号，传送给专用的图像处理系统，根据像素分布和亮度、颜色等信息，转变成数字化信号；图像系统对这些信号进行各种运算来抽取目标的特征，进而判别结果。机器视觉系统主要由三部分组成：图像的获取、图像的处理和分析、输出或显示。图像摄取装置（或称视觉传感器），能够从一整幅图像捕获光线的数以千计的像素。图像的清晰和细腻程度通常用分辨率来衡量，以像素数量表示。图像摄取装置分 CMOS 和 CCD 两种。

在制造方面，CCD 是集成在半导体单晶材料上，而 CMOS 是集成在金属氧化物的半导体材料上，CCD 制造工艺相对较复杂。在成像方面，在相同像素下 CCD 的成像通透性、明锐度都很好，色彩还原、曝光可以保证基本准确；而 CMOS 的产品往往通透性一般，对实物的色彩还原能力偏弱，曝光也不太好，但由于其低廉的价格以及高度的整合性，CMOS 在摄像头领域还是得到了广泛的应用。整体来说，CCD 与 CMOS 在 ISO 感光度、噪点等方面存在差异。由于 CMOS 每个像素包含了放大器与 A/D 转换电路，过多的额外设备压缩单一像素的感光区域的表面积，因此相同像素下，同样大小的感光器尺寸，CMOS 的感光度会低于 CCD。此外，由于 CMOS 每个感光二极体旁都搭配一个 ADC 放大器，如果以百万像素计，那么就需要百万个以上的 ADC 放大器。虽然是统一制造下的产品，但是每个放大器或多或少都有细微的差异存在，很难达到同步放大的效果，对比只用单一放大器的 CCD，CMOS 最终计算出的噪点比较多。

下面从图像处理技术、摄像机标定、车道线检测、信号灯识别、前方车辆检测等方面对基于视觉的车辆环境感知技术进行介绍，对所采用的图像摄取装置不作区分。

7.1　图像处理技术

7.1.1　数字化图像的理解

图像有多种存放格式，如 BMP、PCX、GIF、JPG 等，其各有特色。其中 BMP 是用于 Windows 和 OS/2 的位图（Bitmap）格式，是一种与硬件设备无关的图像文件格式。文件几乎不压缩，占用磁盘空间较大，它的颜色存储格式有 1 位、4 位、8 位及 24 位。开发 Windows 环境下的软件时，BMP 格式是兼容性比较强的图像格式，在 DOS 与 Windows 环境下的图像处理软件都支持该格式。因此，该格式应用较为广泛，在 Windows 里还有处理 BMP 位图的 API 函数，处理起来很方便。典型的 BMP 图像文件由四部分组成：

（1）位图文件头数据结构，它包含 BMP 图像文件的类型、显示内容等信息。

（2）位图信息数据结构，它包含有 BMP 图像的宽、高、压缩方法，以及定义颜色等信息。

（3）调色板，这个部分是可选的，有些位图需要调色板，有些位图则不需要调色板，如真彩色图（24 位的 BMP）。

（4）位图数据，这部分的内容根据 BMP 位图使用的位数不同而不同，在 24 位图中直接使用 RGB，而其他小于 24 位的则使用调色板中颜色索引值。

其中位图数据代表数字图像中像素的具体颜色信息，其按照固定的顺序排列，形成一个数字矩阵，如图 7－1 所示，最终形成人们所看到的数字图像。

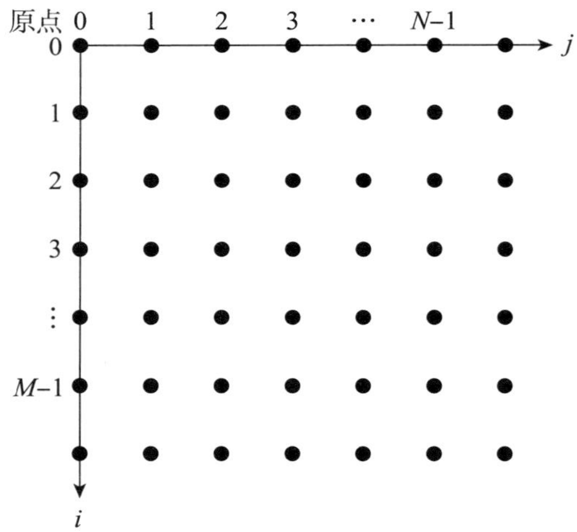

图 7－1　数字图像坐标

其矩阵表示如下式：

$$\boldsymbol{G}(i,j)=\begin{bmatrix} g(0,0) & g(0,1) & \cdots & g(0,N-1) \\ g(1,0) & g(1,1) & \cdots & g(1,N-1) \\ \vdots & \vdots & & \vdots \\ g(M-1,0) & g(M-1,1) & \cdots & g(M-1,N-1) \end{bmatrix} \tag{7-1}$$

式中，$g(i,j)$ 代表在图像坐标系中 (i,j) 点的彩色信息值。

图像分辨率是指每英寸图像中所含有像素的数量。图像分辨率越高，表明可以采集到更精细的图像细节，这就使矩阵表示的数字图像包含更多的像素点。用矩阵形式表达图像，就可利用处理矩阵的方法来处理数字图像，这样对一幅数字图像的处理就可以用数学方法来描述和运算，尤其便于用计算机完成图像处理。

7.1.2　灰度图像

1. 图像灰度化

灰度图是指只含亮度信息，不含色彩信息的图像，就如同平常看到的黑白照片。因为亮度由暗到明，变化是连续的，所以要表示灰度图，就需要把亮度值进行量化。通常划分成 0～255，共 256 个级别，0 最暗（全黑），255 最亮（全白）。计算机中表示灰度数字图像的方法也可以采用 256 色的调色板，但是这个调色板每一项的 RGB 值必须都是相同的，即 RGB 值从（0，0，0），（1，1，1）一直到（255，255，255）。（0，0，0）是全黑色，（255，255，255）是全白色，中间的是灰色。由于人的视觉对颜色的敏感度不同，等量的红、蓝、绿混合不能得到对应亮度相同的灰度值。大量的实验数据表明，当采用 0.3 份红色、0.59 份绿色、0.11 份蓝色混合后可以得到比较符合人类视觉的灰度值，即如式（7－2）所示：

$$\text{灰度值} = (0.3 \times R) + (0.59 \times G) + (0.11 \times B) \tag{7-2}$$

根据式（7－2）可以计算出当前像素对应的灰度值，将图像中彩色像素所对应的 RGB 值都改为灰度值，则图像转化为灰度图像。

2. 灰度直方图

灰度直方图是一个一维的离散函数，它表示数字图像每一灰度级与该灰度级像素出现频率的对应关系。设一幅数字图像的像素总数为 N，灰度总级数为 L，第 k 个灰度级的等级灰度 r_k 的像素共有 n_k 个。于是第 k 个灰度级或者说 r_k 出现的频率为：

$$P(r_k) = \frac{n_k}{N} \tag{7-3}$$

式中，因为 $P(r_k)$ 给出了对 r_k 出现概率的一个估计，所以直方图（见图 7－2）提供了原图的某种灰度值的分布情况，也可以说给出了一幅图所有灰度值的一种整体描述。

7.1.3　图像滤波

由于光电转换过程中敏感元件灵敏度的不均匀性、数字化过程的量化噪声、传输过程中的误差以及人为因素等，摄像机获取的图像不可避免地存在着一定程度的噪声干扰。噪声恶化了图像质量，使图像模糊、特征淹没，给分析带来了困难。因此，在对图像进行分析前需要对图像进行滤波处理。图像滤波的主要目的是去除图像上的噪声和假轮廓。图像滤波的算法主要分两类：频域滤波和空域滤波。

频域法就是对图像 $f(x,y)$ 进行某种正交变换，将图像的空间域信息转换到频率域中，

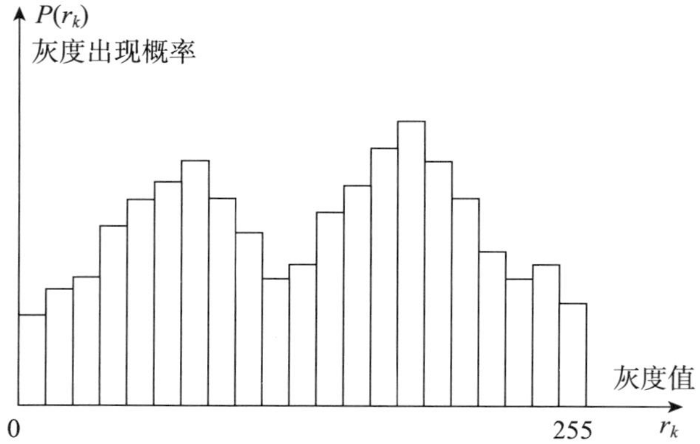

图 7-2　直方图

然后根据增强的要求设计适当的传递函数 $H(u,v)$ 对图像进行滤波处理，最后将处理后的图像反变换到空间域，从而获得频域滤波增强后的图像 $g(x,y)$。这是一种间接的处理方法。

频域滤波技术的关键是要设计一个适当的滤波系统传递函数 $H(u,v)$。要保留的频率分量，相应的 $H(u,v)=1$ 或 k_0（k_0为大于或小于 1 的常数）；要抑制或衰减的分量，所对应的 $H(u,v)=0$ 或 ω_0（ω_0为大于 0 且小于 1 的常数）。目前频率域处理方法有：图像的傅里叶正变换和逆变换，各种小波变换和逆小波变换。这些方法使用的计算机内存大、计算时间长，不适合实时系统。

空域法是在空间域内直接对图像的灰度值进行处理，常用的算法有：线性平滑、非线性平滑、自适应平滑。三种算法有各自的优缺点，需要针对具体情况，根据具体要求选择其中一种滤波算法。

线性平滑是对每个像素点的灰度值用它的邻域值来代替，其邻域大小一般取奇数，如 3×3、5×5 均值滤波器等。线性平滑虽然降低了噪声，但同时也模糊了图像的边缘和细节。非线性平滑不是对所有像素都用它的邻域平均值来代替，而是取一个阈值，当像素灰度值与其邻域平均值之间的差值大于阈值时才以均值代替，当这个差值不大于阈值时取其本身的灰度值。非线性平滑可以消除一些孤立点，对图像的细节影响不大，但对图像的边缘点会带来一定的失真。自适应平滑有一个适应的目标，根据目的不同，可以有各种各样的自适应图像处理方法。

7.1.4　图像边缘增强

边缘信息在图像的分析和人的视觉中都十分重要。不同尺度意义下的边缘，是视觉感知的重要线索，在一定条件下包含了图像的全部信息。在有些情况下，仅根据边缘就可以识别物体。因此，无论对于描述目标或是解释图像，边缘点都是至关重要的。一般来说，图像中的边界应具有以下特征：

（1）边界上的灰度值是逐渐变化的。

（2）边界应该存在于灰度值发生突变的两个不同区域之间，即阶跃状边缘。

（3）具有相近灰度值的区域内也可能存在边界，此时的边缘位于灰度值从增加到减小再到增加的转折点上，即屋顶状边缘。

（4）噪声可能会产生边界。

在车辆的视觉导航中，道路边界信息可以提供车辆路径保持和路径跟踪的位置参考信息，是实现车辆自主导航功能的重要信息。边缘检测的目标就是增强图像中的区域边界，以便于道路边界的识别。经典的边缘检测是构造对像素灰度级阶跃变化敏感的微分算子或按像素的某邻域特征构造边缘算子，常用的边缘增强算子有：Robert 梯度算子、Sobel 算子以及 Prewitt 算子。

1. Robert 算子

Robert 边缘检测算子采用的是对角方向相邻的两个像素之差。从图像处理的实际效果来看，边缘定位准，对噪声敏感。Robert 算子是一种利用局部差分算子寻找边缘的算子，Robert 算子为：

$$G[i,j]=|(f[i,j]-f[i+1,j+1])|+|f[i+1,j]-f[i,j+1]| \tag{7-4}$$

2. Sobel 算子

Sobel 算子是一种一阶差分算子，它可以有效地消除道路图像中大部分无用信息。

Sobel 边缘检测算子：

$$G(i,j)=\max\{|\nabla G_i|,|\nabla G_j|\} \tag{7-5}$$

其中，

$$\begin{cases}\nabla G_i=[f(i-1,j+1)+2f(i,j+1)+f(i+1,j+1)]-\\ \qquad [f(i-1,j-1)+2f(i,j-1)+f(i+1,j-1)]\\ \nabla G_j=[f(i-1,j-1)+2f(i-1,j)+f(i-1,j+1)]-\\ \qquad [f(i+1,j-1)+2f(i+1,j)+f(i+1,j+1)]\end{cases} \tag{7-6}$$

式中，$f(i,j)$ 表示处理前该点的灰度值。

3. Prewitt 算子

使用 Prewitt 算子与使用 Sobel 算子的方法一样，图像中的每个点都用两个核进行卷积，然后取最大值作为输出，只是使用的两个卷积核不同。

7.1.5 图像阈值分割

为了将目标物体从图像背景中提取出来，可以使用图像阈值分割的方法。图像阈值分割，就是用一个或几个阈值将图像的灰度分布直方图划分为几个类，认为灰度值在同一个灰度范围内的像素属于同一物体。通常，选择一个阈值将图像的灰度范围划分成目标和背景，称为图像的二值化。

对图像进行二值化处理的关键是阈值的选择和确定。若阈值偏大，则可能出现有些边缘点未能被检测出来；相反，若阈值偏小，则出现有部分非边缘点也被检测出，出现太多的冗余信息。一般来说，图像阈值选取方法可以分为全局和局部的阈值选取方法，全局阈值选取是根据整幅图像确定一个阈值；局部阈值选取方法是将图像分成若干个子图像，然后根据每个子图像确定相应的阈值。当阈值确定后，可以使用下列表达式将图像分割为目标图像和背景图像：

$$f(x,y)=\begin{cases}0 & f(x,y)<T\\255 & f(x,y)\geqslant T\end{cases}\tag{7-7}$$

式中，$f(x,y)$ 表示灰度图像；$(x,\ y)$ 为数字图像像素的空间坐标；T 为阈值，用式（7－7）对整幅图像进行二值化。

7.2 摄像机标定

7.2.1 摄像机数学模型

1. 线性摄像机模型

为了标定摄像机，首先需要建立一个模型将世界坐标系中三维空间点投影到二维图像中，该模型由摄像机和镜头组成。常用的理想化摄像机模型为针孔成像模型，又称为线性摄像机模型。

在摄像机测量过程中，包括4个坐标系之间的转换：计算机图像坐标系、图像平面坐标系、摄像机坐标系和世界坐标系，其坐标系关系如图7－3所示。

计算机图像坐标系 O_0uv：原点位于图像左上角，该坐标系是以像素为单位的坐标系。

图像平面坐标系 O_1xy：原点位于摄像机光轴与图像平面坐标系的交点，利用透视变换（直线传播）原理可知，该原点与图像平面的几何中心重合，x 轴平行于 u 轴，y 轴平行于 v 轴。O_1 点在坐标系 O_0uv 中的坐标为 $O_1(u_0,v_0)$。

摄像机坐标系 $OX_CY_CZ_C$：是以摄像机光心 O 为原点的坐标系。OO_1 之间的距离为摄像机焦距 f。P 点为空间中某一点，在摄像机坐标系中的坐标为 $P(X_C,Y_C,Z_C)$。P 点与图像坐标系的交点为 P'，P' 点在图像坐标系中的坐标为 $P'(x,y)$。

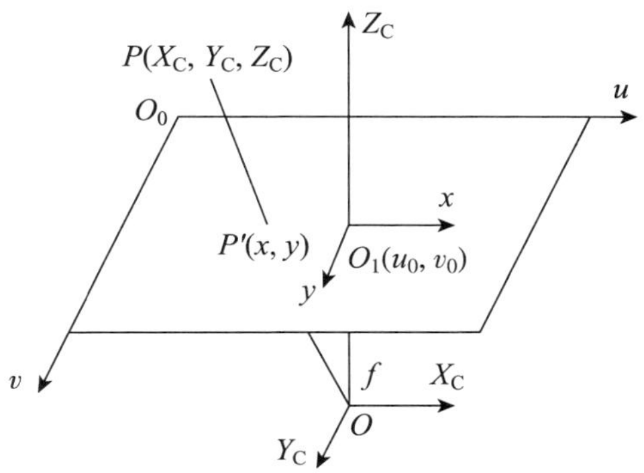

图 7－3　摄像机成像模型

世界坐标系：是摄像机工作时操作人员自主选取的坐标系。在双目立体视觉系统中，一般选取左摄像机坐标系为世界坐标系。下面给出各坐标系之间的转换关系式。

从图 7－3 知，计算机图像坐标系 O_0uv 与图像平面坐标系 O_1xy 之间的转换关系为：

$$u = s_u x + u_0 \tag{7-8}$$

$$v = s_v y + v_0 \tag{7-9}$$

变换成矩阵表达形式为：

$$\begin{bmatrix} u \\ v \\ 1 \end{bmatrix} = \begin{bmatrix} s_u & 0 & u_0 \\ 0 & s_v & v_0 \\ 0 & 0 & 1 \end{bmatrix} \begin{bmatrix} x \\ y \\ 1 \end{bmatrix} \tag{7-10}$$

其中，s_u、s_v 分别为 x、y 轴方向单位长度对应的像素点数；u_0、v_0 为镜头光学中心位置，单位为 mm。

图像平面坐标系 O_1xy 与摄像机坐标系 $OX_CY_CZ_C$ 之间的关系可以通过共线方程得到：

$$x = \frac{fX_C}{Z_C} \tag{7-11}$$

$$y = \frac{fY_C}{Z_C} \tag{7-12}$$

将上述投影关系用矩阵形式表达如下：

$$Z_C \begin{bmatrix} x \\ y \\ 1 \end{bmatrix} = \begin{bmatrix} f & 0 & 0 & 0 \\ 0 & f & 0 & 0 \\ 0 & 0 & 1 & 0 \end{bmatrix} \begin{bmatrix} X_C \\ Y_C \\ Z_C \\ 1 \end{bmatrix} \tag{7-13}$$

摄像机坐标系与世界坐标系之间的转换关系是通过旋转矩阵 $\boldsymbol{R}$ 和平移向量 $\boldsymbol{T}$ 来表示的：

$$\begin{bmatrix} X_C \\ Y_C \\ Z_C \\ 1 \end{bmatrix} = \begin{bmatrix} \boldsymbol{R} & \boldsymbol{T} \\ 0 & 1 \end{bmatrix} \begin{bmatrix} X_w \\ Y_w \\ Z_w \\ 1 \end{bmatrix} \tag{7-14}$$

其中，X_w、Y_w、Z_w 为世界坐标系坐标；$\boldsymbol{R}$ 为 3×3 阶方阵；$\boldsymbol{T}$ 为 3×1 维平移向量矩阵。

联立式（7-10）、式（7-13）、式（7-14）可得：

$$Z_C\begin{bmatrix} u \\ v \\ 1 \end{bmatrix} = \begin{bmatrix} s_u & 0 & u_0 \\ 0 & s_v & v_0 \\ 0 & 0 & 1 \end{bmatrix} \begin{bmatrix} f & 0 & 0 & 0 \\ 0 & f & 0 & 0 \\ 0 & 0 & 1 & 0 \end{bmatrix} \begin{bmatrix} \boldsymbol{R} & \boldsymbol{T} \\ 0 & 1 \end{bmatrix} \begin{bmatrix} X_w \\ Y_w \\ Z_w \\ 1 \end{bmatrix}$$

$$= \begin{bmatrix} s_u f & 0 & u_0 & 0 \\ 0 & s_u f & v_0 & 0 \\ 0 & 0 & 1 & 0 \end{bmatrix} \boldsymbol{A}_2 \begin{bmatrix} X_w \\ Y_w \\ Z_w \\ 1 \end{bmatrix} = \boldsymbol{A}_1\boldsymbol{A}_2 \begin{bmatrix} X_w \\ Y_w \\ Z_w \\ 1 \end{bmatrix} = \boldsymbol{A} \begin{bmatrix} X_w \\ Y_w \\ Z_w \\ 1 \end{bmatrix} \tag{7-15}$$

其中，$\boldsymbol{A}_1 = \begin{bmatrix} s_u f & 0 & u_0 & 0 \\ 0 & s_u f & v_0 & 0 \\ 0 & 0 & 1 & 0 \end{bmatrix}$，与 f、s_u、s_v、u_0、v_0 等摄像机内部参数有关；$\boldsymbol{A}_2 = \begin{bmatrix} \boldsymbol{R} & \boldsymbol{T} \\ 0 & 1 \end{bmatrix}$，与旋转矩阵 $\boldsymbol{R}$ 和平移向量矩阵 $\boldsymbol{T}$ 等摄像机外部参数有关；$\boldsymbol{A}$ 为 3×4 维变换矩阵。

2. 非线性模型

实际上，摄像机镜头成像并不是理想的透视成像，而是在径向变形、偏心变形、薄棱镜变形等因素影响下产生不同程度的畸变。由于畸变因素作用，致使空间点成像并不在线性模型描述的位置 (x,y)，而是在受到镜头失真影响而偏移的实际像平面坐标 (x',y')。

$$\begin{cases} x = x' + \Delta x \\ y = y' + \Delta y \end{cases} \tag{7-16}$$

其中，Δx、Δy 为非线性畸变值，与像点在图像中的位置有关。

一般镜头畸变同时包括径向畸变和切向畸变，由于切向畸变比较小，这里只考虑径向畸变。径向畸变的修正量由距图像中心的径向距离的偶次幂多项式模型表示：

$$\begin{cases} \Delta x = (x' - u_0)(k_1 r^2 + k_2 r^4 + \cdots) \\ \Delta y = (y' - v_0)(k_1 r^2 + k_2 r^4 + \cdots) \end{cases} \tag{7-17}$$

其中，k_1、k_2 为非线性畸变参数；$r^2 = (x' - u_0)^2 + (y' - v_0)^2$。

用二阶径向畸变来描述非线性畸变，表达式为：

$$\begin{cases}\Delta x = (x' - u_0)(k_1 r^2 + k_2 r^4) \\ \Delta y = (y' - v_0)(k_1 r^2 + k_2 r^4)\end{cases} \tag{7-18}$$

线性模型参数 f、s_u、s_v、u_0、v_0 与非线性畸变参数 k_1、k_2 共同构成了摄像机的非线性模型内部参数。

由以上推导分析可知，摄像机标定的实质就是确定内部参数（f、s_u、s_v、u_0、v_0、k_1、k_2）和外部参数 $\boldsymbol{R}$、$\boldsymbol{T}$ 的过程。假设摄像机的内外参数都已确定，在已知世界坐标系上一点 $P(X_w, Y_w, Z_w)$ 在计算机图像坐标系上投影的坐标 $P'(x,y)$ 时，通过式（7-15）并不能计算得出唯一的点 $P(X_w, Y_w, Z_w)$，而是得到一条投影到 P' 点的射线。为此，要唯一确定空间点三维坐标，就需要利用双目立体摄像机的三角交汇原理来实现。

3. 双目立体摄像机测量模型

为简化模型，选用型号、配置完全一样且位置固定的两台摄像机1、2。O_1、O_2 分别为左、右摄像机光心，O_1'、O_2' 分别为左、右成像中心。O_1O_1' 和 O_2O_2' 长度相同均为 f。摄像机的基准线平行于 X 轴，且基准线长为 L。空间点 P 在左、右摄像机坐标系下的坐标分别为 $P(X_{C1}, Y_{C1}, Z_{C1})$、$P(X_{C2}, Y_{C2}, Z_{C2})$。点 P 通过透镜成像在像平面上的点分别为 P_1、P_2，P_1 在左图像坐标系下的坐标为 $P_1(x_1, y_1)$，P_2 在右图像坐标系下的坐标为 $P_2(x_2, y_2)$。图7-4为双目立体视觉系统测量示意图。

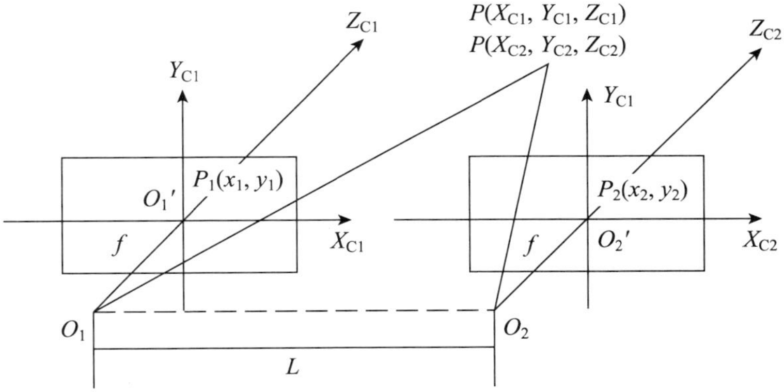

图7-4　双目立体视觉系统测量示意图

由式（7-15）可以类比得出左、右摄像机的矩阵变换式：

$$Z_{C1}\begin{bmatrix} u_1 \\ v_1 \\ 1 \end{bmatrix} = \boldsymbol{A}'\begin{bmatrix} X_w \\ Y_w \\ Z_w \\ 1 \end{bmatrix} \tag{7-19}$$

$$Z_{C2}\begin{bmatrix}u_2\\v_2\\1\end{bmatrix}=\boldsymbol{A}''\begin{bmatrix}X_w\\Y_w\\Z_w\\1\end{bmatrix} \tag{7-20}$$

于是，利用双目立体视觉系统的三角交汇原理，已知某一空间点 P 在左、右摄像机透视变换下的计算机图像坐标 (u_1,v_1)、(u_2,v_2)，再通过摄像机标定确定左、右摄像机内、外参数值，确定变换矩阵 $\boldsymbol{A}'$、$\boldsymbol{A}''$，即可唯一确定点 P 的世界坐标。

7.2.2 摄像机参数标定

1. 单摄像机参数标定

将式（7－15）展开成三个非独立线性方程组的形式：

$$\begin{cases}Z_{Ci}u_i=a_{11}X_{wi}+a_{12}Y_{wi}+a_{13}Z_{wi}+a_{14}\\Z_{Ci}v_i=a_{21}X_{wi}+a_{22}Y_{wi}+a_{23}Z_{wi}+a_{24}\\Z_{Ci}=a_{31}X_{wi}+a_{32}Y_{wi}+a_{33}Z_{wi}+a_{34}\end{cases} \tag{7-21}$$

整理得出两个相互独立线性方程：

$$\begin{cases}u_ia_{34}=a_{11}X_{wi}+a_{12}Y_{wi}+a_{13}Z_{wi}+a_{14}-u_ia_{31}X_{wi}-u_ia_{32}Y_{wi}-u_ia_{33}Z_{wi}\\v_ia_{34}=a_{21}X_{wi}+a_{22}Y_{wi}+a_{23}Z_{wi}+a_{24}-v_ia_{31}X_{wi}-v_ia_{32}Y_{wi}-v_ia_{33}Z_{wi}\end{cases} \tag{7-22}$$

取 n 个计算机图像坐标系中的特征点的像素坐标 (u_i,v_i)，及其对应的空间三维坐标 (X_{wi},Y_{wi},Z_{wi})，代入式（7－22）中，可以得到 $2n$ 个线性方程，写成矩阵形式如下：

$$\begin{bmatrix}u_1\\v_1\\u_2\\v_2\\\vdots\\u_n\\v_n\end{bmatrix}a_{34}=\begin{bmatrix}X_{w1}&Y_{w1}&Z_{w1}&1&0&0&0&0&-u_1X_{w1}&-u_1Y_{w1}&-u_1Z_{w1}\\0&0&0&0&X_{w1}&Y_{w1}&Z_{w1}&1&-v_1X_{w1}&-v_1Y_{w1}&-v_1Z_{w1}\\\vdots&\vdots&\vdots&\vdots&\vdots&\vdots&\vdots&\vdots&\vdots&\vdots&\vdots\\X_{wn}&Y_{wn}&Z_{wn}&1&0&0&0&0&-u_nX_{wn}&-u_nY_{wn}&-u_nZ_{wn}\\0&0&0&0&X_{wn}&Y_{wn}&Z_{wn}&1&-v_nX_{wn}&-v_nY_{wn}&-v_nZ_{wn}\end{bmatrix}\begin{bmatrix}a_{11}\\a_{12}\\a_{13}\\a_{14}\\a_{21}\\a_{22}\\a_{23}\\a_{24}\\a_{31}\\a_{32}\\a_{33}\end{bmatrix} \tag{7-23}$$

计算即可求得摄像机的内外参数值，实现摄像机的标定。

2. 双目立体视觉系统摄像机参数标定

重复单个摄像机的标定过程可以得到左、右两个摄像机的内参数。外参数是指两摄像机之间的相对位置关系。根据获取的世界坐标系的 3 维点可计算左摄像机相对于世界坐标系的旋转矩阵 $\boldsymbol{R}_1$，平移向量 $\boldsymbol{T}_1$；右摄像机相对于世界坐标系的旋转矩阵 $\boldsymbol{R}_2$，平移向量 $\boldsymbol{T}_2$。则两摄像机之间的相对旋转矩阵 $\boldsymbol{R}$ 和相对平移向量 $\boldsymbol{T}$ 可表示为：

$$\boldsymbol{R} = \boldsymbol{R}_2\boldsymbol{R}_1^{-1} \tag{7-24}$$

$$\boldsymbol{T} = \boldsymbol{T}_2 - \boldsymbol{R}_2\boldsymbol{R}_1^{-1}\boldsymbol{T}_1 \tag{7-25}$$

由以上分析可知，双目立体视觉系统摄像机内部参数标定可以通过分别对左、右摄像机进行标定得到，外部参数可以通过式（7－24）、式（7－25）得到。标定完成的参数代入式（7－15）即可计算得出空间点 P 的世界坐标。

7.3　车道标志线的检测

车辆只有精确了解车道信息，才可以准确地获得本车相对于车道的位置和方向，用于控制车辆的行驶方向，进而判断前方是否有车辆位于本车道内。结构化道路具有清晰的车道线和道路边界，车道线一般为连续的直线、曲线或短划线，在这种情况下，道路检测问题可以简化为车道线和道路边界的检测。目前，国内外主要通过检测车道标线来识别结构化道路的位置和形状。本节介绍一种单目视觉自适应动态窗口的检测算法。

首先利用栅格法将初始图像划分为栅格图像，然后找到感兴趣区域（ROI），剔除掉与 ROI 区域栅格线相交像素点外的其他像素点，进而在保留的像素点中找到车道线特征点，并利用膨胀算法以保留的特征点为基础，实时动态产生少量窗口，然后对这些动态窗口中的图像进行灰度转化、滤波去噪、边缘增强和二值化等处理，得到车道线边界特征，最后利用 Hough 变换进行车道线拟合。其算法流程图如图 7－5 所示。

7.3.1　道路先验知识

真实世界中的结构化道路环境各有不同，但是它们有一些共同的特点。这些特点是被人们所公认的，是算法实现之前被默认为正确的假设知识。这些特点归纳起来称为道路先验知识，主要包括：

（1）道路在地面上，而且路面是局部平坦的。

（2）道路本身是不移动的。

（3）道路是连续的。

（4）道路路面具有一定的宽度。

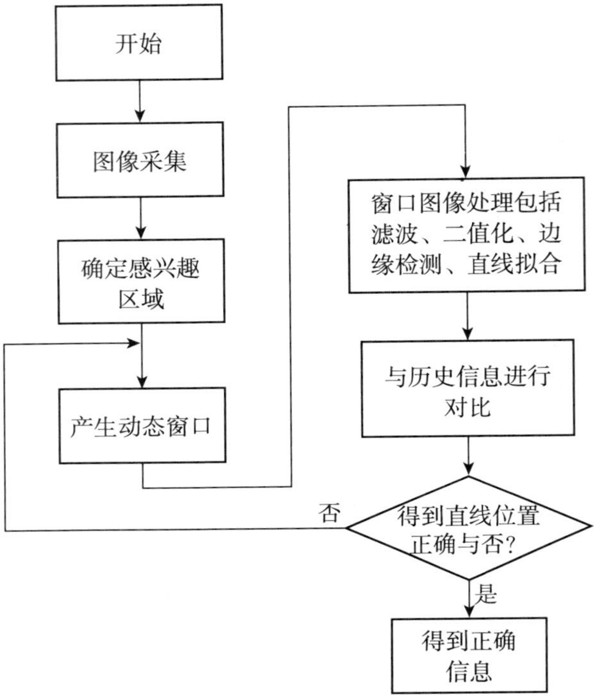

图 7－5　算法流程图

（5）道路边沿在路面的两侧。

（6）道路白色标志线的灰度值比道路路面大。

（7）道路方向不会突然急变。

（8）道路路面的色彩、纹理是缓慢变化的。

除公理性的先验知识外，根据不同的道路环境，对道路模型还做进一步的定性描述，以便道路模型更充分、精确地描述出当前道路环境的特点。

（1）在图像的正下方为道路路面。

（2）道路的几何线性为直线或者曲线。

（3）车道的两侧边沿在地平面上局部是平行的。

（4）道路边界和标志线是连续且清晰的。

（5）在道路边界断裂时，则认为是遮挡现象或出现交叉口。

人眼在识别道路边界时通常会知道在哪里可以找到预期的边界，而且意识中存在有道路边界以及其他事物的丰富先验知识，根据道路边界在时空序列中的连续性，比较容易地从复杂的背景中检测出边界的方位。这样，识别过程对于边界处有遮挡物或因其他原因而变得残缺不全的情况就会具有很高的鲁棒性。

7.3.2　动态定位道路特征区域

由以上所述的道路先验知识，结合结构化道路轮廓比较规则，道路区域和非道路区域有明显的边界，道路区域主要集中在图像的中下部，从而可以确定道路的感兴趣区域（Region of Interest，ROI）。基于道路感兴趣区域的思想，将主要处理的区域集中在图像的中下部分。这样不仅可以提高图像处理的速度，还可以去除非道路区域边缘轮廓线对最后车道线拟合的影响。具体的方法是先在 ROI 中寻找车道线的一些特征点，将这些点进行膨胀得到一些动态窗口，然后在这些膨胀后的窗口中进行车道线的拟合。这样需要处理的图像主要集中在这些动态窗口中，从而大大提高了车道线拟合的速度。而且，处理工作都是在动态窗口中进行的，其准确性也会得到提高。

矩形感兴趣区域产生后，将整个图像区域视为背景，剔除图像区域内除 ROI 网格线上像素点以外的其余像素点，从而得到前景图像，这些像素点是 ROI 与背景图像的网格线交叉的像素集合，车道标志线的一些特征点也会包含在这些像素点中。车道标志线在路面上有比较明显的边缘界限时，就可以利用其边缘梯度信息将边缘点从前景图像中提取出来。有时车道标志线的边缘不是很清晰，或者是被污染了，结果可能得到错误的边缘信息。为了防止这种情况发生，加入了灰度检验信息，从前景图像的像素点中提取出符合车道标志线灰度特征的像素点，从而保证算法不会失效。灰度信息检验是使用灰度阈值分割的方法，将前景图像中属于车道标志线的特征像素点提出来。预先设置阈值的范围，然后将所有 ROI 前景图像上的像素点灰度值与此阈值区间进行比较，若像素灰度值落在此区间内，则保留此像素点，否则就将其剔除。

图 7－6（a）、（c）、（e）是摄像机连续采集的三幅图像，图 7－6（b）、（d）、（f）是使用膨胀算法产生的动态窗口图像。可以看出，动态窗口基本包括了原始图像中车道标志线的信息，无论车道标志线在 ROI 的哪个部分，都能用特征点膨胀窗口正确地显示车道标志线，后续主要的图像处理工作都在动态窗口中进行。通过与原图的对比，使用了动态窗口的图像只是原图中的很小部分，这样处理的速度必然加快，而且可以减少其他噪声的干扰，提高了检测的准确性。

7.3.3　车道标志线的检测

在产生的动态窗口中，通过图像滤波、边缘增强、图像二值化、Hough 变换等步骤进行车道标志线的检测及拟合。

1. 图像滤波

摄像机采集到的图像会在不同程度上存在噪声的污染，需要对图像进行滤波处理。针对实时性的要求，可以采用中值滤波器。

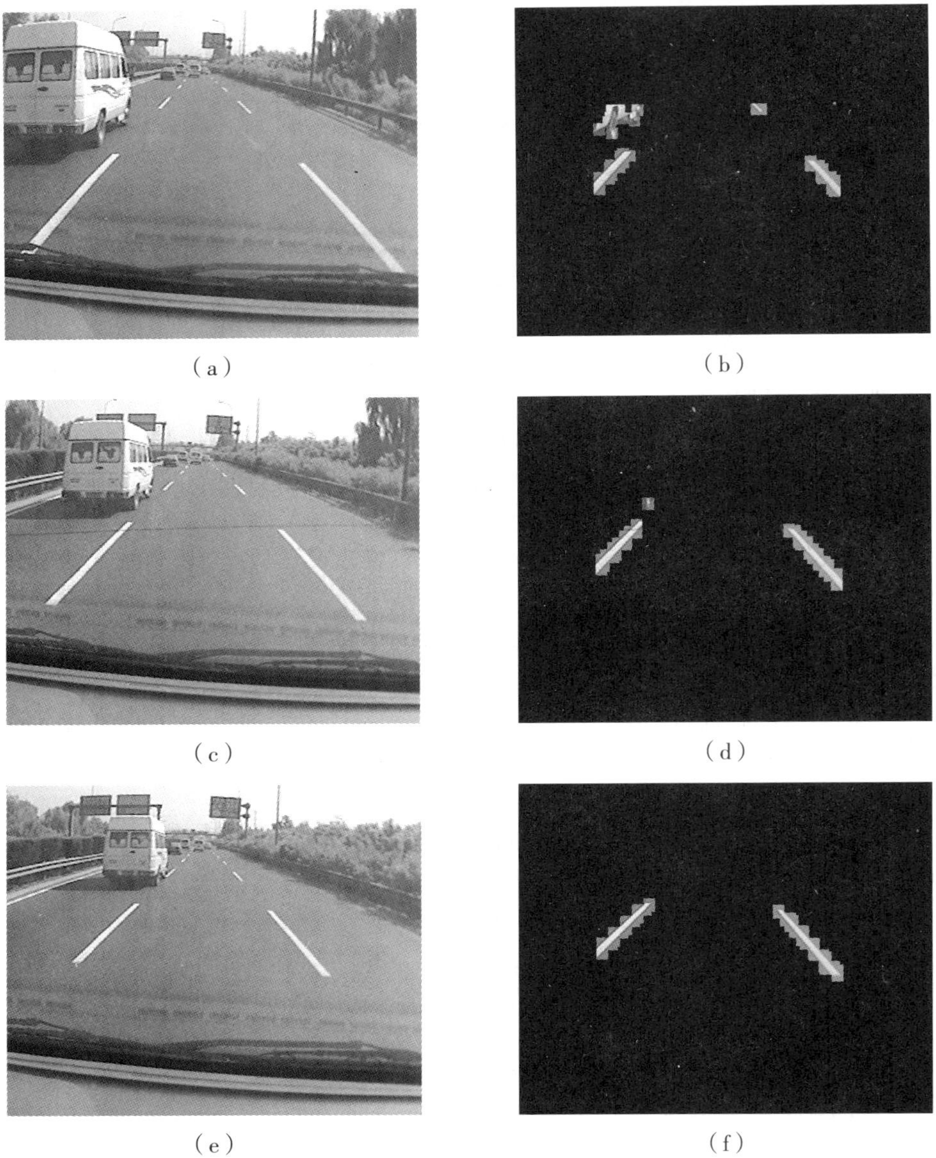
(a)　　(b)
(c)　　(d)
(e)　　(f)

图7－6　动态窗口

(a) 原始图像；(b) 动态窗口图像；(c) 原始图像；(d) 动态窗口图像；
(e) 原始图像；(f) 动态窗口图像

中值滤波是一种非线性的滤波处理方法，其基本思想是用像素点邻域灰度值的中值来代替该像素点的灰度值。该方法在去除脉冲噪声、椒盐噪声的同时又能保留图像边缘细节。

这一过程如图 7 - 7（a）所示，采用的是 3 × 3 模板，用中值“33”代替模板图像中心的灰度值。一般采用奇数点的邻域来计算中值，但如果像素点数为偶数时，中值就取排序像素中间两点的灰度平均值。图 7 - 7（b）为滤波后的结果。

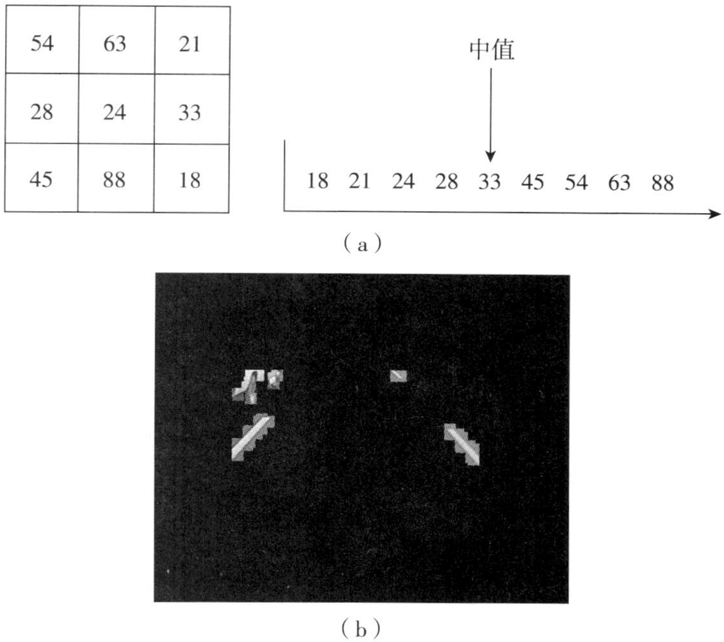

图 7 - 7　图像中值滤波

（a）3 × 3 邻域的中值滤波器；（b）中值滤波

2. 图像边缘检测

在实现图像的滤波去噪声时，图像边缘细节会在不同程度上变得模糊，由此造成图像的轮廓不清晰，给图像特征提取、识别都带来了不小的难度。所以使用边缘增强，勾画出图像中的边缘信息，以利于后续的图像处理。综合考虑时间和处理效果，通常采用 Sobel 算子作为边缘检测算子。

3. 图像二值化

边缘检测处理后图像中的大部分边缘已经被勾画出来了，其中不仅包括车道标志线的边缘，还有其他在车道标志线周围的一些物体边缘也被检测了出来。因此，为了更精确地提取出车道标志线的边缘，就需要进行图像的二值化处理。

为了划分背景与目标，一般选择阈值为背景灰度值的中间值。选取阈值的依据是图像灰度分布直方图。图像直方图可以视为亮度分布的概率密度函数的估计。假设图像中只含有两种主要的亮度区域，则整个密度函数可以看作两个具有单峰的密度函数的总和或混合，其中一个对应白色区域，另一个对应黑色区域，反应混合程度的参数与每种亮度在图中所占面积的大小成正比。已知密度函数，则可以找到一个阈值来划分两个不同亮度的区域，即在分割出现错误的概率为最小的条件下求出的阈值。

求取每一帧图像动态窗口图像的阈值 T 的算法步骤为：

（1）计算出图像中像素的最大灰度值 Z_h 和最小灰度值 Z_l。

（2）求取 Z_h 和 Z_l 的平均值 T_0。

（3）以 T_0 为界，求取图像中灰度值小于 T_0 的像素灰度平均值 Z_0，再求取灰度大于 T_0 的像素灰度平均值 Z_b。

（4）求取 Z_0 和 Z_b 的平均值作为该帧图像中动态窗口图像的阈值 T。

在这里求出的 T 就是二值化的最佳阈值，然后将此阈值用来对边缘检测后的动态窗口图像进行二值化处理。图 7－8（a）是动态窗口图像灰度直方图，图 7－8（b）为利用二值化算法进行处理的结果。

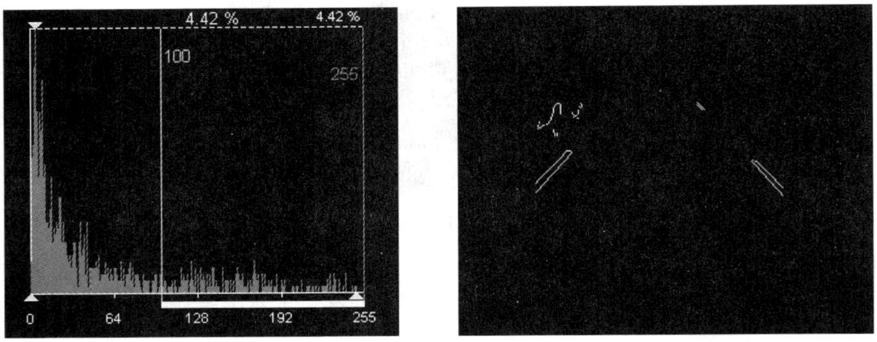

（a）　　（b）

图 7－8　图像二值化

（a）图像灰度直方图；（b）图像二值化

经过以上步骤处理后，已经把动态窗口图像中一些不必要的图像信息过滤掉了，得到了道路车道标志线的特征信息，下面就可以利用这些特征信息对车道标志线进行直线拟合。

4. 直线拟合

要确定车道标志线所在的直线，只需确定该直线的截距及斜率即可，常用的方法是使用 Hough 变换对车道标志线进行直线拟合。其基本思想是：设有直线 $y = mx + b$，它在参数空间极坐标系中可表示为：

$$\rho = x\cos\theta + y\sin\theta \tag{7-26}$$

式中，ρ 代表直线到原点的法线距离；θ 是该法线与 x 轴的夹角。

当（x，y）已知时，式（7－26）在空间极坐标系中为一条曲线，不同的（x，y）有不同的曲线。当（x，y）在同一条直线上时，映射在极坐标系中的曲线会交于一点，此点即代表图像空间的一条直线。由图 7－9 可以看出，图像空间中一条直线经 Hough 变换映射到极坐标空间中时是一个点，而极坐标空间中的一个点在图像空间中就表示一条直线。其算法实现是将已经得到的边缘特征点的坐标（x，y），分别代入式（7－26）中得到（ρ，θ）的值，然后计算（ρ，θ）在何值时经过的曲线较多，此点极坐标即为所要求的车道标志线对应的参数（ρ，θ）。

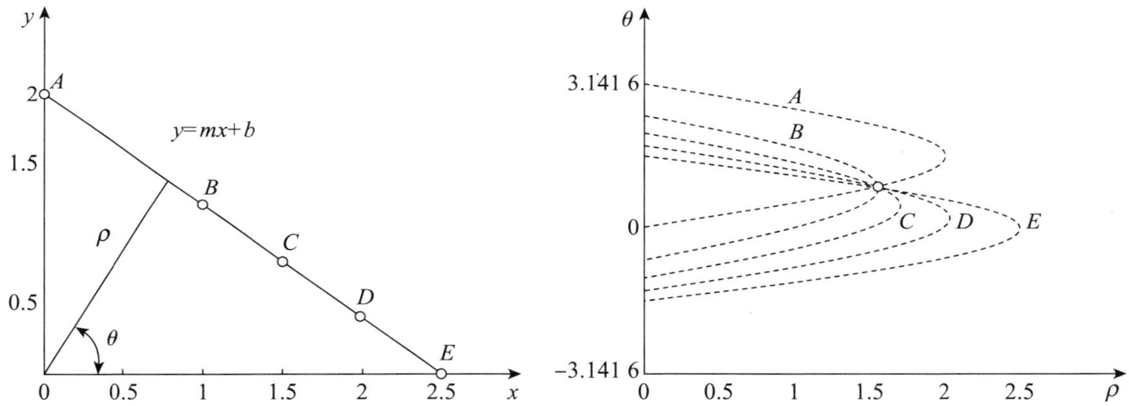

图 7－9　Hough 变换中极坐标和直角坐标之间的转换

图 7－10（a）就是使用 Hough 变换得到的拟合直线，图 7－10（b）是拟合直线与原始图像车道标志线的对比。

7.4　基于机器视觉的交通信号灯识别

交通信号灯是车辆在城市环境行驶中的一个重要标志，车辆需要根据交通信号灯的信息实现规划和决策。单一的方法都不能很好地完成交通信号灯的识别，例如，基于色彩特征的识别方法在背景环境相对简单的情况下，能够有效地检测和识别出交通信号灯，如背景为天空；但对于背景环境相对复杂的情况下，如城市道路环境，存在车辆、行人或广告牌等影响，基于色彩特征的识别方法容易出现虚警。基于形状特征的识别方法可以有效地减少基于色彩特征识别的虚警，但需要建立形状特征规则，对不同样式的交通信号灯来说，需要建立不同的形状特征规则，无疑限制了算法的灵活性。基于模板匹配的识别方法同样需要建立不

（a）　　　　（b）

图 7－10　车道标志线拟合直线

（a）拟合直线；（b）对比图

同样式的交通信号灯模板或者建立多级的交通信号灯模板来实现不同样式的交通信号灯识别。因此需要算法和特征的综合才能很好地适应环境的变化和不同样式交通信号灯的识别。

交通信号灯识别系统一般可分为图像采集模块、图像预处理模块、识别模块。图像采集模块完成图像的采集，摄像机的镜头焦距、曝光时间、增益、白平衡等参数的选择都对摄像机成像效果和后续处理有重要影响。图像预处理模块包括彩色空间选择和转换、彩色空间各分量的统计分析、基于统计分析的彩色图像分割、噪声去除、基于区域生长聚类的区域标记，通过图像预处理后得到交通信号灯的候选区域。识别模块包括离线训练和在线识别两部分，离线训练为通过交通信号灯的样本和背景样本得到分类器，利用得到的分类器完成交通信号灯的检测，结合图像预处理得出的结果完成其识别功能。

7.4.1　基于彩色视觉的交通信号灯识别

1. 彩色空间模型

彩色空间模型简单地说是用来表现色彩的一种数学表示方法。本质上，彩色空间模型是坐标系统和子空间的阐述。目前，常用的彩色空间包括线性彩色空间（RGB 模型的线性变换）和非线性彩色空间（RGB 模型的非线性变换）。其中线性彩色空间有 RGB、CMY、XYZ、YIQ、YUV，非线性彩色空间有 Nrgb、Nxyz、$L^*a^*b^*$、$L^*u^*v^*$、HSI（HSV），各种彩色空间各有其特点和应用场合。

在数字图像处理和多媒体计算机技术中，RGB 彩色空间模型使用最多，但在该彩色空间模型中，彩色图像的三个分量不仅代表色彩，还代表着亮度。因此 R、G、B 各分量间存在着很大的相关性，这种相关性意味着亮度的变化会导致 R、G、B 各分量的变化，所以 RGB 彩色空间模型并不适用于彩色图像的精确分割。在交通信号灯识别中，虽然通过 RGB

模型进行彩色分割不需要进行彩色空间的转换，提高了识别系统的实时性，但是由于该模型的各分量与亮度之间存在很大的相关性，导致该模型并不适用于复杂城市环境下的交通信号灯感兴趣区域 ROI 提取。

HSI（色调 Hue、饱和度 Saturation 和亮度 Intensity）彩色空间模型是从人的视觉系统出发的彩色模型，该模型可在彩色图像中从携带的彩色信息（色调和饱和度）里消除亮度分量的影响，使 HSI 模型成为开发基于彩色描述的图像处理方法的理想工具。由于其色调分量和亮度分量是完全分离的，利用色调和亮度进行交通信号灯识别能够很好地进行感兴趣区域分割。但从 RGB 彩色空间模型至 HSI 彩色空间模型的转换是一种非线性变换，会增加一定的系统处理时间。同时，当彩色图像接近为灰度图像时，色调信号是奇异的。另外，在 RGB 彩色空间中，信号的小变化，转换到 HSI 彩色空间时，色调信号可能会有较大的变化，具有不稳定因素。

HSV（色调 Hue、饱和度 Saturation 和明度 Value）彩色空间模型与 HSI 彩色空间模型相类似。对于一些人，HSI 更好地反映了“饱和度”和“亮度”作为两个独立参数的直觉观念，但是对于另一些人，它的饱和度定义是错误的，因为非常柔和的几乎白色的色彩在 HSI 可以被定义为是完全饱和的，HSV 中认为饱和度为色彩的纯度，若色彩混杂的白色越少，色彩越鲜明，饱和度就越趋近于1，反之，白色比例越多，色彩越淡，其饱和度就越趋近于0。因此在 HSV 彩色空间模型中，饱和度 S 分量和明度 V 分量的定义与 HSI 彩色空间模型中的定义有所不同，而色调 H 分量的定义则是一致的。

CIE 彩色空间模型有两种常用的标准型，分别为 $L^*a^*b^*$ 彩色空间和 $L^*u^*v^*$ 彩色空间，无论是 $L^*a^*b^*$，还是 $L^*u^*v^*$，都必须由 X、Y、Z 经过非线性变换得到。在 $L^*u^*v^*$ 彩色空间中，红色与蓝色具有良好的分离性，因此在特征彩色为红色和蓝色的交通标志识别系统中得到了一些应用，但该彩色空间模型需要经过一次线性变换和一次非线性变换处理，单帧的图像处理时间会较长，影响系统的实时性。同时和 HSI 彩色空间、HSV 彩色空间一样，当彩色图像接近为灰度图像时，色调值同样出现不稳定的特性。而 $L^*a^*b^*$ 彩色空间模型是一个很好的亮度和彩色分离器，使得它在图像操作（如色调和对比度的编辑）和图像压缩方面得到广泛的应用。

2. 基于彩色分割的目标候选区域提取

虽然 RGB 图像是直接从摄像机采集回来的数据，并不经过彩色空间的转换，但由于 R、G、B 各个彩色分量之间存在着相关性，并不利于目标识别的彩色分割处理，而 CIE 彩色空间模型又存在实时性的问题，因此 HSV 彩色空间模型更适合交通信号灯的识别。目前，常用的彩色分割算法有直方图阈值分割法、特征空间聚类法、基于区域的方法、基于边缘检测的方法、模糊集合的方法、神经网络的方法、基于物理模型的方法等。其中阈值分割法具有很好的实时性，而且交通信号灯的色调基本固定不变，当信号灯点亮时，其明度值也基本固定不变，因此基于 HSV 彩色空间的阈值分割方法适合交通信号灯识别系统的应用。另外由于摄像机成像效果的差别，对物体本身色彩的还原性也存在一定的差别，需要对采集回来的交通信号灯进行数据统计分析，从而找出合适的色调、饱和度和亮度或明度的上下阈值。阈值分割法在 HSV 彩色特征空间中设定阈值，并与图像像素的实际分量值进行比较，从而使交通信号灯能很好地从背景图像中提取出来。

阈值的确定需要对交通信号灯三种不同灯号在 HSV 彩色特征空间中 H、S、V 各分量值进行统计分析，其统计工作主要分为两部分处理，首先选择红灯、黄灯和绿灯整个信号灯的 H、S、V 各分量值进行分析，观察哪个分量设置阈值能够快速提取信号灯点亮的灯号。对多个不同亮度的信号灯光斑进行更细致的统计并确定阈值范围的过程中，由于摄像机的帧率与交通信号灯的刷新率不同，因此图像中会出现信号灯从 亮→暗→灭→暗→亮 的过程，需要选取不同亮度的光斑样本进行统计。

采用 HSV 彩色特征空间的三个分量组成阈值分割的特征参数，参数的具体选择需要根据样本统计对比曲线获取。另外还需要考虑最小风险系数和最小错误率的影响，为了防止检测目标的丢失，特别是红灯和黄灯，其危险级别比较高，需要对各个特征参数范围进行一定的扩大，然后再通过后续校验将虚警去除。

7.4.2 形态学处理

经过彩色分割后，可以得到二值图像，而彩色分割中，由于背景环境的变化会存在一些与交通信号灯色调、饱和度、亮度或明度相类似的点或区域。在彩色分割处理中，它们会导致二值图像中产生一些噪声或者干扰，噪声会使系统产生感兴趣区域 ROI，无疑增加后续的处理时间，因此为了让感兴趣区域 ROI 更准确，需要将这些噪声点去除而保留真正的交通信号灯区域。而形态学能够很好地解决二值图像的噪声去除问题，并且可以给连通区域进行区域标记，方便感兴趣区域的建立和识别后的目标校验。

形态学兴起于 20 世纪 60 年代，是图像理解的一个分支。形态学运算的基本思想是利用具有一定形态的结构元素去量度和提取图像中的对应形状以达到对图像分析和识别的目的。其中形态学处理以腐蚀（Erosion）和膨胀（Dilation）这两种基本运算为基础，除此之外还包括开操作与闭操作（Opening and Closing）、击中或击不中变换（The Hit-or-Miss Transformation）、边界提取（Boundary Extraction）、区域填充（Region Filling）、连通分量的提取（Extraction of Connected Components）、凸壳（Convex）、细化（Thinning）、粗化（Thickening）、骨架（Skeletons）和裁剪（Pruning）等。在二值图像处理应用中，用这些运算及其组合可以完成图像形状和结构的分析及处理，在噪声预处理、图像分割、特征提取、边缘检测、图像滤波、图像增强和图像恢复等方面都有相关的应用。

腐蚀和膨胀运算，能够快速完成噪声去除的预处理工作，由于交通信号灯在图像上的成像相对较小，其腐蚀和膨胀的次数需要根据原始图像的分辨率和摄像机镜头焦距大小进行决定。当选择高分辨率的图像采集时，其交通信号灯在图像中的成像会比较大，可以通过二次腐蚀和膨胀操作进行噪声处理而不会导致将目标在腐蚀阶段被当作噪声去除，而分辨率较小的图像，则采用一次腐蚀和膨胀操作即可，否则二次腐蚀膨胀会将信号灯当作噪声去除。同样摄像机的焦距较大时，信号灯在图像中的成像也会比较大，可以通过二次腐蚀膨胀完成噪声处理，反之一次腐蚀膨胀操作即可。

根据上述的彩色分割和形态学运算，可以初步完成交通信号灯候选区域的提取，如图 7－11 所示。图中以红灯为例来描述整个处理过程，图 7－11（a）为没有经过处理的图片，图 7－11（b）为经过阈值法进行彩色分割的结果，图 7－11（c）为经过形态学处理的结果。在城市环境中，一些干扰会引入非识别目标的候选区域，如前方车辆的制动灯、制动灯在附近车辆的反射（图 7－11（a）中公交车车身上有左侧小车制动灯的投影）、广告灯箱等，图 7－11（c）经过预处理后只有一个候选区域，但在很多实际应用中会出现两个或以上的候选区域，则需要利用连通域进行区域标记来完成后续的校验。

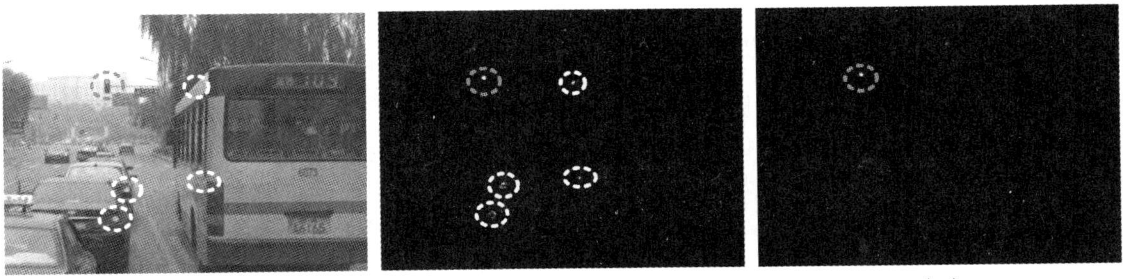

（a）　（b）　（c）

图 7－11　交通信号灯候选区域提取

（a）原始图片；（b）彩色分割；（c）噪声处理

7.4.3　区域标记

经过彩色分割和形态学处理后形成一个或多个候选区域，通过连通域的处理可以将各分割目标标记出来，可以采用连通域的区域标记算法。常见的有 4 邻域标记算法和 8 邻域标记算法，通过区域标记可以求得这些候选区域的中心位置、外接矩形宽度和高度、像素面积等参数。

对于立柱式和悬挂式交通信号灯都会在图片中存在一定的空间位置关系，另外其预处理后的外接矩形宽度、高度和其像素面积都会存在一定的参数范围，通过与参数范围的比较可以将一部分非信号灯候选区域进行过滤，剩下的连通区域作为交通信号灯的候选区域，并通过 8 连通域的区域标记法对处理后的连通区域进行标记，图 7－11（c）只有一个候选区域，而图 7－12（b）中的自行车信号灯经过预处理后也成为目标候选区域，通过后续的校验处理可以将信号灯提取出来。

（a）　　　　　　　　　　（b）

图 7－12　交通信号灯区域标记

（a）原始图片；（b）区域标记图

7.4.4　基于统计学习的交通信号灯识别

通过二值化图像进行区域标记后，对每个标记区域进行校验，其校验子窗口需要按照不同灯号对应的先验位置特征对标记区域进行扩大范围搜索。为了丰富正样本的多样性，增强正样本的灰度变化特征，使样本更具有统计特性，需要将交通信号灯样本进行周边扩大，多种背景下的信号灯形成了灰度变化多样性的样本。对样本进行周边扩大有利于使整个信号灯与背景环境的灰度变化形成强烈的灰度变化统计特性，有利于增强信号灯分类器的分类能力，降低其虚警率。选取不同的背景环境，不同的明暗度，不同的安装方式，不同的信号灯远近造成不同的清晰度等，尽可能地形成样本的多样性和样本的统计特性，最后通过手工标定提取整个信号灯的外轮廓，对所有样本进行归一化和周边扩大，初步完成交通信号灯样本库的建立。

完成正样本库的建立后，可以提取不同类别样本库中的样本进行组合训练，以完成不同的分类和识别功能，由于主要针对道路环境较为复杂的城市环境，道路上车辆、树木、行人等比较多，还有各种不同的路牌、广告牌、车辆制动灯的干扰。为了对多样式的交通信号灯进行有效校验，只使用分类器进行感兴趣区域的信号灯检测，因此将样本分成竖式信号灯和横式信号灯两类进行分类器的训练，增强其通用性和扩展性，后续通过信号灯的归一化面积与位置先验知识对信号灯进行进一步的分类。分类器的训练采用 Haar 特征和 AdaBoost 算法完成，第一次训练负样本为随机抽取的背景图片，完成第一个分类器的训练后，负样本由 Bootstrapping 方法获取和随机抽取的背景图片组成。

通过对交通信号灯分类器的训练，可以得到竖式和横式交通信号灯的分类器，由于先前对图像进行不同色彩的预处理，红黄绿不同的灯色为已知输出量，再利用分类器在以各个标记区域的重心为中心在扩展的感兴趣区域中进行检测，分别载入竖式和横式信号灯分类器进行搜索检测，搜索到目标后输出竖式或横式交通信号灯标志，并完成信号灯的初步定位。根据机动车信号灯与方向信号灯其亮灯区域面积的差异进行进一步的分类，归一化检测区域中彩色分割后的目标连通区域面积，设置归一化面积阈值，即目标连通区域面积与检测区域面积之比，根据阈值判断是机动车信号灯（即圆形信号灯）还是方向信号灯，当不符合阈值范围则判断为未知类型信号灯。若为机动车信号灯，结合竖式或横式信号灯输出标志和色彩标志，可以确定机动车信号灯的灯色，完成其识别过程。若为方向信号灯，则需要再进一步地判断其箭头方向，按照国家标准的交通信号灯安装数量和顺序可以得知，左转信号灯安装在信号灯排的最左边，指导左转车道车辆是否通行；右转信号灯安装在信号灯排的最右边，指导右转车道车辆是否通行；直行信号灯安装在信号灯排的中间位置，指导中间车道车辆是否通行。因此综合分析输出目标在图像中的位置可以判断不同方向的方向信号灯。

7.5　激光雷达与机器视觉结合的前方车辆检测

在车辆环境感知领域中，对路面上的前方车辆的检测和跟踪是其中的重要研究内容，其整个系统需要有良好的实时性、鲁棒性和准确性。本节介绍一种采用二维激光雷达与机器视觉相结合的方法来完成复杂多变道路环境的车辆检测。二维激光雷达能够快速地获取扫描平面中的距离信息，并且可以获得障碍物在扫描平面中的外轮廓，同时不受光照条件的影响，但对障碍物的形状、纹理信息等特征都无法获得；而机器视觉能够提供更为丰富的平面信息，但容易受光照条件的影响，这两种环境感知传感器可以很好地实现功能上互补，因此通过建立激光雷达、摄像机、图像、车体之间的坐标转换模型，将激光雷达数据与图像像素数据统一至同一坐标系中进行识别处理。首先结合二维激光雷达的数据特点选取合适的聚类方法，采用改进快速 DBSCAN 算法，对聚类后的激光雷达数据进行形状匹配和模板匹配，完成车辆检测假设产生，通过类 Haar 特征 + AdaBoost 算法 + Cascad 分类器完成车辆检测的假设验证，然后通过车辆在激光雷达中的数据特征实现 Kalman 预估跟踪。

7.5.1　路面车辆检测跟踪系统结构

路面车辆检测跟踪系统主要可分为数据融合模块、激光雷达模块、分类器训练模块、视觉模块、跟踪与输出模块。各模块功能如下：

（1）数据融合模块，实现各传感器数据之间在空间上的统一，完成传感器的标定问题和传感器之间的时间同步问题。

（2）激光雷达模块，可以对障碍物点进行聚类分割和目标位置提取，从而可以作为目标检测级联分类器的第一个节点，另外其目标特征与视觉处理结果共同构建特征融合的决策问题。

（3）分类器训练模块，包括训练数据采集（车辆样本库的建立）、特征提取和分类器训练，训练数据包括正样本和负样本，其中正样本在采集图片中通过手工定标方法得到，负样本可以在不包含目标的相关背景图片样本中随机抽取或者利用已经完成学习的分类器通过Bootstrapping 的方法得到，然后通过正样本和负样本的特征提取与遍历统计计算，最终得到统计后的特征分类器。

（4）视觉模块，利用图像丰富的信息与激光雷达提取的目标位置产生感兴趣区域，形成候选目标假设校验子窗口，在子窗口中运用学习后的分类器进行金字塔式的穷尽搜索，完成目标检测后将结果送至特征融合层与激光雷达提取的特征融合得到目标的位置参数。

（5）跟踪与输出模块，对目标的位置参数进行跟踪与预估，为下一帧处理提供更多的参数信息，缩短检测时间和增加检测的稳定性，并且通过输出模块将跟踪后的目标参数最终传输至总线网络中。

7.5.2 基于聚类算法的激光雷达数据处理

本节介绍聚类分析概念和主要的聚类方法，并将聚类算法应用至二维激光雷达数据处理中，与视觉实现融合，在图像中完成车辆检测的假设产生。

1. 聚类分析概念及主要方法

聚类分析是数据挖掘领域的一个重要研究方向，在模式识别、图像处理等领域均有广泛的应用，在处理大规模数据集中发挥着重要作用，聚类分析的原则是把相似性大的样本聚集为若干类，使簇内相似度尽可能大，簇间相似度尽可能小，以揭示这些数据分布的真实情况。常用的聚类方法有：划分聚类方法、层次聚类方法、基于密度的聚类方法、基于网格的聚类方法、基于模型的聚类方法。但任何聚类算法都对数据集本身有一定的预先假设，如果数据集本身的分布并不符合预先的假设，则算法的结果将毫无意义。通常需要根据聚类的形状，数据输入顺序是否敏感，适用数据库的大小或者算法效率来选择合适的聚类算法。

由于数据类型和聚类的目的不同，下面先对各种聚类方法进行简要的介绍：

（1）划分方法（Partitioning Method），给定 n 个对象或元素的数据集，利用划分方法将数据集划分成 k 个子集，每个子集表示一个聚类，且有 $k \leqslant n$，同时需要满足每个组至少包含一个对象，每一个对象必须属于且只属于一个组的原则。其聚类过程是首先创建一个初始划分，然后利用迭代的方法来改变划分类别集合，使同一类别的数据集合差别最小，而不同类别的数据集合之间差别最大。因此为了获得基于划分聚类的全局最优结果就需要穷举所有可能的对象划分，常用的启发方法如：k-means 算法，该算法中的每一个聚类均用相应聚类中对象的均值来表示；k-medoids 算法，该算法中的每一个聚类均用相应聚类中离聚类中心最近的对象来表示。这些启发聚类方法在分析中小规模数据集以发现圆形或球状聚类时工作得很好，但为了使划分算法能够分析处理大规模数据集或复杂数据类型，就需要对其进行扩展。

（2）层次方法（Hierarchical Method），对给定的数据集进行层次的分解，可以分为凝聚的和分裂的。其中凝聚的方法也称为自底向上的方法，一开始将每个对象作为单独的一个组，然后相继地合并相近的对象或组，直到所有的组合并为一个或者达到一个中止条件；分裂的方法也称为自顶向下的方法，一开始将所有的对象置于一个聚类中，每次迭代中，一个类被分裂为更小的类，直到最终每个数据对象单独地被分至一个类或者达到一个中止条件。层次方法存在一定的缺陷，如在进行数据集分解或合并后，便无法回溯其过程，使得其无法纠正自己的错误决策。往往在实际使用中将循环再定位与层次方法结合起来更有效，其中有一些基于组合的方法，如 BIRCH 和 CURE 等。

（3）基于密度的方法（Density-based Method），其主要思想是对给定类中的每个数据点，在一个给定的邻域范围内，满足某阈值的数据点数目，并通过不断扩展形成一个聚类。该方法具有消除数据噪声的功能，另外还可以进行任意形状的聚类。DBSCAN（Density-Based Spatial Clustering of Application with Noise）是一种具有代表性的基于密度的方法，它根据一个密度阈值来控制类的增长。

（4）基于网格的方法（Grid-based Method），基于网格的方法将对象空间划分为有限数目的单元以形成网格结构，所有聚类操作均是在这一网格结构上进行的。该方法主要优点是处理时间短、速度快，与数据对象个数无关，只与划分对象空间的网格数相关。STING 就是一个典型的基于网格的方法。

（5）基于模型的方法（Model-based Method），其方法就是为每个聚类假定一个模型，然后寻找数据对给定模型的最佳拟合，一个基于模型的算法可能通过构建反映数据点空间分布的密度函数来定位聚类。它基于标准统计方法自动确定聚类个数，因此该方法可以产生很鲁棒的聚类方法。

在实际应用中，需要结合聚类数据的特点选择聚类算法，每一种聚类算法都有其优缺点，可以通过改进或聚类方法结合来弥补其缺点。

2. 激光雷达数据特点分析

在二维激光雷达的扫描平面中，扫描点 P 采用极坐标方式可以表示为 $P(\rho_l,\theta_l)$，由扫描距离 ρ_l 和扫描角度 θ_l 唯一确定 P 的位置。二维激光雷达数据特点归纳如下：

（1）激光雷达数据为二维数据，每个角度分辨率角度上只有一个扫描点，不会产生重叠区域，而且扫描点顺序排列，可以根据该数据特点实现数据聚类加速。

（2）激光雷达的扫描点根据行驶环境的变化而变化，而且聚类的数目不确定，需要根据实际行驶环境情况进行数据聚类，因此需要的聚类方法可以进行任意形状的聚类，并且对聚类数目不敏感。

（3）由于激光雷达扫描范围固定不变，当设置完角分辨率后，扫描点数目固定不变，其数据量相对不大，不需要使用增量式的数据聚类方法。

（4）激光雷达存在较多的噪声点和零散点，需要对这些点进行去噪声和精简处理，需要有噪声处理能力的聚类方法。另外在聚类方法使用前将障碍物距离大于激光雷达扫描距离范围或由于其他因素导致没有接收到反射数据的数据点剔除。

（5）激光雷达的数据密度会随着扫描的距离变化而变化，距离激光雷达原点越近，数据密度越高；越远数据密度越低，需要聚类方法有一定的适应性。

3. DBSCAN 算法

DBSCAN 算法是基于密度的空间聚类算法的典型代表，该算法的显著优点是聚类速度快，能将具有足够高密度的区域划分为一类，且能够有效处理噪声点和快速发现任意形状的空间聚类。

DBSCAN 算法的中心思想是：对于某一聚类 C 中的每个对象，在 ε-近邻内的数据对象数量必须大于某个给定值，也就是说，该对象的邻域密度必须超过某一阈值 $MinPts$ 。算法的聚类过程可以表述为：

（1）给定任一满足核心对象条件的数据对象 p，数据集 D 中所有从 p 密度可达到的数据对象 o 所组成的集合 $\{o \mid o > D_p\}$ 构成了一个完整的聚类 C，且 $p \in C$ 。

（2）给定一个聚类 C 和它的任一核心对象 p，C 等价于集合 $\{o \mid o > D_p\}$ 。

为了找到一个聚类，DBSCAN 从数据对象集 D 中找到任意对象 p，并查找 D 中关于 ε 和 $MinPts$ 的从 p 密度可达的所有对象，如果 p 是核心对象，即 p 的半径为 ε 的邻域所包含的对象数不少于 $MinPts$ ，则根据该算法可以找到一个关于参数 ε 和 $MinPts$ 的类。如果 p 是非核心对象，即 p 的半径为 ε 的邻域中包含的对象数小于 $MinPts$ ，则没有对象从 p 密度可达，p 被暂时地标注为噪声对象，然后 DBSCAN 处理数据库 D 中的下一个对象。在具体实现上主要有两个关键的步骤：建立合适的数据结构，能够体现数据对象之间的相互关系和自身对象的属性；在建立的数据结构基础上实现聚类过程。

激光雷达数据的聚类首先需要聚类算法有发现任意形状聚类的功能，另外还具有可以有效地处理数据噪声的功能，同时由于数据集随机变化，其数据集的聚类数目也不确定，需要聚类数目根据数据集的实际情况确定的功能。综合上述这些特点，采用 DBSCAN 聚类算法进行激光雷达的数据聚类，同时针对 DBSCAN 算法的不足之处和激光雷达的应用特点，对其算法的参数确定和搜索方法进行改进以更加适应激光雷达数据聚类的应用。

DBSCAN 算法存在的一些问题：

（1）在聚类过程中，DBSCAN 算法找到一个核心点后，以该核心点为中心向外扩展，若数据量庞大，随着核心点的不断增多，需要有较大的内存支持。

（2）输入参数敏感，其聚类数目与聚类半径 ε 和聚类半径中数据对象数目 $MinPts$ 有关，需要根据实际应用经验对其参数进行确定，而其参数确定较为困难，参数的不同可能会引起聚类的巨大差异，若参数选择不当可能会引起聚类质量下降。

（3）参数 ε、$MinPts$ 是全局唯一确定的，若空间聚类的密度不均匀，聚类间距离相差很大时，聚类的质量较差。

结合上述激光雷达二维数据和 DBSCAN 算法的特点，对 DBSCAN 算法进行如下改进：

（1）搜索速度上的改进。当设置完角度分辨率之后，每一帧数据的数目固定不变，单帧数据量不大且不会增大，因此内存的需求足够。在聚类过程中，大部分时间都用在搜索操作上，使算法实时性受到影响，然而在激光雷达实际应用中，扫描点顺序排列，每个角度分辨率角度上只存在一个扫描点，并不需要对数据进行遍历搜索扩展，可以设置每个扫描点搜索角邻域 λ，从起始点顺序进行搜索扩展，若对数据 p_i 搜索密度可达的扫描点，搜索扩展域为 $[p_i-\lambda/2, p_i+\lambda/2]$ 即可，可以大大缩小聚类搜索时间，有效地提高数据聚类的速度。

（2）输入参数的改进。DBSCAN 算法对输入参数（聚类半径 ε，聚类点数 $MinPts$）敏感，当数据密度相差较大和类间距离分布不均匀时，很难选取一个合适的 ε 值来进行聚类。激光雷达数据则存在这样的问题，数据密度与扫描数据的距离呈线性变化，距离激光雷达原点越近，数据密度越高；距离激光雷达原点越远数据密度越低。因此针对激光雷达这一数据特点提出聚类半径 ε 与扫描距离相关的函数如下：

$$\varepsilon_{\text{improve}} = \alpha_{\text{weight}} \frac{\pi((\text{int})(\rho_i/d_{\text{step}})+1)}{180^\circ}\theta_{\text{res}} \tag{7-27}$$

式中，α_{weight} 为聚类半径系数；ρ_i 为激光雷达第 i 点的距离值；θ_{res} 为激光雷达角度分辨率；d_{step} 为聚类区域步长。

该改进方法把整个激光雷达数据区域按照不同半径大小进行划分，根据扫描点所属的区域决定聚类半径的大小。在实际的行驶环境中，路面存在不同的障碍物，如行人、自行车、树木等，这些障碍物的雷达数据不多，因此 $MinPts$ 可取 3 以适合不同障碍点聚类的需求，改进的 DBSCAN 算法流程如图 7-13 所示。

4. 聚类数据形状匹配与感兴趣区域的产生

通过改进的 DBSCAN 算法可以对激光雷达数据进行聚类，数据密度集中的数据点聚为一类，其目的是根据激光雷达与机器视觉的转换模型将聚类中心投影至图像中，最终形成车辆候选区域假设。

为了实现车辆检测感兴趣区域的产生，需要了解激光雷达对前方车辆扫描时所形成的扫描特征进行分析，不同的障碍物在激光雷达扫描下所形成的扫描点形状存在一定的差异，同一个障碍物在激光雷达不同方位下，其扫描点的形状也存在差异，因此首先需要对激光雷达的各个聚类进行简单的特征匹配，把一些明显的非车辆聚类进行排除，可以减少图像中车辆候选区域的数量，减少假设校验的时间，有效提高其校验速度，因此将激光雷达聚类数据特征匹配的结果作为车辆级联分类器的第一级分类节点。然而要完成第一级分类器，首先需要

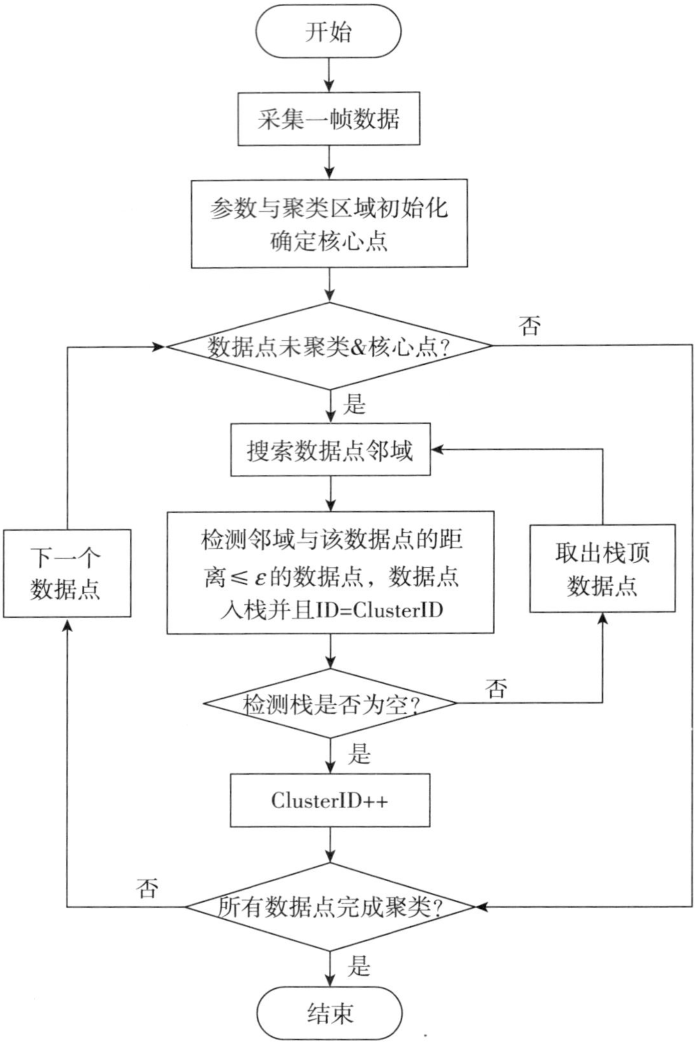

图 7－13　改进的 DBSCAN 算法流程图

了解车辆在激光雷达扫描中所形成的几种扫描模型，因为在实际行驶环境中，激光雷达与前方车辆的不同位置关系会确定其扫描模型的大致形状，按照其相对方位进行划分，其扫描模型分类如下，具体形状如图 7－14 所示。

（1）L 模型：当前方车辆在激光雷达的右前方时，扫描点模型表现为 L 模型。

（2）I 模型：当前方车辆在激光雷达正前方时，扫描点模型表现为 I 模型。

（3）inv－L 模型：当前方车辆在激光雷达的左前方时，扫描点模型表现为 inv－L 模型。

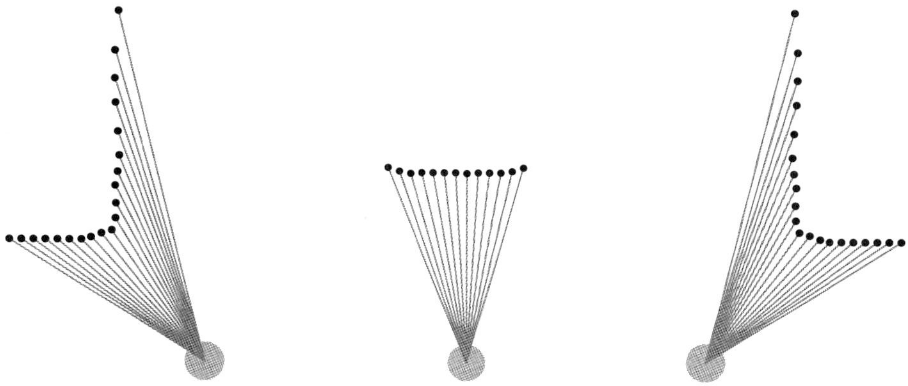

（a）　（b）　（c）

图7－14　激光雷达扫描的车辆模型

（a）L 模型；（b）I 模型；（c）inv－L 模型

在结构化行驶路面上，这三种车辆模型会根据激光雷达与检测车辆的相对位置关系变化而变化。前方车辆在本车前方进行车道变换时，车辆的扫描模型相互转换，假设本车在行车道行驶，前方车辆从超车道切换至主车道，车辆模型从 inv－L 模型转换到 I 模型，同样本车辆的车道切换也会改变扫描模型，如本车辆从主车道切换至超车道，准备超越前方车辆时，其扫描模型将从 I 模型转换到 L 模型。由于车辆为刚体，外形特征不会发生变化，建立上述三种标准模型可以对完成 DBSCAN 聚类后的不同类进行形状匹配，聚类后数据采用最小二乘法拟合椭圆，椭圆的外接矩形为初始的拟合矩形，再对该矩形旋转角进行调整，使矩形与聚类数据的方差最小得到拟合矩形的旋转角度，最终求出车辆的匹配矩形，并得到拟合矩形的宽度，根据匹配结果与车辆固有的形状特征进行比较，以完成车辆级联分类器的第一级分类节点。

7.5.3　基于激光雷达和机器视觉的路面车辆检测

利用激光雷达对障碍物数据点实现聚类分割后，不同的障碍物类成为候选区域，利用对图片样本统计学习生成由多个不同的弱分类特征组成的分类器完成候选区域的检验，最终与激光雷达聚类分割后提取到的障碍物特征参数进行特征融合，输出目标属性参数。

基于统计学习方法的目标检测，需要采集大量的样本，而且要求样本多样化，同时也要能够从所有样本中找到共同特征。训练数据包括正样本和负样本。完成样本归一化后，对正负样本进行训练，其基本训练流程是通过对特征的选择，设置训练参数，载入正负样本，穷尽搜索样本矩形特征，统计出具有统计特性的矩形特征组成一个强分类器，其训练流程如

图 7 – 15（a）所示。基于激光雷达和机器视觉的路面车辆检测流程如图 7 – 15（b）所示。

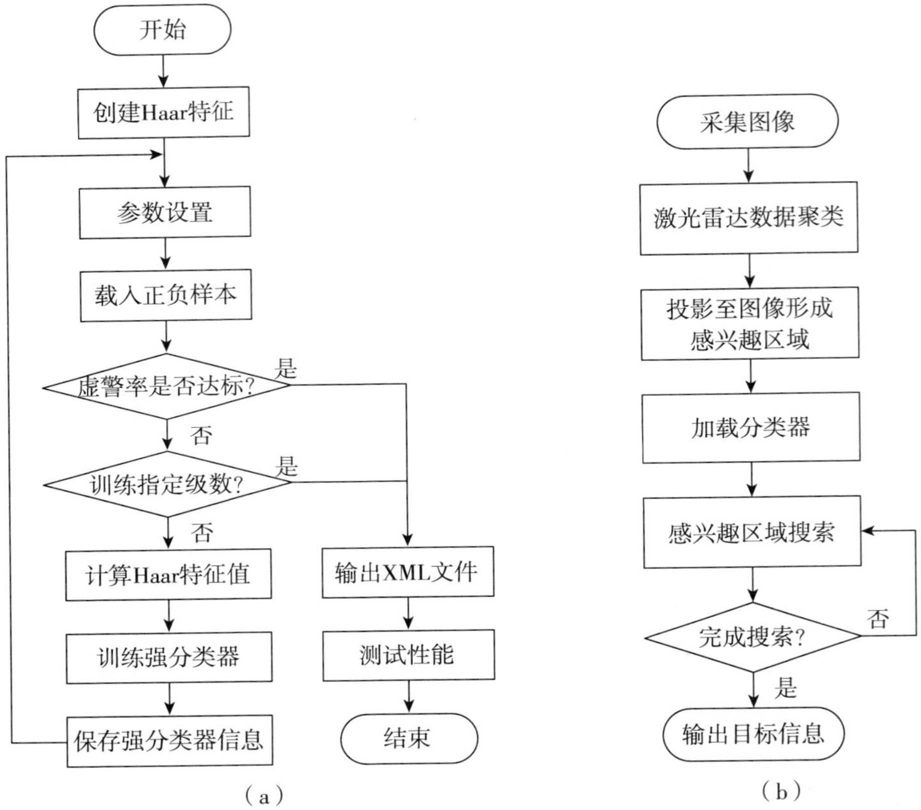

图 7 – 15　训练及检测流程图

（a）训练流程图；（b）检测流程图

第8章　智能车辆技术

智能车辆技术具有重要的理论意义和实用价值。在交通安全方面，无人驾驶车辆技术研究过程中形成的辅助安全驾驶技术，可以通过传感器准确、可靠地感知车辆自身及周边环境信息，及时向驾驶员提供环境感知结果，从而有效地提高行车安全，同时也能降低驾驶员对车辆驾驶管理的复杂度，提高车辆的运行效率，可以缓解城市道路拥堵、交通系统运行效率较低的现状。在汽车产业自主创新方面，通过对无人驾驶车辆理论和技术的研究，突破国外汽车行业专利壁垒，掌握具有核心竞争力的关键技术，可以为我国汽车产业自主创新和产业发展提供强有力的支撑。同时在国防科技方面，地面智能化作战平台是未来陆军的重要力量，它能代替人在高危险环境下完成各种任务，在保存有生力量、提高作战效能方面具有重要意义。

8.1　智能车辆技术的发展

在智能车辆技术发展的初期，大多数技术均着眼于单项或部分功能要求进行。到20世纪90年代后期，随着智能车辆各单项技术的成熟发展，面向综合性能，特别是基于真实应用背景的研究成为主流方向。2000年后，智能车辆以美国军方无人战争的迫切需求和全球汽车电子方面的巨大市场潜力为发展的驱动力和导向，在军用和民用领域都处于迅猛发展的高潮阶段。自2002年美国国防高级研究计划局（DARPA）主持的DEMO计划完成以后，美国军方重点支持“未来作战系统（Future Combat System，FCS）”计划，目标是“将军用机器人系统扩散到21世纪作战系统的每个角落，执行恶劣危险环境下的任务以及单调乏味的工作，同时为一系列的冲突和军事任务提供全新的作战能力”，且主要研制地面机器人，其中最具代表性的系统有Searcher、Donkey、Wingman和Hunter－Killer。自2004年开始，DARPA组织了三届无人驾驶车辆挑战赛，分别是2004年、2005年的Grand Challenge和2007年的Urban Challenge。2005年9月，澳大利亚开展了SmartDemo赛事，侧重于试验车辆主动安全领域的技术进展，包括前向避碰警告、盲点监视、自适应巡航控制、航道偏离警告、夜视、辅助操控、事故前安全系统等。2006年5月，欧洲也举办了第一届类似于DARPA Grand Challenge的以军方为背景的机器人汽车试验赛（European Land－Robot Trial，ELROB）。2007年，欧洲又举办了面向城市环境的C－ELROB，比赛设计了针对城市环境的多种场景，考察无人驾驶汽车在未知环境中感知、导航和控制的能力，要求参赛车辆能够在未知环境中自主驾驶和采集相关指定信息。此后，ELROB比赛环境根据任务分民用和军用，每年交替进行。意大利帕尔玛大学车队 2010 年 7 月从意大利出发，开始他们的洲际挑战（Intercontinental Autonomous Challenge）之旅，历时三个月到达上海，行程一万三千千米。与此同时，世界各大汽车厂商和科研机构也在积极推进智能车辆的市场化进展。最引人注目的是，以色列的 Mobileye 公司开展车辆视觉感知和集成技术的研究取得了可喜的进展，已开发出实用产品，并与 ARM 和 Delphi 公司结成合作伙伴，在全球特别是欧洲积极推进产品的市场化进程。2012 年 3 月，美国内华达州交管部门给谷歌公司的无人驾驶车辆颁发了美国历史上第一个准许证，允许该无人驾驶车辆在公用道路上行驶。这些事例表明，国外智能车辆技术已发展到一个较高的水平。

我国的无人驾驶汽车研究开始于 20 世纪 80 年代。国家“八六三”计划自动化领域智能机器人主题确定立项，进行遥控驾驶的智能汽车的研制。同时国家部委也在规划“八五”预研项目中的地面智能机器人技术研究，并确定研制自主式的无人驾驶汽车演示验证系统。1996 年，由国内多所重点大学联合研制的第一辆样车 ATB－1（Autonomous Test Bet－1）成功演示，我国的无人驾驶汽车技术取得了突破性进展。在“八五”的基础上，我国在“九五”期间研制了第二代自主地面车 ATB－2。此外，相关研究机构研制的智能车辆 SpringRobot、THMR－V、JLUIV 以及 CITAVT－IV 等标志着我国无人驾驶汽车的研究全面展开。2009 年 6 月，来自中国的北京理工大学、湖南大学、西安交通大学、上海交通大学和意大利帕尔玛大学等 7 支队伍的 10 余辆无人驾驶车辆参加了在西安浐灞生态区举行的首届“中国智能车未来挑战赛”。截至 2012 年底，该赛事已连续举办了四届。

第一届“中国智能车未来挑战赛”的测试环境为西安浐灞生态区凯宾斯基酒店院内的水泥路面（见图 8－1）。比赛要求无人驾驶车辆从起点无碰撞地自主行驶到终点。在出发不久的直道中设有障碍物考察无人驾驶车辆在直道行驶时的避障能力；比赛还设有交通信号灯，考察无人驾驶车辆识别信号灯的能力以及红灯停绿灯行的决策与控制能力；此外还考察了无人驾驶车辆执行 U 形转弯的能力。第一届比赛全程约 2 km，赛前 30 分钟给车队提供路网文件和任务文件。路网文件中提供了比较密集的 GPS 点，而且允许各车队使用差分 GPS。参加正式比赛的四支车队均完成了全程，但行驶速度都非常慢，而且只有一支无人驾驶车辆能够准确识别到红灯并停车。无人驾驶车辆基本上都是依赖 GPS 进行导航，以视觉为主的导航能力有待于提高。虽然如此，第一届“中国智能车未来挑战赛”在中国无人驾驶车辆发展史上仍具有里程碑的意义。它是中国首次举办的第三方无人驾驶车辆测试赛，它推动了中国无人驾驶车辆驶出实验室、驶向实际环境。同时，它打破了过去那种自行研制、自行测试的无人驾驶车辆研究模式。

第二届比赛的测试环境为长安大学校内场地（见图 8－2），包括基本能力测试和复杂环境综合测试。其中，基本能力测试包括静态交通标志识别能力测试和基本驾驶能力测试。静态交通标志识别选择了比较常用的 28 个交通标志作为测试标志，图 8－3 为测试情景。参赛的 8 支车队识别率最高的为 100%，最低的为 25%。基本驾驶能力测试有曲线和 S 弯道行驶

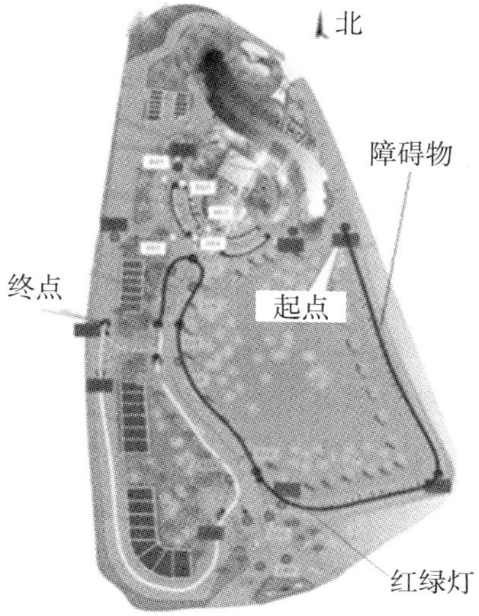

图 8－1 第一届比赛场地

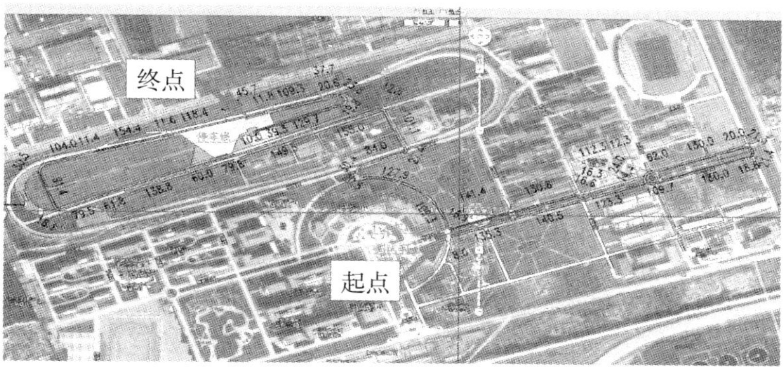

图 8－2 第二届比赛场地

图 8－3 智能车识别交通标志试验场景

（见图8－4）和定点泊车（见图8－5）。曲线弯道由锥筒摆放设置而成S形弯道，8支车队中有6支完成了此项测试，最快的用时44秒，最慢的用时2分47秒。定点泊车测试中有3支无人驾驶车辆准确地将车驶入停车位。复杂环境综合主要测试无人驾驶车辆在运动过程中识别交通标志、正确感知道路交通情况以及综合控制机动车等各种能力。没有一支队伍能够完成复杂环境综合测试，很多在静态交通标志识别能力测试中表现优异的车队在复杂环境综合测试中未能识别到停车标志等交通标志；一些在基本驾驶能力测试中表现优异的车队在复杂环境综合测试中甚至驶出车道、差点撞上路边电线杆；另有个别参赛车辆在赛前突发故障而不能按时参加比赛。这些现象说明，中国无人驾驶车辆虽然在单项能力测试上达到了一定的水平，但在面向较为复杂环境时，其系统的可靠性、稳定性、鲁棒性均有待于进一步提高。同时，此次比赛应有关方面的要求禁止使用GPS，从测试结果可以看出，以视觉为主的导航能力仍然有待于提高。

图8－4　智能车S弯测试场景

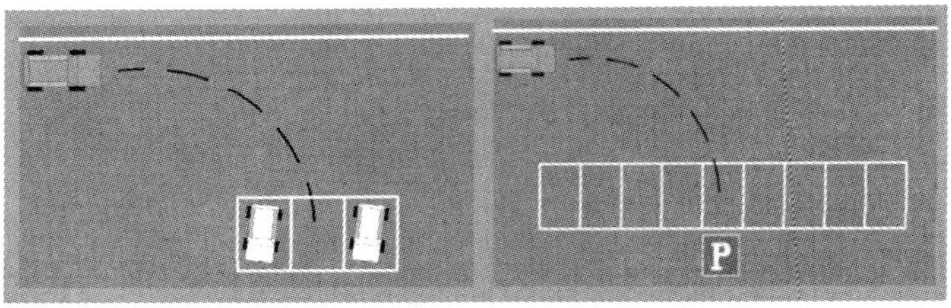

图8－5　智能车定点泊车测试示意图

第三届比赛测试环境为鄂尔多斯城市道路，它首次从封闭道路环境走向真实道路环境。比赛在约10 km的真实城区道路上进行，设有交通标志识别、障碍物避让、汇入有人驾驶车流和U形转弯等自主驾驶行为测试内容（见图8－6）。此次比赛不再限制GPS的使用，赛前30 min给车队提供路网文件和任务文件。路网文件中只提供了比较稀疏的GPS引导点（11个），使得无人驾驶车辆必须主要依靠视觉导航能力来完成比赛。图8－7、图8－8为北京理工大学无人驾驶车辆的表现。参赛的9支队伍中，有4支队伍完成了比赛全程，其中有2支无人驾驶车辆在没有任何人工干预的情况下自主驾驶完成了全程。但此次比赛仍然暴露了很多问题，例如，部分车队的智能车在逆行车道上长时间行驶；部分车队智能车长时间压线（黄线）行驶；还有部分车队的智能车在正常车道上出现蛇形行驶现象；甚至有个别车辆撞上了前方静态车辆。这些现象表明，无人驾驶车辆是一个复杂系统，要具有自然环境感知与智能行为决策能力，但是，仅仅研究环境感知和行为决策能力还远远不够，需要建立在稳定的控制系统基础之上。这不仅仅涉及理论研究，更需要考虑工程实现。此外，部分车队的智能车过多依赖于主动视觉如激光雷达，视觉（主要指被动视觉）感知能力仍有待提高。

第四届比赛测试环境为赤峰真实城区道路和乡村道路，包括城区道路（6.9 km，见图8－9）和乡村道路（15.8 km）两个赛段。在现有城区道路环境的基础上，设置静态车

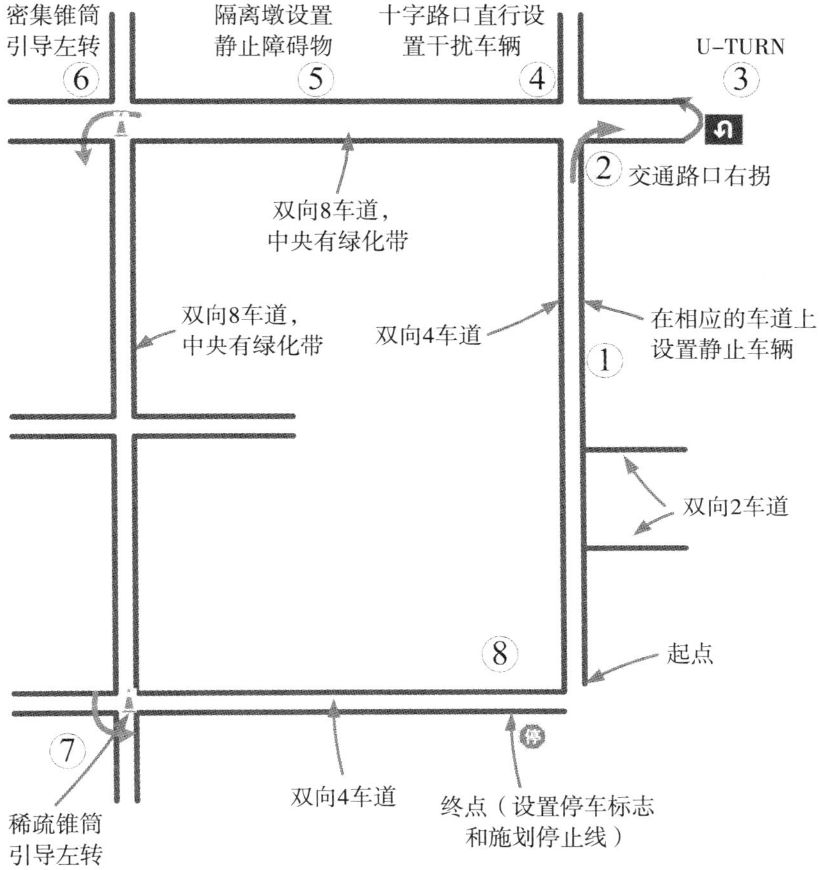

图 8－6　第三届比赛场地示意图

图 8－7　智能车与前方动态干扰车辆之间的交互

图 8－8　智能车正确通过交叉路口

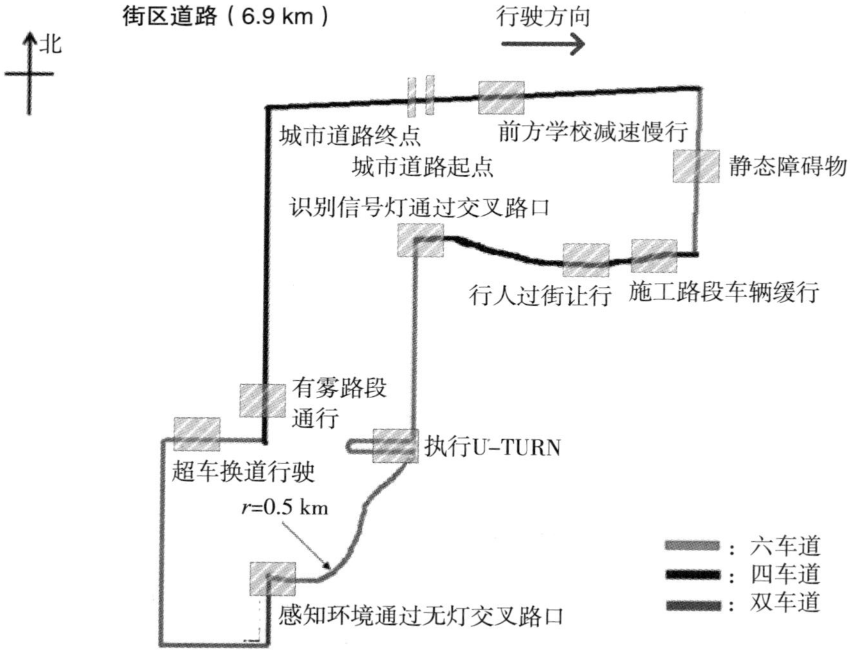

图 8－9　第四届比赛场地示意图

辆干扰、假人通行、U 形调头、有人驾驶车辆干扰等测试无人驾驶车辆避让或汇入简单车流的能力，以及在包含弯道和坡道等路段的乡村道路上设有雾天天气模拟装置，以检验无人驾驶车辆在复杂路况和恶劣天气环境下自主行驶能力。虽然第四届比赛的城区道路只有 6.9 km，但其比第三届比赛环境更为复杂，无人驾驶车辆在行驶过程中需要对 8 次右转弯、3 次左转弯、1 次 U 形弯环境做出准确感知识别并进行正确决策控制。参赛的 14 支车队，有 9

支车队完成了全程，但只有 1 支无人驾驶车辆在没有任何人工干预的情况下自主驾驶完成了全程。

通过四届“中国智能车未来挑战赛”可以看出，参赛队伍逐年增加，比赛在一定程度上激发了相关科研单位研发无人驾驶车辆的热情。无人驾驶车辆的测试内容与测试环境分阶段、分层次的设计，体现出从简单到复杂、由易到难的发展历程，有力地推动了中国无人驾驶车辆技术的发展。总体上来说，近几年来，中国无人驾驶车辆技术取得了长足的进步；但是与国外相比还有一定的差距。

8.2 车辆自主驾驶技术

自主驾驶是汽车技术未来发展的趋势之一，在民用领域，自主驾驶能够使驾驶更舒适、更安全，并提高交通效率和能源利用率；在军事领域，自主驾驶是实现武器无人化的重要技术环节。经过近几十年的研究，国际上已经有研究机构初步实现自主驾驶并在一些比赛或活动中进行了展示。自主驾驶的关键技术包括车辆定位、环境感知、规划和控制。其中定位技术、环境感知技术在第 5 章、第 6 章、第 7 章已经介绍，本节主要介绍路径规划与车辆控制技术。

8.2.1 路径规划

路径规划是在部分已知或未知的环境下找到一条从起始位置到目标位置的最优或次优解。路径规划主要分为两个步骤：首先构建包含障碍物和自由区域的环境信息模型，然后在环境模型中，选择某种合适的搜索算法，快速实时地搜索到有效路径。下面从环境建模和路径搜索策略两个方面介绍路径规划技术。

1. 环境建模方法

通常可采用单元分解法（Cell Decomposition）、道路图法（Roadmap）和人工势场法（Potential Fields）表示环境信息。单元分解法将整个环境分解成一系列的栅格，用栅格值表示环境信息。道路图法通过连接环境中的一些特殊点，对环境建模。人工势场法采用势力场表示环境信息，例如障碍物拥有斥力场，目标点拥有引力场，它是一种对连续状态空间建模的方法。

1）单元分解法

单元分解法是路径规划中最常用的环境建模方法。它采用一系列离散、无重叠的栅格表示环境信息，如果栅格中含有障碍物，该栅格标记为障碍物，否则，标记为自由区。通过使用单元分解法表示环境信息，可以获得一个栅格之间相互连接的地图。路径搜索算法可以通过搜索这个栅格地图，从而获得最优路径。在栅格地图中，栅格可以是 8 连通的或 4 连通的。最初采用同等尺寸的栅格表示环境信息，称为近似单元分解法，这种方法存在一定的缺点，例如，如果障碍物的尺寸小于栅格尺寸，它会把整个栅格都标记为障碍物，导致自由区范围缩小；如果栅格尺寸比较大，它就会导致搜索不到实际存在的路径。由于近似单元分解法通常采用预先设定的固定尺寸栅格表示环境信息，容易造成实际障碍物尺寸增大，导致搜索不到实际存在的路径。有学者提出了精确单元分解法。与近似单元分解法相比，精确单元分解法所采用的栅格尺寸不是预先设定的，而是基于环境中障碍物的位置和形状设定的。精确单元分解法严格区分了障碍物区域和自由区域，使路径搜索算法能找到一条实际存在的路径。

2）道路图法

道路图法采用有限数量的节点表示环境信息，每个节点之间的连接便是一条路径。路径搜索算法可以通过搜索相应的节点，从而获得从起点到终点的最优路径。在道路图法中所采用的节点通常是一些特殊点，例如道路点、障碍物的顶点等，由于这些节点数目少，使得道路图法优于单元分解法。道路图法很容易使用，但是很难建立，另外，当车辆获得新的环境信息后，道路图法所获得的地图也很难修复，而需要重新建立。比较有代表性的道路图法有可视化地图（Visibility Graph）、沃罗诺伊图（Voronoi Diagram）、随机道路图（Probabilistic Roadmaps）和快速搜索随机树（Rapidly Exploring Random Trees）。

可视化地图采用直线段连接环境中多边形障碍物的顶点，这些直线段和障碍物不相交，连接这些直线段便构成了所有可行的路径，通过使用路径搜索算法便可获得期望的最优路径。通过可视图法所获得的路径正切于障碍物，导致当车辆执行该路径时与障碍物碰撞，除此之外，由于可视图的建立需要借助于障碍物的顶点，对于环境中存在圆形障碍物的情况不适用。与可视图法相比，沃罗诺伊图有了很大的改进，它扩大了障碍物的边界，从而能确保获得一条安全、无碰撞的路径，但是所获得的路径不是最优的。随机道路图法通过对原始连续构型空间进行随机采样，从而获得新的离散构型空间，来解决高维环境中的路径规划问题。如果采样点在障碍物区域，则舍弃，通过简单地用直线段连接这些在自由区域的采样点，便可对环境建模。然而，随机道路图法不太适用于狭小的构型空间。此外，当环境中存在动态障碍物时，随机道路图法需要重新组织地图，耗费时间长。有学者提出了快速搜索随机树方法，该方法适用于含有动态、非完整约束下的路径规划问题，它通过从起点和终点同时进行采样，建立搜索树，当两个搜索树有共同的状态后，搜索即终止。

3）人工势场法

人工势场法不同于单元分解法和道路图法，它起初是为了解决实时避障问题而提出来的。Khatib 把机器人在环境中的运动视为一种在抽象的人造受力场中的运动，正如电子场一样，目标点对机器人产生引力，障碍物对机器人产生斥力，最后根据合力来确定机器人的运动方向。人工势场法经过众多研究者的扩展，逐渐用于路径规划。它通过使用一个数学函数表示机器人工作的构型空间，从而确定构型空间中各个点的势场值。由于在人工势场中，只有靠近机器人的障碍物对它有影响，而远离机器人的障碍物对它的影响很小甚至没有影响，因此，人工势场法经常被用作局部规划，而非全局规划。人工势场法容易实施，但是存在局部极小问题。

2. *路径搜索算法*

一旦获得了表示环境信息的地图，就需要使用路径搜索算法搜索该地图，从而获得最优路径。对于智能车辆的路径规划问题，构型空间通常划分成一系列的栅格，也即使用单元分解法建立环境信息。路径规划问题就变成确定车辆先后通过的栅格，通过连接这些栅格便获得全局路径。目前，比较常见的路径规划算法主要是深度优先搜索（Depth-First Search）、广度优先搜索（Breadth-First Search）、迭代加深搜索（Iterative-Deepening Search）、等代价搜索（Uniform-Cost Search）、启发式搜索算法和随机搜索算法。其中，启发式搜索算法和随机搜索算法是目前使用最为广泛的两类搜索算法。

深度优先搜索算法尽可能深地搜索树的分支，当节点 v 的所有节点都已经探询过，如果结果是一条可行路径，则搜索终止。否则，搜索将回溯到发现节点 v 的那条边的起始节点继续新的搜索。深度优先搜索算法特别适用于从起点到终点有多条路径，但只需提供一条路径情形下的路径规划问题。广度优先搜索算法从根节点开始，沿着树的宽度遍历树的所有节点，彻底地搜索整张地图，直到找到结果为止。它检验同层中的所有节点，之后才进入下一层节点的检验，对于已经检验过的节点，它将其存储在 CLOSED 表中，而对于需要检验的节点，它将其存储在 OPEN 表中。广度优先搜索算法能保证找到一条最短路径。迭代加深搜索算法通过执行一系列的深度优先搜索获得最优路径。与深度优先搜索算法相比，迭代加深搜索算法不用存储所有的路径，因此减少了内存的使用量。等代价搜索算法与广度优先搜索算法很相近，不同之处在于它对搜索树中各个节点之间的平移设置了消耗值。它始终保证搜索朝向消耗小的方向进行，直到达到终点。然而，等代价搜索算法适用于环境中节点数少的情况，当节点数比较多时，等代价搜索算法搜索速度慢，效率低。

启发式搜索算法已广泛用于解决智能车辆的路径规划问题，如 2007 年，DARPA 举办的 Urban Challenge 中，参加 NQE（National Qualifying Event）的大多数车队都采用启发式路径搜索算法进行路径规划。由于启发式搜索算法使用车辆的当前状态到目标状态之间的距离信息作为启发值，从而指导搜索朝向目标点的方向，避免了搜索的盲目性，大大减少了搜索时间，因而启发式搜索算法越来越广泛地应用于路径规划中，其中，最具代表性的是 A^* 算法。A^* 算法使用函数 $f(s) = g(s) + h(s)$ 评价节点的好坏，如图 8－10 所示。其中，$g(s)$ 表示从起点到当前状态的移动消耗，$h(s)$ 表示从当前状态到终点状态预计消耗，也称为启发值，通常采用曼哈顿距离、对角线距离或者欧几里得距离表示。尽管 A^* 算法是最有效的自由空间搜索算法，但是当自由空间中的节点数增加时，A^* 搜索算法的速度明显下降。对 A^* 搜索算法而言，它解决路径规划问题的复杂度跟构型空间的维数成正比。因此，它比较适用于构型空间为低维的路径规划问题。

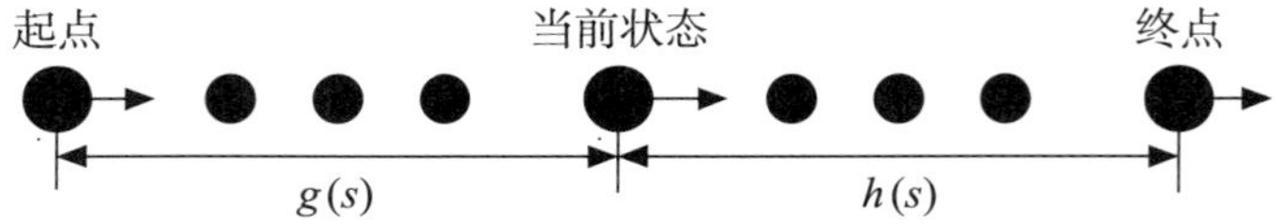

图 8－10　A* 搜索算法

由于 A* 算法比较适用于解决低维环境的路径规划问题，而当环境中状态的维数增加时，A* 算法规划速度减慢，效率变低，尤其当环境中存在动态障碍物后，它需要从起点到终点进行重新规划。改进的启发式路径搜索算法可以很好地解决动态环境中最短路径的规划问题。比较有代表性的是 Lifelong Planning A*（LPA*）、D* Lite、Anytime Repairing A*（ARA*）和 Anytime Dynamic A*（AD*）。Lifelong Planning A* 算法主要用于解决环境中节点之间的边缘消耗改变情形的路径规划问题，LPA* 算法从起点到终点进行前向搜索路径，当节点之间的边缘消耗改变后，它可以快速修复已经存在的路径，而不必从起点重新规划，大大节省了规划时间。与 LPA* 算法的不同之处在于，D* Lite 采用从终点向起点进行搜索。当车辆移动时，它的当前状态即为搜索的终点，D* Lite 算法保证了在每次规划的过程中各个节点的 $g(s)$ 值保持不变。

LPA* 和 D* Lite 很好地解决了节点之间消耗变化的路径规划问题，然而，当每次重新规划的时间有限制或很短时，LPA* 和 D* Lite 算法可能搜索不到路径，这就是路径规划问题实时性问题。ARA* 算法能在有限的时间内快速规划出一条从起点到终点的次优路径（设置膨胀因子 $\epsilon > 1$），然后逐渐优化次优路径，直到规划时间耗尽。AD* 算法合并了 ARA* 算法和 LPA* 算法，是一种实时、增长的启发式搜索算法，它兼有 ARA* 和 LPA* 的优势，既能快速地规划出一条次优路径，又能处理边缘消耗时刻改变的情形。AD* 算法已经广泛用在结构化道路和非结构化道路的路径规划问题中。

另一类比较广泛使用的路径规划算法是随机搜索算法，如 Rapidly－exploring Random Trees（RRTs）。由于 RRTs 采用随机采样的规划方法，不需要预处理，而且搜索速度快，在高维空间中速度优势尤为明显。因此，这种算法作为一种快速的搜索方法在路径规划领域获得了广泛的研究。早期主要采用单棵 RRT 进行搜索，为了进一步提高速度，RRTs 算法也产生了很多改进，如双向 RRTs 算法和偏向 RRTs 算法。

8.2.2　车辆控制技术

1. 研究概况

无人驾驶车辆控制系统的主要目的是为无人驾驶车辆的自然环境感知和智能行为决策提供可靠、精确的控制系统。从美国举办的三届无人驾驶比赛的参赛车辆看，车辆控制系统主要采用加装执行机构的方式来实现。

目前广泛应用于无人驾驶车辆控制的自动驾驶系统主要有 Pronto4 系列自动驾驶系统、英国 ABD 公司的自动驾驶系统、德国 STAHLE 公司的自动驾驶系统。美国 Kairos Autonomi 公司 Pronto4 系列的自动驾驶系统把油门、制动、换挡和转向集成于一体，根据所输入的期望路径准确控制车辆沿期望道路行驶。该系统既可以实现遥操作和半自主行驶，又可以实现完全自主的无人驾驶行驶。当人为踩下制动踏板时，系统切换为人工驾驶模式，各执行部分停止工作，以便保证车辆行驶安全。该系统可实现无人驾驶车辆行驶速度为 90 km/h，因此可适用于城市环境、高速公路和越野环境下的无人驾驶。另外，Pronto4 还提供了可分别控制转向、油门、制动系统执行动作的接口，只需按照开发人员的需求发送指令就可以实现期望动作。同时，该系统具有丰富的外围硬件接口和软件接口，在该系统基础上直接扩展视觉系统、GPS 系统、雷达系统等，为实现无人驾驶系统提供了方便。英国 ABD 公司的自动驾驶系统通过协调控制方向盘、制动踏板、油门踏板、离合器踏板和换挡手柄给车辆施加模拟驾驶员能力的输入，使车辆按照期望行驶。根据使用条件和使用环境的不同，ABD 公司的转向控制系统产品输出扭矩从 30 ~ 150 N · m 不等；制动踏板可输出速度最高为 0.6 m/s，制动踏板控制力为 1 400 N 的执行动作。各个执行系统，可以单独使用，也可以协调一同控制。德国 STAHLE 公司的 SSP3000 系列自动驾驶系统目前广泛应用于车辆的测试系统。制动、油门、转向和换挡系统根据需求可实现单独控制或集成控制。

2. 车辆控制系统方案设计

无人驾驶车辆根据视听觉信息认知计算结果进行行为决策后产生拟人驾驶行为指令对车辆实施实时控制，拟人驾驶行为由无人驾驶系统中的行为决策模块以驾驶行为指令的形式下达。根据军民用车辆通用的驾驶行为要求，拟人驾驶行为指令的构成，如图 8 - 11 所示。

按照行为行驶指令要求，无人驾驶车辆的控制系统应包括电源、发动机点火、油门、变速器、转向、行车制动、驻车制动、灯光控制共 8 个部分。研究开发无人驾驶车辆，要求为这些部分设置相应的控制装置。

（1）整车电路集成模块——作为无人驾驶系统与整车电路的衔接，负责对发动机点火、整车电路连接、安全电路控制等项目实施控制，包括应急状态下人员从车内、车外关闭整车电路的应急控制。

（2）油门控制的机械手装置——用来接收驾驶行为指令对发动机供油进行加减油控制。

（3）变速器控制的机械手装置——可以接收驾驶指令完成不同路面条件下实施选挂起步挡，实施倒车以及不同行驶工况（包括直驶、转向、道路拥堵等）下的自动换挡控制。

（4）无人驾驶的转向控制装置——可以接受驾驶指令实施拟人驾驶，通过控制算法实现转向控制的鲁棒性。

（5）制动踏板的自动控式机械装置——能按驾驶指令要求实施不同制动强度的行车制动，通过控制算法平稳控制车速的下降过程。

（6）驻车制动的自动控制装置——能按驾驶指令要求在起步前及停车后对驻车制动器

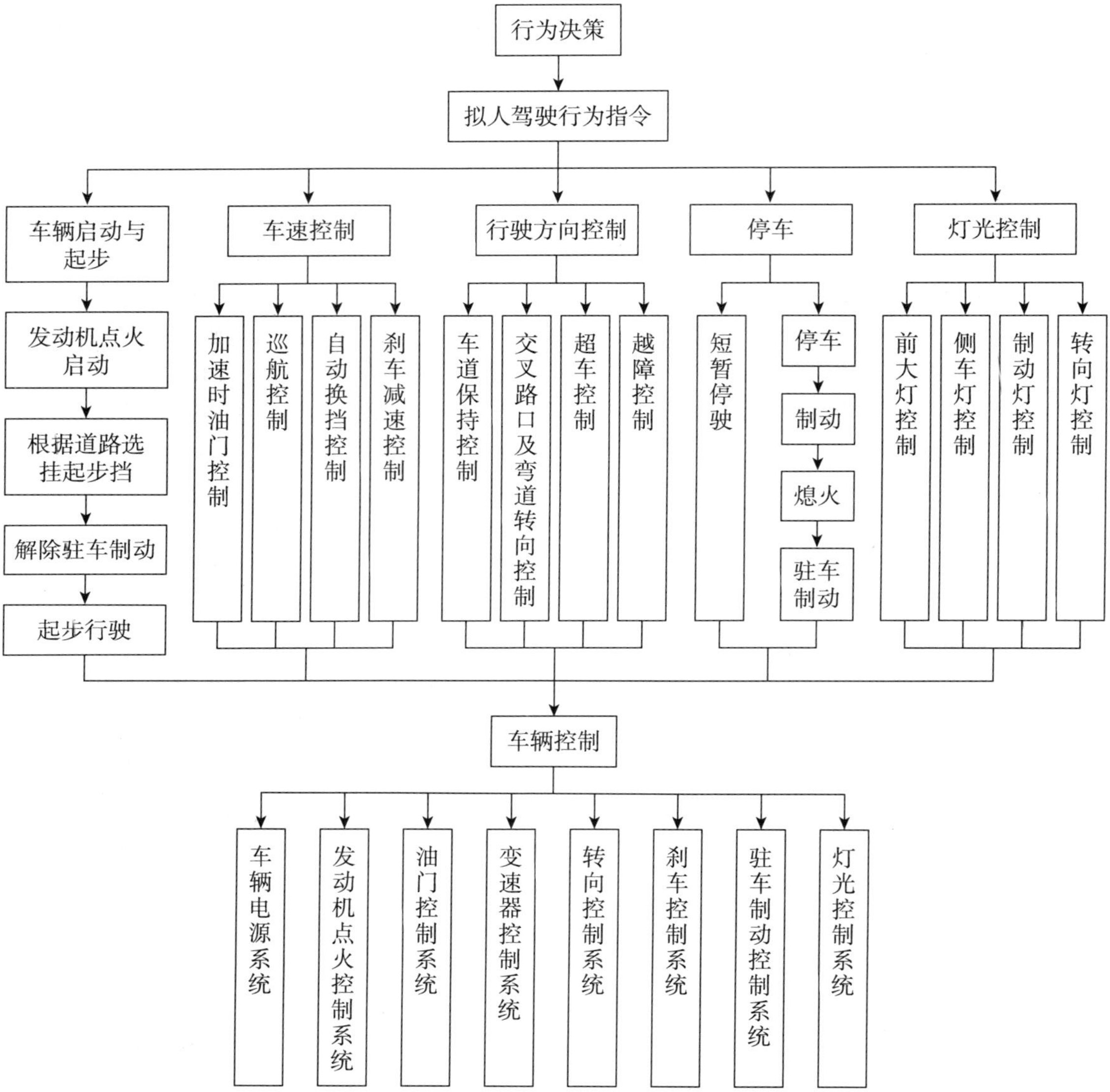

图 8－11　拟人驾驶行为及其控制指令

实施制动，该装置也要考虑适应不同车辆驻车制动装置结构的不同要求。

（7）灯光控制——主要是涉及前灯（夜间或阴暗环境下行驶）、尾灯（倒车）、制动灯、转向灯的控制，以便满足在各种交通环境下的行车交规要求。

所有控制装置的开发应遵循以下原则：

（1）对多种车辆的适应性，应能在原车结构无须做较大变动就能实现无人驾驶改装。

（2）结构紧凑，便于在原车内布置。

（3）可靠性，各种结构应适应各种行驶条件下的环境，在振动、潮湿、淋雨、腐蚀、电磁干扰等各种条件下可靠工作。

（4）应有紧急功能，保证在紧急状态时能快速恢复到安全状态，避免不安全的事故出现。

3. 车辆的机动控制方法

实现车辆的机动控制，涉及各种驾驶控制装置的单个工作控制问题，也涉及某种拟人驾驶行为复合动作的控制问题。在图 8－11 所示的驾驶行为控制中，车辆的启动起步及车辆停车、熄火等行为控制是一组机构动作的顺序控制，相对比较简单。但涉及车速及转向控制的驾驶行为控制涉及多种复杂情况，需要通过研究找出适用的控制策略和控制算法，现分述如下。

1）车速控制

车速控制是拟人驾驶中两个基本行为之一。通常车速控制可分为加速、减速和定速行驶三种方式。它们分别根据路况、交通拥堵及管理、驾驶意图等不同要求而随意选取。在这三种行驶方式中，要综合运用油门、换挡以及制动等多种驾驶动作，其控制方法涉及这些无人驾驶装置的控制策略和控制算法。

加速行驶——这主要表现为起步后的加速行驶阶段，是超越前方车辆或是加速克服某些局部困难路段的需要。根据期望加速度的大小不同，加速行驶可由不同的方法实现。例如，加大油门开度，利用发动机特性增大功率输出，使车辆加速行驶，可适用于不同强度的加速度要求，但加速的幅度受限于发动机的转速范围。利用换挡在车辆动力因数足够的条件下换入高挡，可以大幅度提高行驶速度。换挡控制涉及车辆动力学及换挡规律等控制技术课题。

减速行驶——主要用于路遇拥堵、车辆行驶前的过渡阶段、路遇障碍前的降速、弯道转向的降速准备阶段、紧急制动等。对于不同减速度期望，所采取的驾驶动作也各异，通常涉及减小或完全松开油门、换挡（换入低速挡限制车速）、不同强弱的制动等。减少油门开度，通过降低发动机的功率输出，车辆行驶速度的下降一般较缓慢，减速过程平稳。如若完全松开油门踏板，完全停止发动机功率输出，并使之成为吸收车辆行驶惯性的缓速吸能器，通常用于停车前期或下陡坡行驶的限速功能。采用制动则可依制动强弱不等得到快速的制动降速行驶，这通常用于路遇临时路障、临时交通事故等情况，制动控制涉及制动强度控制的控制策略和控制算法等技术研究课题。

定速控制——包括实现车速巡航控制。通常在高速公路平直路段行驶过程使用，无人驾驶车辆在试验过程还可能根据道路及交通条件需要限制最大车速不超过某个设定值的问题。在此期间，根据所定车速数值对油门开度实现控制，保证车速度比限定在某个允许的范围内，这里也涉及油门开度控制算法问题。

2）行驶方向控制

行驶方向控制又称转向控制，也是拟人驾驶中的一项基本行为。转向控制的拟人驾驶行为比直驶时的车速控制更为复杂。它涉及多种情况，包括直驶时的直道保持控制、弯道行驶的弯道路径保持、绕越障碍或超越前驶车辆等驾驶行为。

直道行驶时直道的保持控制问题，在高速公路直道上高速行驶时，保持车辆沿直道标志线的偏移距离不超过允许值的功能，涉及采用何种控制策略控制与车辆直驶方向始终与标志线一致并使横向偏离最小，需要根据实际转向机构参数，研究适用的控制算法，以便能在一定车速和控制周期内实现车道保持精度，要求控制周期满足设定行驶车速条件控制精度的要求。

弯道行驶时弯道路径的保持问题，较之直道行驶更为复杂。转向控制涉及轮胎侧偏特性、转向系统响应滞后以及三种不同转向稳态特性的影响。在弯道上转向时的控制策略及控制算法更为复杂，其中高速行驶中转向时，还涉及安全性及预定需降低车速实施配合的车速控制问题。

越障及超车驾驶控制，两者之间的区别在于越障时，障碍虽有大小的不同，但它是静止不动的。而超越前方车辆时，前车也在以一定的车速同向行驶。越障驾驶要根据与障碍之间的距离与当时的行驶车速综合考虑控制策略。如果前方距离不足，尚需考虑采取提前降低车速的控制要求，这样它的控制算法更为复杂。至于超车驾驶则在控制算法中涉及与前车的车距及前车的车速大小，其中本车的提速量计算及转向角的控制算法都是关键。

8.2.3 BIT 号无人驾驶车辆

2011 年“中国智能车未来挑战赛”比赛全程长约 10 km，除了直弯道行驶外，参赛车辆还需要完成超越动、静态车辆，路口左、右转及掉头，根据锥桶引导行驶等操作。北京理工大学 BIT 号无人驾驶车辆自主驾驶完成了全程，顺利通过所有考核点，车道内行驶稳定平顺，并依据交规要求选择正确的车道完成超车换道，全程用时 28 min。BIT 号无人驾驶车辆使用 1 个相机进行车道线和停车线检测、1 个相机进行标志牌和红绿灯检测；使用 Sick－291 雷达进行障碍物检测、IBEO 四线雷达进行路沿检测；系统使用 5 台计算机分别进行图像处理、路沿检测、障碍物检测、规划和定位控制。

1. *底层控制系统*

BIT 号无人驾驶车辆的底层控制系统由线控与状态测量两部分功能组成。线控系统使用 3 个电机分别控制方向盘、制动踏板和油门踏板。其中，方向盘由电机带动齿轮控制，踏板则由各自电机拉线控制（见图 8－12（a））。用传动轴上安装的霍尔传感器测量实时车速，用前轮转向节连接轴上安装的电位计测量前轮偏角（见图 8－12（b））。底层控制系统由单片机组成的 CAN 网络实现数据传输和共享，并通过串口与上位机进行通信。控制参数包括期望前轮偏角和期望车速。输出的状态参数包括实时前轮偏角、车速和轮速传感器的脉冲数。

由于横向控制输出与期望前轮偏角之间是线性对应关系，因此只需根据预先标定结果输

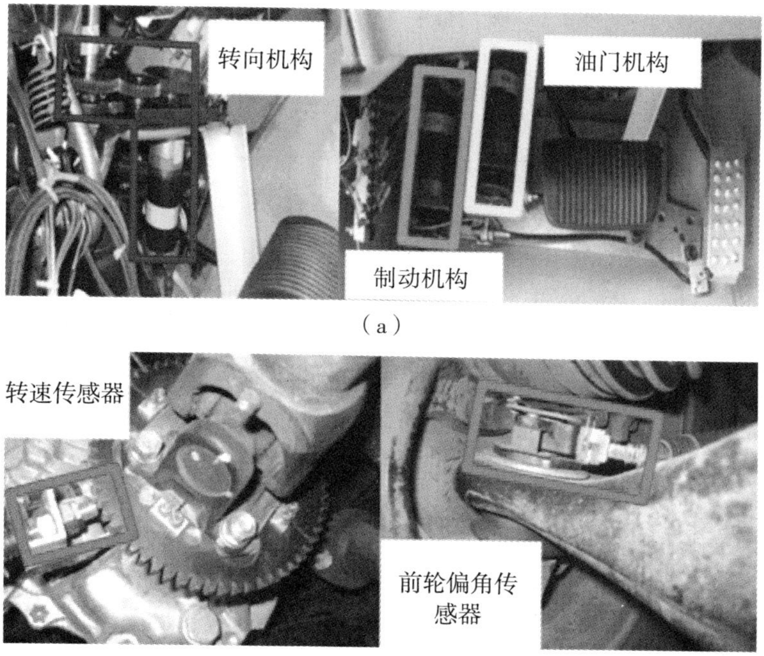

图 8－12　控制机构和传感器
(a) 控制机构；(b) 传感器

出控制量即可完成横向控制。与之相比，由于上位机以期望车速的形式下发纵向控制命令，线控系统需要根据实时车速与期望车速确定油门踏板与制动踏板电机各自的控制量，因此纵向控制的实现比较复杂。线控系统采用自整定 PID 控制实现油门和制动的协调控制。通过当前车速和目标车速来计算速度跟随偏差，进而由增量式 PID 算法计算得到控制量 U（见图 8－13）。若控制量 $U>U_0$，则控制油门；若控制量 $U<U_{coast}$，则控制制动；若 $U_0<U<U_{coast}$，则油门制动均不控制。判断条件中的参数 U_0 和 U_{coast} 通过道路试验确定。同时，根据期望速度的不同，通过自整定方法，对 PID 参数进行修正。

2. 局部路径规划

局部路径规划根据车辆实时运动状态和环境信息确定使车辆沿期望路径运动的纵横向控制参数。与全局路径只规划一次不同，局部路径规划以 100 ms 的规划周期执行。局部路径规划一方面计算满足路径跟踪要求的可行无碰路径，保证行驶的横向安全，另一方面在由最大加减速度和侧向加速度约束的速度容许空间中进行速度规划，保证行驶的纵向安全和稳定平顺。

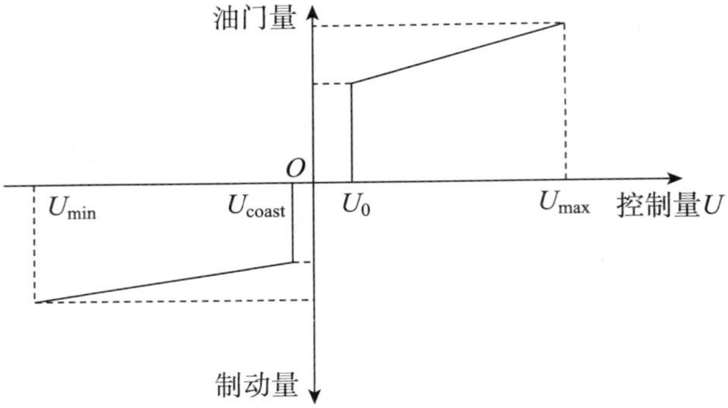

图 8－13　纵向控制量与油门制动踏板电机输出的关系

车辆运行的实际环境可能造成期望路径不可行。例如，当期望路径上出现较小障碍物时，希望车辆能够自动避开障碍物后继续跟踪期望路径，从而避免频繁进行全局规划。BIT号无人驾驶车辆局部路径规划算法原理是：在期望路径上的预瞄位置沿其法线方向确定若干个目标状态，各目标状态使用与预瞄状态相同的航向。计算当前车辆状态和各目标状态之间的行驶曲线，通过避障分析排除其中不满足安全要求的，将剩余曲线中最接近期望路径的可行路径作为局部路径规划结果。

为了保证规划结果的可行性，行驶曲线需要满足车辆运动微分方程：

$$\dot{x} = v\cos\theta \tag{8-1}$$

$$\dot{y} = v\sin\theta \tag{8-2}$$

$$\dot{\theta} = (v\tan\delta)/L \tag{8-3}$$

其中，$(x,\ y)$ 是车辆位置；θ 是航向角；v 是车速；L 是轴距；δ 是前轮偏角。

满足上述车辆运动微分方程的曲线可以用 $n(n \geqslant 3)$ 次多项式参数方程描述。为了使曲线具有更多的自由度，BIT 号无人驾驶车辆选择使用 5 次多项式参数方程描述行驶曲线：

$$x(u) = x_0 + x_1 u + x_2 u^2 + x_3 u^3 + x_4 u^4 + x_5 u^5 \tag{8-4}$$

$$y(u) = y_0 + y_1 u + y_2 u^2 + y_3 u^3 + y_4 u^4 + y_5 u^5 \tag{8-5}$$

确定车辆行驶曲线实际上是求解方程组中 10 个系数。为求解此不定方程组，增加四个调节参数 $(\varepsilon_1, \varepsilon_2, \varepsilon_3, \varepsilon_4)$，将参数方程组转化为系数对调节参数的显性方程组，并对其优化求解确定行驶曲线。得到行驶曲线后将对每一处的曲率进行分析，只有最大曲率不超过车辆曲率限制，行驶曲线才被认为是真正可行的行驶曲线。图 8－14 给出了以相同初始和目标位置，不同目标航向角计算得到的一组行驶曲线。

为了保证行驶的安全性，需要根据实时环境信息确定行驶曲线是否满足避障要求。曲线并不包含车辆的几何尺寸信息，为了在复杂环境下准确判断车辆的可通过性，在行驶曲线上根据航向计算车身实际占据的区域（见图 8－15），并与环境网格进行比对，判断车身区域中是否存在障碍物。最终在所有满足避障安全性的行驶曲线中选择与期望路径一致性最好的作为局部路径规划结果。

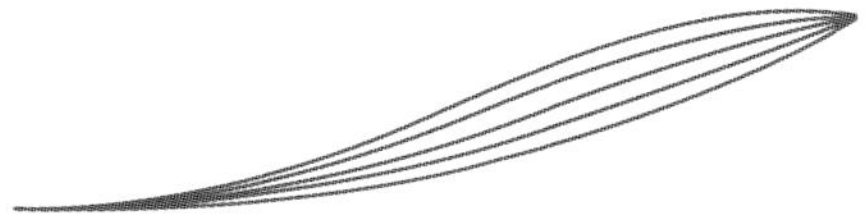

图 8－14　由初始和目标状态计算行驶曲线

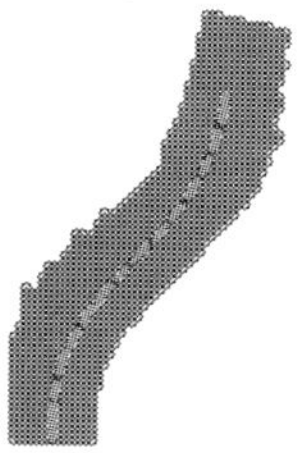

图 8－15　增加车身宽度信息的行驶曲线

局部路径规划以曲率的形式提供了车辆的横向控制参数。为了确定车辆纵向控制参数，在路径上进一步进行速度规划。速度规划的原则为：为了保证纵向碰撞安全性，车辆能够以最大减速度在路径终点处减速为零；车辆尽可能以最快速度行驶。根据初始速度、最大加减速度和最高速度计算得到的速度容许空间，能够得到路径上每一处位置对应的期望速度。以图 8－15 中的路径为例，初始速度为零时，速度规划首先判断路径长度是否能够达到最高速度，然后确定加速段和减速段的位置，最终确定的规划结果是首先以最大加速度提高到最高速度，平稳行驶一段时间后以最大减速度进行减速到零（见图 8－16（a））。为了保证车辆转弯时的侧向安全性和平顺性，纵向规划根据最大侧向加速度对速度容许空间进行进一步约束（见图 8－16（b）），得到最终的速度规划结果。

虽然纵向规划得到了整条路径上各处的期望速度，但是实际只会执行下一个控制周期处的期望速度。这样在车辆正常行驶时，路径长度较长，会平稳地输出加速段或匀速段速度，不会造成行驶时快时慢。当车辆逐步接近障碍物时，规划路径长度逐渐变短，为了满足路径终点速度为零的要求，输出的期望速度也逐渐减小直至最终停车。

3. 定位

BIT 号无人驾驶车辆定位系统分为局部定位与全局定位。两者用途和性能要求不同，采用的算法也有所区别。局部定位为局部路径规划提供准确平顺的定位信息。而全局定位则为在路网内定位车辆提供绝对位置信息。定位系统由 GPS、轮速传感器和电子罗盘组成。

局部路径规划需要将期望路径根据车辆实时运动状态转换到局部坐标系内。局部路径规划需要较高的定位精度，而且定位结果不能发生跳动，以免在跟踪过程中发生横向控制参数的突变。综合考虑这些要求和各种定位技术的特点，BIT 号无人驾驶车辆采用纯航位推算法为局部路径规划提供定位信息。纯航位推算法更新频率高，短时间内定位精度高，适于进行增量式定位，虽然误差会随时间累积，但是能够满足局部路径规划跟踪路径的要求。

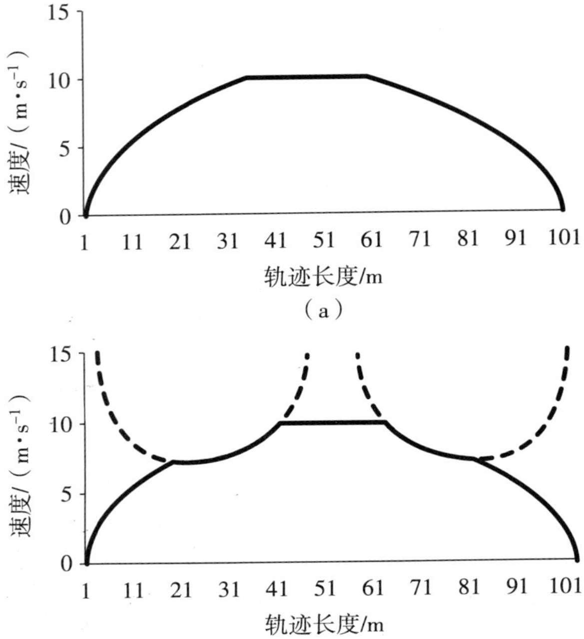

图 8－16　初速度为零的速度规划

（a）根据最大加减速度得到的基本速度规划结果；

（b）增加侧向加速度约束后的速度规划结果

全局定位采用基于互补式卡尔曼滤波的 GPS－航位推算集成定位算法，主要用于确定车辆在路网中的位置。全局定位并不需要定位系统提供过高精度的定位信息，因此 BIT 号无人驾驶车辆仅采用了单点 GPS 提供绝对位置信息。

4. 静态环境网格

按照输出模态，静态环境网格属于面向网格的环境感知功能。它为局部路径规划提供车身周围可通行性信息。车身周围的区域被边长 20 cm 的单元格离散化为棋盘状的环境网格，单元格内的可通行性由障碍物检测和路沿检测结果融合确定。

1）障碍物检测

车头水平放置的 SICK LMS－291 激光雷达用于障碍物检测。每完成一帧测量，将激光雷达输出点投入相应网格内，再根据激光雷达测量的概率模型计算各个网格内存在障碍物的概率，得到单帧的环境概率网格。使用单个激光雷达构建的单帧环境概率网格只能提供车头前方的环境信息，为此采用同步定位与地图创建技术重建车身局部环境，如图 8－17 所示。

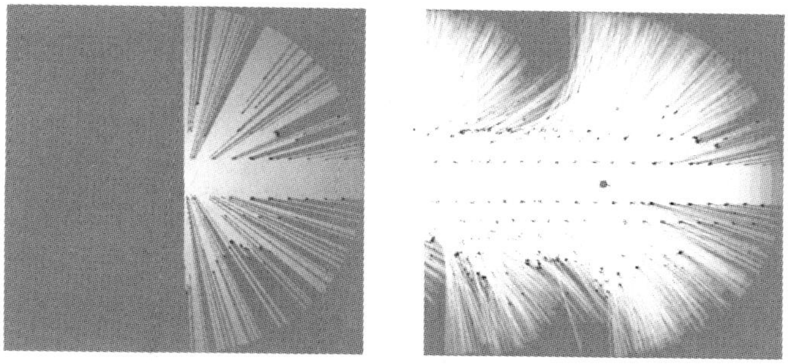

图8－17　障碍物检测结果
（a）单帧网格；（b）多帧重建结果

2）路沿检测

水平布置的激光雷达能够检测到高出地面一定高度的障碍物，但是对于城市环境中常见的路沿却无能为力。为了防止车辆在车道线不明显时开上路沿，按一定俯仰角在车头安装了一部四线激光雷达用于检测路沿的相对位置。

路沿检测以路沿垂直面为目标。首先用边长10 cm的单元格将车身局部的水平面划分网格。将四线雷达扫描结果转换到车身局部三维空间，并根据其水平坐标投入网格内。如果某网格内只有来自一层激光的扫描点，则该网格位于水平面上；如果某网格内同时包含来自多层激光的扫描点，则该网格位置为垂直面。试验结果证明，与利用激光扫描结果的斜率突变确定路沿位置的方法相比，这种基于投票原理的路沿检测算法具有更好的准确率和可靠性。

路沿检测确定了扫描区域内所有垂直面的位置，这些垂直面将扫描区域分成若干部分。根据各段内激光点的高度分布，可以将这些区域段分为可行区域（路面）和不可行区域（路沿外）。将路沿检测得到的区域可行性信息放入障碍物检测的环境网格，得到完整的静态环境概率网格输出给路径规划与跟踪模块。

5. 车道线识别

按照输出模态，车道线识别属于面向对象的环境感知功能。BIT号无人驾驶车辆实现了直车道线识别功能。在弯道内行驶时，将靠近车辆部分的弯道近似作为直道处理，通过车道偏差修正车辆在车道内的位置。

车道线识别由检测和跟踪两部分组成（见图8－18）。检测部分首先根据预先标定的车道线灭点位置截取感兴趣区域（ROI），在ROI中用基于Hough变换的算法识别车道线，然后利用车道宽度限制排除无检测结果。跟踪部分通过连续帧之间的检测结果，根据预定的车辆运动模型估计下一帧车道线可能出现的区域，进一步简化图像处理所需运算量，提高检测成功率。车道识别算法检测与跟踪两部分相互配合。初启检测时，检测阈值设置较高，只有车道线比较明显时才能完成检测。一旦在连续帧中都成功地检测到车道线并实现跟踪，则检测阈值将降低。此时即使车道线由于光照、阴影或者褪色等原因不再清晰可见，仍然能够完成识别。一旦若干帧内没有识别结果输出，则将重启检测步骤。

（a）　　　　　　　　（b）

图 8－18　直车道线识别

（a）检测；（b）跟踪

车道线识别结果是面向对象的环境感知信息。在比赛中车道线对象的属性包括左、右车道线的顶点坐标和车道线虚实情况。其中，左、右车道线端点经投影变换转换到局部平面坐标下，可以直接用于结构化道路内规划。

6. 结构化道路内规划

车道内行驶要求无人驾驶车辆车道跟随稳定可靠，能够根据周围障碍情况和交通规则要求进行合理的换道避障，正常行驶和超车换道过程中平顺流畅。

由于车辆应沿客观存在的车道线行驶，因此车道线识别结果实际上为结构化道路内行驶提供了局部坐标系下的期望路径。根据局部路径规划算法，在车道中心线的预瞄距离确定若干目标状态生成行驶曲线。通过选择不同的行驶曲线实现不同的车道内行驶操作。当前方没有障碍物时，选择最靠近车道中心线的行驶曲线进行正常的车道跟随（见图 8－19（a））。前方障碍物使中间的行驶曲线不可行时，则根据交规要求选择其他满足避障要求的路径作为规划结果：当左右车道线均为虚线时，优先选择左侧行驶曲线（见图 8－19（b））；而左侧车道线为实线时，该侧车道线以外的轨迹全部不可行，则选择右侧超车（见图 8－19（c））。经过这样简单的设置便能够根据车道线的虚实情况，在前方出现障碍物时选择正确的方向完成超车。当所有的行驶曲线都不可行时，将减小预瞄距离继续进行局部规划，直到找到可行路径或使车辆停车。局部规划的纵向规划能力能够自动根据曲线曲率对速度进行限制，表现为车辆会在转向的同时通过减速保证行驶的稳定。

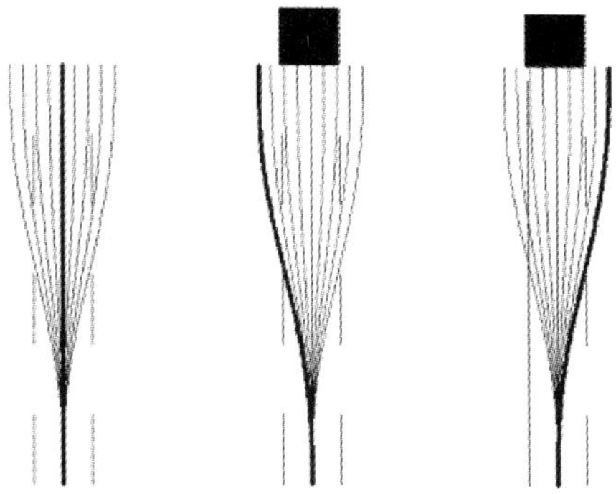

图 8-19　结构化车道内规划
(a) 中心行驶; (b) 左侧行驶; (c) 右侧行驶

7. 路口内全局规划

路口内行驶需要先由全局规划生成期望路径，再启动局部路径规划与跟踪。BIT 号无人驾驶车辆使用快速随机树规划算法生成全局期望路径。以右转弯为例，车辆在路口入口处完成路径规划，将期望路径（图 8-20 中加粗的点序列）输入局部路径规划启动车辆行驶。由于车载传感器感知范围有限，当 BIT 号无人驾驶车辆发现原规划路径完全不可行时，局部路径规划算法将控制停车，并重启全局路径规划得到新的期望路径继续行驶。

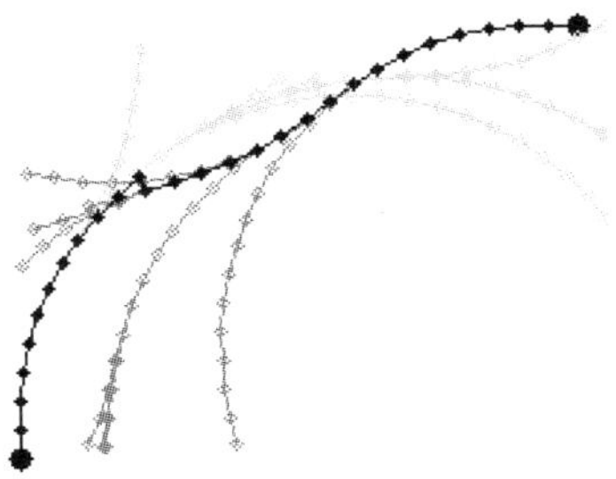

图 8-20　全局路径规划得到的期望路径

8. 性能分析

1）结构化道路内行驶

比赛场地的路面标线比较清晰，但是由于赛道是一个封闭的环形，行驶过程中阳光照射角度的变化仍然给车道识别带来很大挑战。BIT 号无人驾驶车辆车道识别采用检测加跟踪的方法提高检测成功率和可靠性，虽然在正午的强烈阳光下进行比赛，但是全程都较好地完成了车道识别（见图 8-21（a）），即使是在弯道 BIT 号无人驾驶车辆也能正常自主行驶（见

图 8－21（b））。

（a）　　　　（b）

图 8－21　结构化车道内行驶

（a）强光；（b）弯道

可靠的车道识别和车道内规划使 BIT 号无人驾驶车辆在正常行驶时始终保持在固定车道内行驶。在前方出现障碍需要避障时，能够根据左、右车道线的虚实情况选择合适的车道进行换道超车。图 8－22（a）中由于左侧为实线，因此 BIT 号无人驾驶车辆从右侧超车。图 8－22（b）中由于左、右均为虚线，因此优先选择从左侧超车。

（a）　　　　（b）

图 8－22　选择正确车道超车换道

（a）右侧超车；（b）左侧换道

由于纵向规划是在局部路径规划中完成的，因此只需要设定不同场景下的最高速度，BIT 号无人驾驶车辆便会根据局部路径规划结果和环境信息自动计算期望速度。比赛过程中需要超车换道时，BIT 号无人驾驶车辆一般会自动降低车速，换道完成后再恢复正常速度，保证了行驶的平顺流畅。

2）路口行驶

比赛中并不是每个路口处都提供了入口出口信息。如果路网文件没有提供路口出点信息，则将通过路网分析和标志牌识别结果确定该路口需要执行的转向操作，自动生成相应的目标状态。为了防止目标状态位置不准确导致路口行驶失败，将目标位置设置在距离较远处，这样可以利用局部路径跟踪同时实现避障和路径跟踪的特性引导车辆驶入下一段道路内，如图8－23所示。一旦识别到车道线，将自动放弃跟踪路口内规划结果，转入结构化道路行驶模式。

图8－23 锥桶引导的路口行驶

路网信息的不完整，加上全局定位使用的是精度有限的单点GPS，使得不可能依赖定位系统判断是否到达路口。BIT号无人驾驶车辆判断到达路口的条件是发现停车线或者车道线消失。后者是为了防止路口没有停车线，或者在逆向车道行驶时没有停车线影响路口识别。

8.3 车辆辅助驾驶系统

现代汽车技术的发展日新月异，给人们的出行带来了便利，但同时，频发的交通事故使人们对汽车的安全性提出了更高的要求。智能车辆技术发展的终极目标是车辆自主驾驶，但在其技术发展的过程中产生的车辆辅助驾驶技术有利于提高车辆的安全性、乘坐舒适性。汽车安全分为主动安全和被动安全两大方面。被动安全是指汽车在发生事故以后对车内乘员的保护，如安全气囊、预紧式安全带、乘员头颈保护系统。主动安全就是尽量自如地操纵控制汽车。无论是直线上的制动与加速，还是左右变换方向都应该尽量平稳，不至于偏离既定的行进路线，而且不影响驾驶员的视野与舒适性。随着防抱死制动系统、牵引力控制系统、电子稳定装置、电子制动力分配系统、主动防追尾系统等汽车主动安全系统在现代车辆上逐渐装备，各种汽车辅助驾驶系统也开始发展起来，对行车危险进行判断并帮助驾车者进行处理。下面以车道偏离预警系统、自动泊车、盲点监测系统为例进行简要介绍。

8.3.1 车道偏离预警系统

车道偏离预警技术从2000年开始，就已经在欧洲、美国的商用车上广泛应用。现在逐渐应用在乘用车中，豪华轿车成为这类系统首先普及的地方。车道偏离预警系统的作用是在车辆偏离车道时，传感器检测到车头前方两侧的车道线发生了变化，迅速判断这个变化是否来自于驾驶者的真实意愿。车辆偏离车道时，方向盘会通过振动、声音、图像等感官进行警示。美国公路交通安全管理局对车道偏离预警系统的定义是指一种通过报警的方式辅助驾驶员避免或者减少车道偏离事故的系统。一个车道偏离预警系统不会试图控制车辆以防止可能发生的碰撞事故。美国国家公路交通安全管理局开展的“采用智能车辆道路系统对策的道路偏离避撞警告项目”研究将车辆偏离预警系统分为“纵向”和“横向”车道偏离警告两个主要功能。纵向车道偏离警告系统主要用于预防那种由于车速太快或方向失控引起的车道偏离碰撞。横向车道偏离警告系统主要用于预防由于驾驶员注意力不集中以及驾驶员放弃转向操作而引起的车道偏离碰撞。

作为安全辅助驾驶技术的重要组成部分之一，车道偏离预警技术是近年来安全辅助驾驶研究领域的一个重要方向，已经受到越来越多的关注。车道偏离预警系统大多是基于视觉的系统，根据摄像头安装位置不同，可以将系统分为侧视系统（摄像头安装在车辆侧面，斜指向车道）和前视系统（摄像头安装在车辆前部，斜指向前方的车道）。无论是侧视系统还是前视系统，都由道路和车辆状态感知、车道偏离评价算法和信号显示界面三个基本模块组成。系统首先通过状态感知模块感知道路的几何特征和车辆的动态参数，然后由车道偏离评价算法对车道偏离的可能性进行评价，必要的时候通过信号显示界面向驾驶员报警。车道偏离预警系统的几个关键技术如下。

1. 驾驶员有意识转向的判断

汽车在偏离原始车道时有两种可能：一种是驾驶员有意地变换车道行驶，那么此时发出的警告则为错误信息，有可能会影响到驾驶员的正常行驶；另一种是驾驶员处于无意状态，如驾驶员注意力不集中或驾驶疲劳而引起的，此时预警系统就会发挥其功能从而避免事故的发生。判断是否有意识转向的通用做法主要是依据转向灯来进行判断。如果转向灯打开，则自动抑制车道偏离预警系统。这种实现方式简单，系统只需与转向灯进行相应的连接，从而将问题简单化。同时，也能够纠正驾驶员的不规则驾驶行为。如果驾驶员在不打开转向灯时进行变换车道的操作，系统会发出警报，提示驾驶员做出相应的操作，通过将系统的辨别功能交给驾驶员来完成。这种实现方式的缺点是对经常不打开转向灯的驾驶员，系统的预警率会明显提高，这会导致驾驶员主动将车道偏离预警系统关闭。实用的车道偏离预警系统应根据多种触发部件的评价值综合判断系统的工作状态，不应仅仅依靠某一触发部件来完全控制车道偏离预警系统的状态。

2. 存在车辆干扰时的车道线识别

在车辆偏离预警系统研究领域，车道线识别对车道偏离报警与车道保持等主动安全系统是一项关键技术。道路上行驶的其他车辆常常会干扰车道线的识别。在车道线附近的车辆会使识别的车道线偏离正确方向。当车道线被车辆遮蔽的区域较大时，甚至会导致车道线的识别失败。一种解决办法是，融合雷达数据。结合雷达数据，车辆检测算法能够识别出前方行驶的车辆在图像中占据的位置，然后对车道线候选点进行判断，去除位于车辆占据区域内的车道线点。对于剩余的有效车道线点，如果其数目充足，则直接利用这些点进行车道线模型参数的拟合，并根据拟合结果进行卡尔曼测量更新。如果数目不足，则根据卡尔曼预测的结果，按照最小风险函数准则拟合车道线模型参数。对车道线模型进行匹配之后，需要对结果的置信度进行检验，如果不符合，则重新启动车道线的检测。完成初始检测之后，需要对检测到的车道线置信度进行确认，包括车道线的平行度、宽度以及用来拟合的车道线点的数目等。如果能够通过置信度检测，则进入车道线跟踪。在跟踪阶段，根据上一轮检测到的车道线位置确定本幅图像的检测范围，并同样搜索车道线的内侧点作为车道线的候选点。每一帧图像跟踪结束之后同样接受置信度检测，如果低于置信度指标，则重新启动初始检测模块。

3. 光照、天气变化等因素的影响

对于实际的应用环境，由于天气、光照等因素的影响，甚至是一系列特殊情况的出现，一般的图像传感器在各种条件下难以具有较好的鲁棒性。为了较好地适应各种道路和天气状况，保证驾驶的安全性，一般采用适合道路使用的数字摄像头芯片自主开发视觉采集模块。通过编程控制，较好地实现对曝光时间、增益和噪声等的调节。同时，采用一种多斜率的曝光模式输出，在不同的曝光模式下，控制曝光的时间也是不一样的，保证在光照过强或光照条件非常弱的情况下，都可获得较好的图像。

8.3.2　自动泊车

泊车辅助系统一般通过安装倒车雷达或后视视觉系统，在泊车时给驾驶员起到提示作用，以避免碰撞。这种系统安装简单，使用也较为普及，但是仍然没有能够有效解决人们泊车容易出错的问题。而自动泊车系统的基本功能是能够控制车辆自动完成泊车，在此过程中可以不需要驾驶员的干预。这样一种系统可以有效解决新手驾驶员泊车的烦恼，提高了车辆的智能化水平。自动泊车系统的基本组成是：传感器系统，主要用来探测环境信息，寻找车位并实时反馈车辆位置信息；中央控制系统，主要用来处理环境感知信息，并在线实时计算目标车位参数和车辆相对位置，判断可行性并确定自动泊车策略；执行系统，主要根据中央控制系统的决策信息，控制方向盘和动力系统，按照决策路径控制车辆运动到泊车位。

对于自动泊车系统来说，需要实时测量车辆与障碍物之间的距离。对于自动泊车系统的测距要求而言，超声波测距传感器具有以下优点：对于色彩光照度不敏感，可用于识别漫反射性差的物体；对外界光线和电磁场不敏感，可用于黑暗、有灰尘或烟雾、电磁干扰等恶劣环境；结构简单，体积小，费用低，信号处理简单可靠，易于小型化和集成化。自动泊车系统运行的基本过程是：通过传感器系统感知环境信息；根据传感器系统的信息得出有效车位信息、车辆相对位置，从而决策泊车初始位置；电子控制单元根据传感器信息，实时进行环境建模，生成车辆运动路径，控制车辆无碰撞地自动运动到泊车位。对于自动泊车问题，通常有两种方法：一种是路径规划方法，即事先规划一个可行的几何路径，考虑环境约束、汽车运动学或动力学模型等；另一种是基于经验的控制算法，根据泊车熟练的驾驶员的经验，模拟驾驶员的驾车行为，实时产生控制命令。路径规划方法通过生成既定路径控制车辆的运动轨迹。这种方法依赖于控制器的精确性，控制效果并非完全可靠。在泊车过程中，即使位置误差能够被后来的运动所补偿，也会增加相应的时间成本，从而影响自动泊车的效果。基于经验的方法采用智能控制算法实现自动泊车问题。以模糊控制方法为例，在获得车的方向角后，基于相对泊车位置的纵向和横向距离，对不同的泊车位置，不同的泊车阶段会产生不同的模糊规则。模糊控制会在每一个采样周期，根据车相对于泊车位置的相对位置，产生一个控制命令，可以有效补偿系统误差。

8.3.3 盲点监测系统

由于车身设计的缘故，反光镜所能提供给驾驶员的视觉范围总会有一些盲区存在。因此出现了并线辅助装置，也称为盲点监测系统。盲点监测系统通过雷达、摄像头等装置，在车辆行驶时对车辆两侧的盲区进行探测，如果有其他车辆进入盲区，会在后视镜或其他指定位置对驾驶员进行提示，从而告知驾驶员何时是并线的最好时机，大幅度降低了因并线而发生的事故。例如，位于外后视镜根部的摄像头会对3~5 m宽、9~12 m长的一个盲区进行图像监控，如果有移动物体（车辆或行人）进入该盲区，系统对比每帧图像，当系统认为目标进一步接近时，警示灯就会亮起，防止出现事故。使用摄像头的盲点监测系统也有缺点，由于基于可见光成像系统采集图像，当能见度极差时（如大雾或暴风雪），系统便无法工作，不过此时系统也会对驾驶者有相应提示。同时，如果驾驶员确认安全（如在非常拥挤的路段），也可以手动关闭系统。有些并线辅助会在车辆超过一定速度时介入，依靠传感器的帮助，侧向辅助系统可以探测到侧后方较远处的车辆，若此时并线有潜在危险，后视镜上就会亮起警示灯。如果驾驶者在警示灯亮了之后仍打转向灯，警示灯会增加亮度并开始闪烁。在城市行驶时，这套系统很有帮助，能够提醒驾驶员注意后方的车辆以免发生危险，对于新手的行车安全尤其有帮助。

8.4 无人驾驶车辆智能行为测试与评价

研制具有自然环境感知与智能行为决策能力的无人驾驶车辆验证平台是国家自然科学基金“视听觉信息的认知计算”重大研究计划的总体目标之一，交流和验证我国视听觉信息认知计算的研究工作成果是“中国智能车未来挑战赛”的主要目的。国家自然科学基金“视听觉信息的认知计算”重大研究计划重点项目“无人驾驶车辆智能行为综合测试环境设计与测评体系研究”，围绕如何测试和评价无人驾驶车辆在未知环境中的智能行为这一核心科学问题开展研究，主要研究内容包括：

（1）测试内容（测什么）。

（2）测试环境设计（在什么环境下测）。

（3）测试方法与技术（用什么方法和手段测）。

（4）测试标准与评价体系（建立什么样的标准体系以及如何评价）。

目前，我国在无人驾驶车辆相关研究领域的水平与国外发达国家仍然存在一定的差距，研究目标和技术手段也有所不同，这决定了我国的无人驾驶车辆智能行为测试不能简单照搬国外的现有测评体系。为了促进我国无人驾驶车辆相关技术的研究发展，突破视听觉信息认知计算的关键技术，需要设计科学的阶段性测试与评价内容。综合试验条件，设计分阶段的测试环境，逐步完善测评体系，形成相对完备的测评理论、方法与技术，引导无人驾驶车辆视听觉信息认知计算及相关技术的发展。

8.4.1　测试内容

无人驾驶车辆不仅集成了视听觉认知计算中的关键技术，使之具有良好的自然环境感知与智能行为决策能力，而且还集成了车辆状态感知与车辆控制技术等，使之能够正确地表现环境感知与行为决策的结果。从另一个角度说，无人驾驶车辆做出的智能行为，同时受到自然环境感知、智能行为决策、车辆状态感知和车辆控制等功能模块输出结果的影响。一个正确的自然环境感知与智能行为决策的结果，可能产生一个正确的智能行为，也可能由于车辆状态感知与车辆控制中的某个问题导致了错误的智能行为。相反，一个正确的智能行为，不一定能够保证其中所有的功能模块输出是正确的。准确分析驾驶行为、视听觉信息认知、智能行为要素及（人）车路（环境）间相互作用关系，以及视听觉信息认知计算关键技术与无人驾驶车辆验证平台输出（即智能行为）的关系，设计科学的测试内容，有利于科学准确地考核出无人驾驶车辆视听觉信息认知计算相关研究的阶段性成果。制定我国无人驾驶车辆测试内容可以采取以下步骤：

（1）调查分析国内外无人驾驶车辆的发展历程，探索发展规律。

（2）结合我国发展特点，确定目前发展阶段已经基本取得突破的关键技术，探讨未来发展阶段的划分以及每个阶段应该进行重点发展的关键技术。

（3）分析无人驾驶车辆的功能模块。根据对无人驾驶车辆功能结构的有限认知，以及环境感知与智能行为实现的多元化手段方法等特点，分析研究视听觉信息认知计算关键技术与无人驾驶车辆智能行为之间的关系，从而定义视听觉信息认知计算的关键技术所对应的智能行为。

（4）在验证无人驾驶车辆中有关视听觉信息认知计算的关键技术过程中，还需要对无人驾驶车辆的相关技术进行考核，如车辆的安全性能，车辆的控制能力等。

（5）制定详细的测试内容，从基本到高级，从局部性能到整体性能，以考核视听觉信息认知计算的关键技术研究发展的水平，指导我国视听觉信息认知计算的发展。

8.4.2　测试环境

无人驾驶车辆在复杂、未知环境下的智能行为测试是无人驾驶车辆开发过程中的一项重要任务，是实现对无人驾驶车辆环境感知、行为决策等关键技术研究水平进行科学评价的重要手段。为保证智能行为测试的科学性、可重复性、安全性，必须基于无人驾驶车辆智能行为测试内容研究测试环境的设计。

通过分析测试环境与无人驾驶车辆智能行为的相互关系，研究测试环境要素定义及分类，建立测试环境模型；结合无人驾驶车辆的发展趋势、测试内容，分析测试环境的设计要求，设计分阶段的测试环境。

测试环境能否模拟复杂的真实环境是实现对无人驾驶车辆关键技术研究水平全面科学考核的关键，如必须模拟光照变化、阴影、标线模糊等真实环境要素以客观评价计算机视觉关键技术。真实环境的复杂性是由于多种要素综合作用的结果，各种要素对无人驾驶车辆关键技术提出了不同要求，如环境中的障碍物可用于考核无人驾驶车辆的障碍检测技术水平、评价车辆的避让障碍能力；环境中的道路标线可用于检测无人驾驶车辆的计算机视觉水平、评价车辆的车道检测及跟踪能力。通过分析环境要素与无人驾驶车辆关键技术、智能行为能力之间的关系，对环境的影响因素进行分类，定义各类基本环境要素及其组成。基本环境要素可分为道路环境要素、与交通规则相关环境要素、障碍物环境要素、听觉环境要素、光照环境要素、工作条件环境要素等类型，通过组合各类环境要素，研究各种真实道路环境的建立，形成测试环境理论模型，以实现对复杂真实环境的准确模拟。

8.4.3 测试方法

1. 全方位图像监控测试系统

建立移动、固定方式相结合的图像监控系统对无人驾驶车辆测试过程和测试点、测试路段进行实时监控，采集测试视频图像，为测试结果评价提供数据支持或用于最终的结果认定，以保证测试的公正性。

图像监控系统包括监控摄像头、临时监控中心，两者之间由无线或有线图像传输通道连接。监控摄像头负责图像采集，分别设置于移动平台、测试线路上（路侧、道路上空等），路侧、空基摄像头的数量和安装位置，根据考核内容确定，如在交叉口、匝道、停车位等区域设置。临时监控中心可实时显示视频图像，并对图像进行录像。图像传输通道根据不同情况选用不同的传输方式，其中移动平台的图像传输选用无线传输方式，静态平台采集的视频图像可选用视频线/光纤有线传输或无线传输方式。图像监控系统的总体结构如图 8 - 24 所示。

2. 多平台多传感器融合测试技术

采用静态平台与移动平台相结合的多平台多传感器融合测试技术。在移动平台上安装有GPS/惯性导航组合定位装置、摄像头、激光雷达、无线通信装置等，跟随在被测无人驾驶车辆的后方。移动平台上的 GPS/惯性导航组合定位装置用于采集移动平台的行驶轨迹，激光雷达用于测量移动平台和前方无人驾驶车辆的间距及速度差。综合移动平台的行驶轨迹及移动平台和无人驾驶车辆的相互位置关系，推算无人驾驶车辆的行驶轨迹。移动车辆上的摄像头对无人驾驶车辆的行驶过程进行全程拍摄。无线通信装置将拍摄图像、推算的无人驾驶车辆的行驶状态信息发送至测试终端。

针对无人驾驶车辆的考核要求，在各种道路测试环境中相应地点设置静态测试设备，各静态测试设备包括无线或有线通信装置，可将测试信息实时传输至测试终端。为保证测试的准确性，所采用的测试设备都选用实际应用的成熟产品及其组合，如道路交通中应用的车速

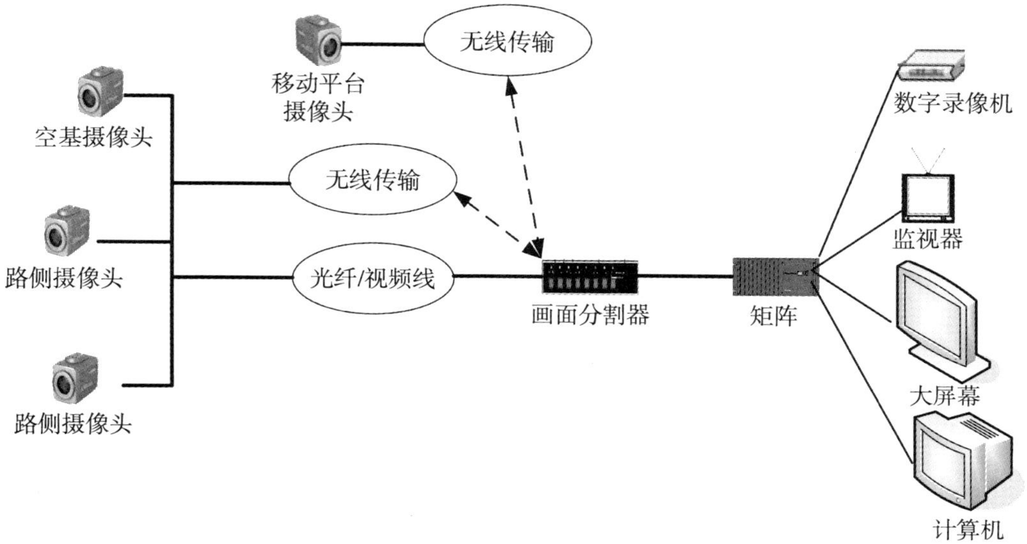

图8－24 图像监控系统的总体结构

检测设备、驾校考核入库停车的红外测试设备等。针对高速公路道路环境，在匝道出入口处设置摄像头，记录无人驾驶车辆驶入、驶出匝道的行为，设置红外探测器判断车辆是否偏离道路及偏离时间等信息。在速度测试区道路上方设置空基激光测速装置，测量无人驾驶车辆的行驶车速，判断车辆的行驶车速是否满足要求。针对城市道路环境，在交叉口设置摄像头、激光雷达等传感器，对车辆在交叉口的行驶轨迹进行精确测量。在停止线处设置测距装置，测量车辆停止位置与停止线的间距。在停车测试区设置红外检测装置，检测车辆在停车过程中是否超出停车位区。在检测点设置射频读写装置，检测无人驾驶车辆是否有效地通过检测点。

在不限制被测试无人驾驶车辆的开发手段，不干扰被测试无人驾驶车辆行驶及其任务执行原则下的无人驾驶车辆智能行为测试平台如图8－25所示。

然后通过融合多传感器感知模式及数据特性，建立统一的坐标系及时钟标识，同时，利用多传感器信息融合的方法对被测试车辆状态进行估计，对无人驾驶车辆的智能行为进行测试。

3. 电子测试技术与人工测试技术的融合

在无人驾驶车辆测试中，电子测试与人工测试相比具有很多优点，能执行一些人工测试不可能或很难完成的测试，例如车辆行驶过程中的状态监控，从而提高测试的效率。但按照目前的技术发展水平，一些智能行为很难通过电子测试技术得到准确的测试结果。例如，车

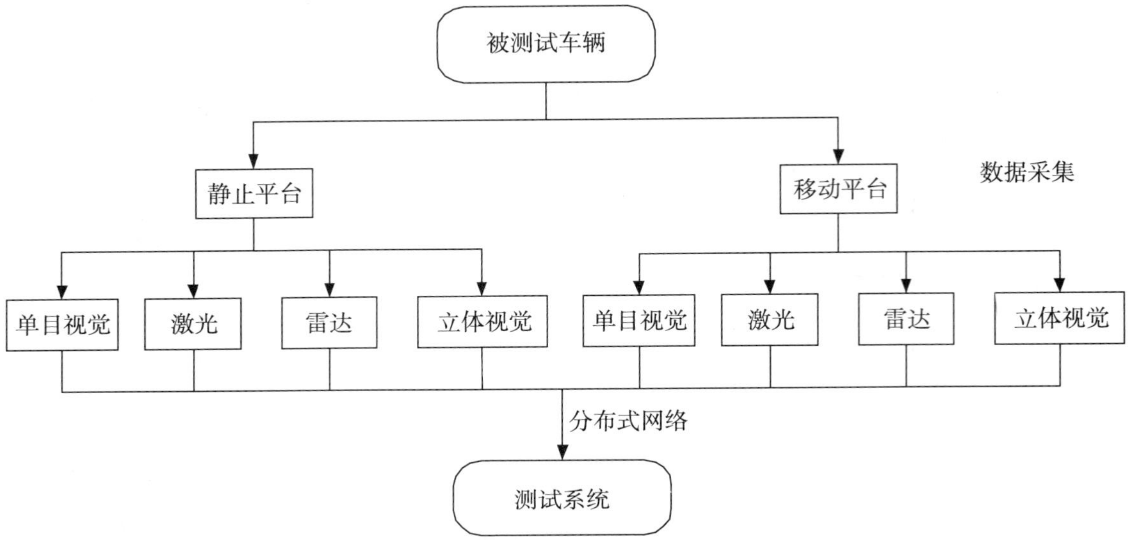

图 8－25　无人驾驶车辆测试平台

辆压白线的准确性问题，由于受到遮挡、光照等因素的影响，很难通过自动图像分析得到准确的结果，这本身就是视听觉信息认知技术的难点之一。因此，融合人工与自动测试结果，提高测试结果的科学性和准确性。

8.4.4　测试标准与评价体系

1. 测试标准

无人驾驶车辆智能行为测试标准体系框架分为视觉信息类测试规范、听觉信息类测试规范、参赛流程及规则类规范、遵守交通法规类测试规范、车辆使用性能类测试规范、电子安全类规范和综合测试评价类规范，如图 8－26 所示。

依据“视听觉信息的认知计算”重大研究计划的总体目标制定视觉信息类测试规范、听觉信息类测试规范、参赛流程及规则类规范。无人驾驶车辆在道路上行驶，首先必须遵守我国道路交通和汽车的各类规范，测试规则规范的制定在充分考虑考核无人驾驶车辆的智能行为特点的前提下，可参照我国现行相关标准。综合测试评价类规范按城市道路、高速公路和乡村道路三种路况及组合路况制定综合测试评价类规范和测试环境安全保障条件要求；进一步依据有关法律法规和“营运车辆综合性能要求和检验方法（GB 18565）”等起草制定无人驾驶车辆运行规程。

2. 评价体系

1）指标体系筛选与优化

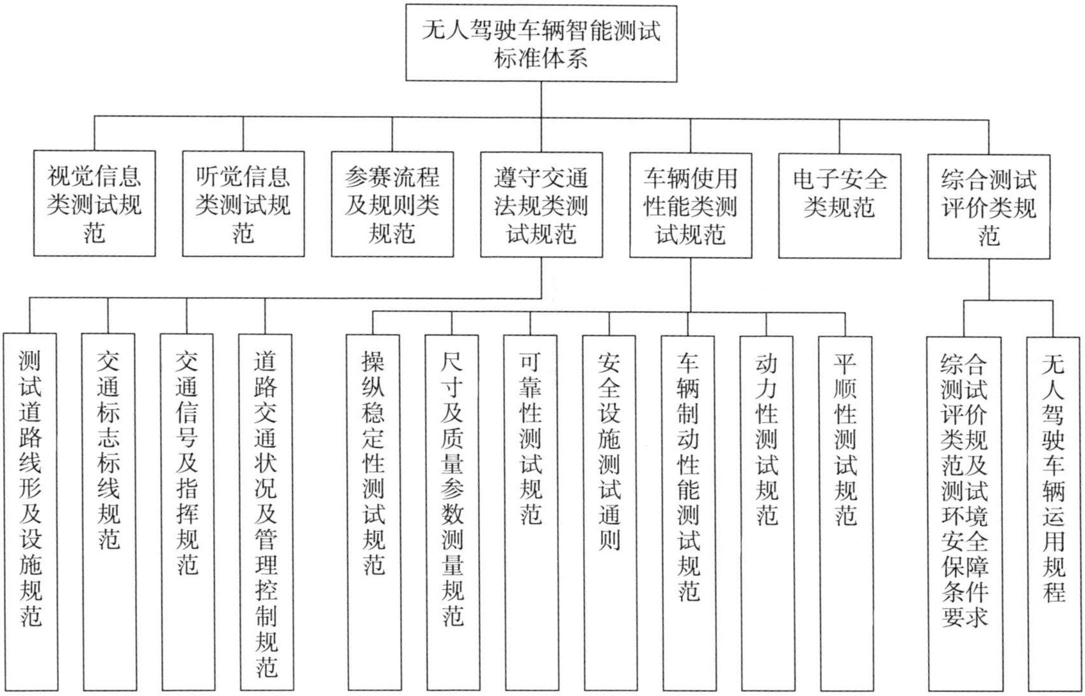

图8－26　无人驾驶车辆智能行为测试标准体系框架

指标体系是综合评价的前提和基础，有了科学合理的评价指标体系，才有可能得出科学公正的综合评价结论。在无人驾驶车辆测评体系中，可供选择的评价指标较为繁杂，根据全面性原则，初选指标可以允许重复的、不可操作的或难以操作的指标存在，只求全而不求优，在进一步的分析过程中再逐步筛选优化。在无人驾驶车辆评价体系指标的初选时，将分析法和综合法结合起来使用，即将被评价对象的总体目标分解为各个方面能力评价的分目标，然后利用现有的指标群，对其进行分析，从中选取大量的可能反映各方面能力的指标。

初选的指标只是给出了综合评价指标体系的“指标可能全集”，但不是“充分必要的指标集合”，也没有体现指标数据上的亲疏关系和相似关系。因此，必须对初选的指标体系进行完善化处理，进行筛选、优化，组成科学合理的评价指标集。对于像无人驾驶车辆这样的复杂非线性系统的综合评价，以核心指标作为网络输出，其他指标作为网络输入，建立前向神经网络模型，通过网络来刻画出输入和输出之间的相关性。进而合理选择需要的指标变量，排除不合理的指标变量。基于神经网络的指标优化方法有屏蔽法、贡献率分析及权值谱分析方法。在无人驾驶车辆评价体系中，首先用屏蔽法排除完全不相关或相关性很小的变量，然后再用贡献率分析法具体分析各输入指标对输出指标的相关性大小。对于某些有主导因素的系统，用权值谱分析方法找出影响该系统的主要因素。

2）评价因素的权重分配

在评价因素体系中，每个因素对实现系统评价目标和功能的重要程度各不相同。采用定性与定量相结合的层次分析法（AHP）来提高评价体系权重分配的合理性。

按照重要度定义（见表8－1），通过两两比较评价因素的相对重要性，给出相应的比例标度，构成上层某因素对下层相关因素的判断矩阵，以给出相关因素对上层某因素的相对重要序列。

表8－1　重要度定义表

1	表示两个因素比较，具有同样重要性
3	表示两个因素比较，一个因素比另一个因素稍重要
5	表示两个因素比较，一个因素比另一个因素重要
7	表示两个因素比较，一个因素比另一个因素重要得多
9	表示两个因素比较，一个因素比另一个因素极为重要
2，4，6，8	介于上述两个相邻判断的中值

随着我国对视听觉信息认知计算关键技术的突破以及无人驾驶车辆的发展，评价系统也随之而发展变化。针对目前我国无人驾驶车辆研究现状分析，利用层次分析法确定评价因素的权重。

3）评价指标的量化

（1）准备起步：无人驾驶车辆在接收到准备起步命令后，应在规定的时间内完成起步操作。准备起步的评价指标取决于准备起步的时间，启动时间越长，所得评价指标越低。

（2）检测点：在无人驾驶车辆行驶的道路中间附近设置有检测点，无人驾驶车辆在行驶过程中需要按正确的顺序经过规定的检测点。检测点的评价指标由无人驾驶车辆经过检测点的情况而定。经过的检测点越多，所得评价指标越高。

（3）限速：无人驾驶车辆在行驶过程中必须按照最高和最低车速限制范围内行驶，其中最大速度和最小车速的限定是为了确保安全，同时为了保证交通顺畅，并保证在规定时间内完成任务而设定的。限速是针对超速（低于最小速度或高于最大速度）而言，通过超速的次数来确定其评价指标。

（4）停留时间：无人驾驶车辆在运行过程中静止停留时间不得超过指定时间。停留时间的评价指标取决于停留时间的长短。

（5）车道保持：在结构化道路条件下，无人驾驶车辆应该保持在车道内行驶。车道保持的评价指标取决于车道保持违规次数。

（6）避障：无人驾驶车辆在行驶过程中必须实时检测前方道路环境、前方车辆和障碍物，并通过导航、路径规划等方式避免碰撞的发生。避障的评价指标由避障的成功率决定。

（7）停车线停车：无人驾驶车辆在检测停车线的情况下，应能够在距离停车线 1 m 内的地方停车。停车线停车的评价指标取决于车辆停止后，车辆前端面与停车线的距离。

（8）U 形弯：无人驾驶车辆应该能够在具有一定长度和宽度的区域范围内执行 U 形转弯。完成 U 形弯后，车辆必须在车道内行驶。U 形弯的评价指标取决于行驶过程中压线情况而定。

（9）信号灯停车排队：无人驾驶车辆在行驶过程中必须具有识别交通信号灯、交通表现的能力，并按照指示正确行驶。例如，在识别红灯的情况下，无人驾驶车辆应该能够停止在距离停车线一米以内的地方。

（10）车距保持：无人驾驶车辆在跟车过程中必须保持合理的车距。

（11）自动泊车：无人驾驶车辆必须能够进出一个指定泊车位。

（12）主观因素指标的量化：对于难以客观度量的因素，可采用好、一般、差等来评定。运用模糊数学的方法确定评语等级论域 $V=$ {好，较好，一般，不好，差}。直接由多个专家对某个被评价因素的指标值做出估计，然后取其平均值作为该因素的度量。以人工干预程度为例，很难进行客观度量，为了能科学、合理地进行评价，确定评语等级论域 $V=$ {干预程度大，较大，一般，不大，基本未干预}，分别用 1、2、3、4、5 来表示。专家只需用“√”确定子层因素所属的评语等级，即可求其隶属度，进而求得其量化值。

4）综合评价

由于我国无人驾驶车辆技术在不断发展、进步中，对于无人驾驶车辆的评价，按照分层次、分阶段评价思路，将整个评价体系分为基本能力评价、分模块评价、综合评价三个阶段。

无人驾驶车辆的基本能力是指原型车本身具有的能力，主要有动力性能、操纵稳定性、制动性能等。根据对动力性能、操纵稳定性和制动性能等的评估结果，对无人驾驶车辆进行分类、分层次、分等级，为综合评价中权重系数的确定提供依据。

无人驾驶车辆的环境感知能力和行为决策能力可以通过它所表现出的具体行为来进行评价。按照动作行为可分为 5 个模块：车辆基本行为模块、基本行车行为模块、基本交通行为模块、高级行车行为模块、高级交通行为模块。

常用的现代综合评价方法有层次分析法、模糊综合评判法、数据包络分析法、人工神经网络分析法、灰色综合评价法等。建立无人驾驶车辆总体性能评价体系时，可用多指标来表征，这是一种典型的多层次综合评判问题。另一方面，无人驾驶车辆技术性能诸方面、诸指标虽然可以采用一定的定量方法来测定，然而这些指标的评价标准（或价值体系、评价尺度）都难于确切给出。因此，又是一个较典型的模糊系统，所以选择将模糊综合评价与层次分析法结合应用于无人驾驶车辆综合评价。

在分模块测试的基础上，为了对无人驾驶车辆整体性能做出一个系统评估，需要构建综合评价体系。为此，采用基于功能的分层评价体系方法。按照动作行为的 5 个模块可得到 5 个层次：车辆基本行为层、基本行车行为层、基本交通行为层、高级行车行为层、高级交通行为层。此外，在综合评价时还应考虑完成任务的时间、人工干预次数及干预程度，如图 8－27 所示。

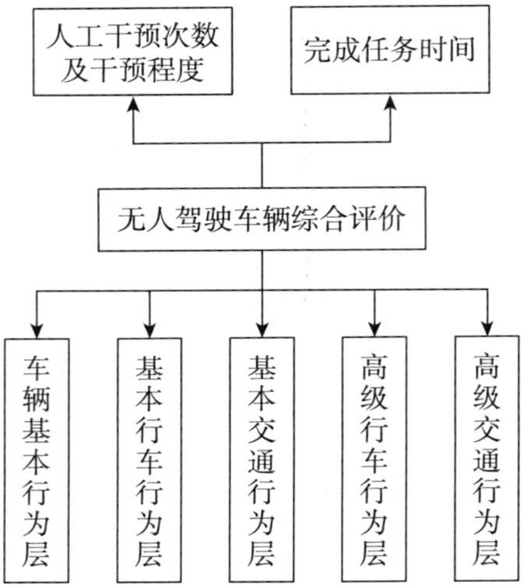

图 8－27　综合评价体系

在评价因素体系中，每个因素对实现系统评价目标和功能的重要程度各不相同。采用定性与定量相结合的层次分析法（AHP）可提高评价体系权重分配的合理性。

无人驾驶车辆评价需要考虑的因素很多，采用加权平均型算法来保证单因素评价矩阵信息的充分利用，具有较大程度的综合性。无人驾驶车辆评价因素有些是并列关系，有些是因果关系，因此，使用多层次的模糊综合评价模型，先对最底层内容进行综合评判，再对其评判结果进行高层次的综合评判，这样逐层综合直至得出最终评判结果。

第9章　智能交通系统

智能交通系统（Intelligent Transportation System，ITS）是将信息技术、计算机技术、数据通信技术、传感器技术、控制技术、运筹学、人工智能等有效地集成运用于整个交通运输管理体系，而建立起的一种在大范围内、全方位发挥作用的，实时、准确、高效、综合的运输和管理系统。它实质上就是利用高新技术对传统的运输系统进行改造而形成的一种信息化、智能化、社会化的新型运输系统。它使交通基础设施能发挥出最大的效能，提高服务质量，使社会能够高效地使用交通设施和能源，从而获得巨大的社会经济效益。主要表现在：提高交通的安全水平；减少阻塞，增加交通的机动性；降低汽车运输对环境的影响；提高道路网的通行能力以及提高交通运输生产效率和经济效益。智能交通系统利用现代科学技术在道路、车辆驾驶员和乘客之间建立起智能的联系。借助系统的智能化，可以将车辆运行调整到最佳状态，使车辆在道路上安全、自由地行驶，保障人、车、路和谐统一，在极大地提高运输效率的同时，充分保障交通安全、改善环境质量、提高能源利用率。

智能交通系统的实现应该建立在下述条件的基础之上：第一，对监控范围内路网上的交通信息及与交通相关信息的采集应该是尽量完整和实时的；第二，交通参与者、交通管理者、交通工具、道路设施间的信息交换可以做到实时和高效；第三，整个系统是按照智能化系统和面向知识信息处理而构成的。智能交通系统可以有效地利用现有交通设施，减少交通负荷和环境污染，保证交通安全，提高运输效率，因而日益受到各国的重视。21世纪将是公路交通智能化的世纪，智能交通系统将成为一体化交通综合管理系统。在该系统中，车辆靠自己的智能在道路上自由行驶，公路靠自身的智能将交通流量调整至最佳状态，借助于这个系统，管理人员对道路、车辆的状况了如指掌。

9.1　智能交通系统的体系结构

智能交通系统体系结构定义了智能交通系统为完成特定的用户服务所必须具有的逻辑功能，实现这些功能的物理实体或子系统间需要交互和传递的信息流，以及传递信息流所需的通信要求和标准要求等。智能交通系统体系结构是一个概念，它为交通工程师和普通公众提供了对未来智能交通系统运行模式的一般化理解；它是从系统工程的角度体现系统中各要素的关联关系和层次结构，描述了系统间及系统内各要素之间的信息传递关系和实现的相互依赖关系等。智能交通系统体系结构是抽象的，它源于现实交通系统，是对现实系统一定程度上的升华和提高；智能交通系统体系结构是宏观的，它从宏观上来指导智能交通系统规划和建设，它提供了人们对未来智能交通社会的追求目标。

智能交通系统体系结构从应用层面上可以分为国家智能交通系统体系结构、地方（区域）智能交通系统体系结构和 ITS 项目框架。国家智能交通系统体系结构从国家的高度提出了智能交通系统的通用架构，从宏观层面说明了全国范围内智能交通系统的构成以及系统间的互联关系，它是一个宏观和指导性的框架，具有一般性和通用性，是制定地方框架和项目框架的依据。其他各框架必须在国家框架范围之内，只有这样，才能保证全国范围内智能交通系统的兼容性。智能交通系统体系框架是一个适应国家发展计划和支持开发研究、标准化的不同技术成果的通用框架，是一个从事智能交通系统研究开发工作的所有团体都应该支持的通用的体系框架，其主要功能如下：

（1）保证通过各种媒体提供给终端用户信息的兼容性和一致性，即任何终端用户都能通过不同的媒介获得相同的信息。

（2）保证不同交通基础设施的兼容性，从而可以保证在大范围内无缝出行。

（3）为地区、国家政府机关制定 ITS 发展规划提供基本原则。

（4）为服务和设备制造提供一个开放的市场，从而可以提供兼容的子系统。

（5）确保设备制造商的规模经济，保证更具竞争力的价格和更廉价的投资。

（6）提供一个公开的市场环境，设备制造商可以以较小的风险提供产品。

ITS 体系框架的组成部分主要有以下几点：用户服务、逻辑体系结构、物理体系结构、通信体系结构、标准化、费用效益评价、实施措施等几部分。

（1）ITS 体系框架中的用户服务部分主要用来明确智能交通系统的用户及用户需求，明确划分智能交通系统中各个子系统的用户，并且通过用户调查、访问等形式确定各个子系统的用户需求等，对用户需求进行合理排序后指导实施顺序。

（2）逻辑体系结构（功能体系结构）是用来定义和描述一个系统为了满足一系列用户需求所必需的功能。ITS 体系框架中的逻辑体系结构详细描述了智能交通系统各个子系统的逻辑体系结构，定义了子系统的功能及它们之间的数据流；描述了 ITS 满足其用户需求的功能及这些功能如何与外部世界联系起来，特别是与 ITS 使用者之间的联系，同时也表达了 ITS 中使用的数据。在定义用户服务细节的基础上，可以制定系统的逻辑体系结构，即明确为提供相应的用户服务内容所需的功能领域。通常以一系列功能领域的方式描述 ITS 的逻辑体系结构，每个领域都定义了功能和数据库，这些数据库与终端相联系，这些联系就是数据流。终端可以是一个系统或者一个物理实体，从它们可以获得数据。一个终端定义了由体系结构模拟的系统所期望外部世界所做的事情。提供了终端期望可以提供的数据及由系统提供给它的数据。

（3）物理体系结构把逻辑体系结构所确定的“处理”分配到 ITS 物理实体上，根据各实体所含的“处理”之间的数据流，确定实体之间的构架流，进而确定物理实体的互连方式。物理体系结构的确定要考虑系统功能要求，也要考虑非功能性要求，包括体制、文化、市场等因素的影响。系统功能要求通过逻辑体系结构确定的"处理"和"数据流"来体现，决定 ITS 物理实体必须完成的功能。非功能性要求则影响 ITS 功能在物理实体间的分配。

（4）通信体系结构主要描述支持在不同系统部分间进行信息交换的机制。通信体系结构描述了支持在不同系统部分之间进行信息交换的机制。信息的交换包括两部分：可以使数据从一个点传到另一个点的机制及从费用、准确率和延误方面考虑的适应性；确保正确的解释从另外一个点传来的信息。

（5）标准化工作提出智能型综合交通运输系统所需关键技术的标准需求。物理体系结构中所定义的子系统间是相互独立的，为了确保子系统间的整合性，就必须使子系统间的界面标准化。标准化需求文件详细描述智能交通系统的标准化需求及每项需求所对应的标准架构信息，但不为标准化进程提供时间表。标准化制定机构可以利用标准化需求文件所提供的信息来起草相应的标准文件。智能交通系统要涉及多个交通系统，为了使各个系统能够很好地结合起来，必须有一套适用的标准体系作为保障。

智能交通系统的实施将对经济、社会产生较大的影响，对项目实施进行效益分析评价是研究和应用中的关键组成部分之一。智能交通评价通过对项目的技术可行性、经济效益、社会和环境影响做出评价，为 ITS 项目的可行性研究、方案选择、实施效果分析以及对已有的系统运作优化提供科学依据。

目前，交通运输的组织管理部门众多，在管理体制上存在一定的弊端，为了确保系统实施，在体系框架中包括智能交通系统建设的组织体系和发展策略，作为以后实施时的建议或参考。

9.2　智能交通系统的组成

智能交通系统主要涉及车辆控制、交通监控、车辆管理和旅行信息等几个方面。具体来说，智能交通系统的组成可分为交通信息服务系统、交通管理系统、公共交通系统、车辆控制系统、电子收费系统、物流管理系统、紧急救援系统等 7 个部分。

1. 交通信息服务系统

交通信息服务系统是指把采集到的实时道路交通信息、社会服务公共信息等，经过分析分类处理后，通过车载信息系统、道路指示说明标志、无线电广播等传播方式向信息使用者传达相对精确的交通服务信息，为出行者提供便捷的交通服务，从而可以大大提高运输效率和车辆行驶安全性。交通信息服务系统作为 ITS 开发的主要领域之一，它为车辆驾驶员提供了与 ITS 联系的主要手段。

交通信息服务系统是建立在完善的信息网络基础上的。交通参与者通过装备在道路上、车上、换乘站上、停车场上以及气象中心的传感器和传输设备，向交通信息中心提供各地的实时交通信息；交通信息服务系统得到这些信息并通过处理后，实时向交通参与者提供道路交通信息、公共交通信息、换乘信息、交通气象信息、停车场信息以及与出行相关的其他信息；出行者根据这些信息确定自己的出行方式、选择路线。更进一步，当车上装备了自动定位和导航系统时，该系统可以帮助驾驶员自动选择行驶路线。

智能交通系统共用信息平台是整个智能交通系统信息组织过程中的信息枢纽，承担信息中转的功能。不同的子系统将智能交通系统其他子系统需要的信息以不同的格式传递给共用信息平台。信息传输格式不以具体子系统所需的格式需求传输，可以用既定的统一格式传输给共用信息平台，并按照一定的编码规则传输。共用信息平台将接收到的数据按照不同的用户需求进行处理，可以采用分层次的方法对无权获取部分信息的一些用户进行部分信息屏蔽。使不同的用户既能获得各自所需要的数据，又能确保数据传输过程的安全性及共享数据的互操作性和互用性。

2. 交通管理系统

交通管理系统是智能交通系统中一个基本的应用领域。交通管理系统最主要的特征就是系统的高度集成化。它利用通信、计算机、自动控制、视频监控技术，按照系统工程的原理进行系统集成，使得交通工程规划、交通信号控制、交通检测、交通电视监控、交通事故的救援及信息系统有机地结合起来，通过计算机网络系统，实现对交通的实时控制与指挥管理。交通管理系统的另一特征是信息高速集中与快速处理，交通管理系统由于运用了网络技术，获取信息快速、实时、准确，因而提高了控制的实时性。城市交通管理系统的应用使交通管理系统中交通参与者与道路以及车辆之间的关系变得更加和谐，缩短了旅行时间，使城市的交通变得更加有序。

交通管理系统有一部分与交通信息服务系统共用信息采集、处理和传输系统，但是交通管理系统主要是给交通管理者使用的，用于检测、控制和管理公路交通，在道路、车辆和驾驶员之间提供通信联系。它将对道路系统中的交通状况、交通事故、气象状况和交通环境进行实时的监视，依靠车辆检测技术和计算机信息处理技术，获得有关交通状况的信息，并根据收集到的信息对交通进行控制，如信号灯、发布诱导信息、道路管制、事故处理与救援等。

交通管理系统充分利用现代计算机和通信技术手段实现交通运输状况的综合管理，在交通管理中心生成交通管理方案，将各种交通管理手段系统地表现出来，如自动化信号计时、可变信息标志、大屏幕投影仪、公共信息板等，从而对整个交通系统进行综合协调的管理，达到改善路网运行状况、提高道路利用率、减少交通事故的发生率、缩短出行时间、提高燃油利用率等目标。该系统通过车载信息系统、动态交通分配系统、实时区域信号控制系统以及事故监测与反应系统等子系统，在第一时间内调整交通运行状况。如果说交通信息服务系统是为了增强出行者便利程度的话，那么交通管理系统就是要提高交通管理部门的管理效率，达到提高道路通行能力的目的。

交通管理系统可以确保道路的通行能力达到最佳。该系统主要包括如下服务功能：通过协调交通信号指示，减少延迟，控制车流；匝道控制使高速公路上的车流密度低于饱和状态，实施对车流的监控；检测和管理事件，如事故及车辆故障。目前，国内外各城市都针对各自的道路交通实际，选择性地实施了交通管理系统的部分子系统。尤其是国内诸多城市，交通管理系统均由所属市公安局、市交警支队、市公路局等负责管理，交通管理系统分别负责对城市道路、公路交通的监控，对自行车/行人不同交通模式交叉口的控制，交通事故管理，交通设施维护管理，交通紧急管理，以及对城市道路、公路交通的车辆收费管理等，同时通过辅助管理系统将收集处理后的信息，实时传输到交通信息交互中心。交通管理系统的结构框图如图9－1所示。

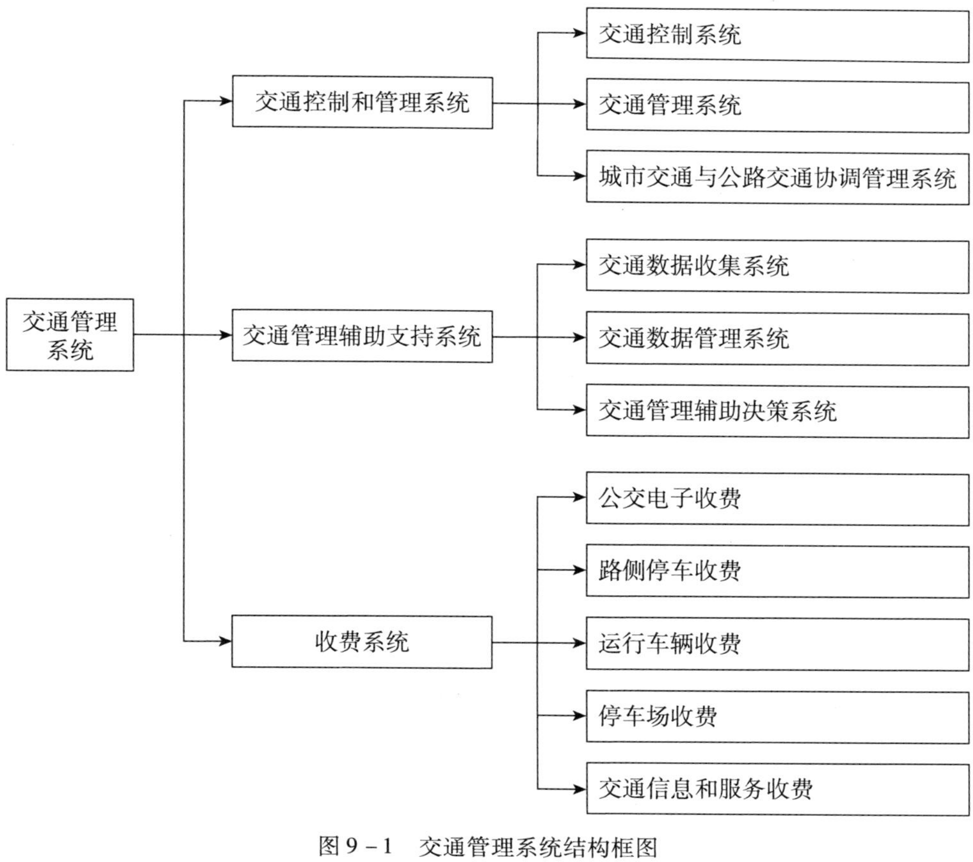

图9－1 交通管理系统结构框图

3. 公共交通系统

智能交通系统的基本出发点是利用当代高新技术，如电子技术、通信技术、计算机技术等，提高交通系统中的人（交通参与者：乘客和管理者）、交通设施（道路等）和交通工具（车辆等）之间的有机联系，从而最佳地利用交通系统的时空资源，降低运输成本，提高运输效率。目前，日本、欧美已推出诸多的 ITS 实用系统。ITS 技术在改善交通的同时还形成了巨大的产业。因此，目前国内外都极其重视 ITS 的发展，运用高新技术提高现代城市交通系统的服务水平已成必然的趋势。公共交通系统是智能交通系统中的一个重要子系统，优先发展公共交通也是缓解城市交通问题的重要思路。ITS 的宗旨即是最大程度解决交通问题，实现交通的安全、效率与舒适；而公共交通系统正是实现交通安全与效率的有效手段之一。

公共交通是指城市空间内地面上的、地下的与地上架空的，按规定路线行驶，有固定的停靠站，行车空间间隔小，客流量大，随上随下的客运交通，如公共汽车、公共无轨电车、地铁、轻轨等交通。公共交通是解决城市拥挤的一个重要方面。公共交通系统主要是采用各种智能技术以促进公共运输业的发展，它包括公共车辆定位系统、客运量自动检测系统、行驶信息服务系统、自动调度系统、电子车票系统、响应需求型公共交通系统等。如利用全球卫星定位系统和移动通信网络对公共车辆进行监控和调度，采用 IC 卡进行客运量检测和公交出行收费，通过个人计算机、闭路电视等向公众就出行时间和方式、路径及车次选择等提供咨询，并在公交车辆上和公交车站通过电子站牌向候车者提供车辆的实时运行信息、提供电话预约公共汽车的门到门服务等，最终实现提高公共交通吸引力的目标。

公共交通系统能够实施复杂公交系统的实时线路诱导、自动调度、排除拥堵，从而提高公共交通的效能、吸引力和经济性，方便人们的出行，提高整个社会的效率。该系统用以提高公共交通的可靠性、安全性及生产效率，创建绿色公交，从而增强公共交通对用户的吸引力。系统将公共交通管理部门与驾驶员直接联结起来，进行实时调度和线路调整，降低运输成本，提高运输效率。公共交通系统是未来智能交通系统中最为实用的社会性系统，具有极大的现实价值，是未来发展的重点方向之一，其框图如图 9－2 所示。

智能化公共汽车交通系统的结构体系是系统整体建立的基础。它包括公共交通系统的逻辑结构和物理结构。逻辑结构描述系统关于用户服务的功能，如：

（1）采集信息：公共汽车行驶状态、公交乘客动态分布信息、运营管理信息（包括相关公共交通换乘系统、道路交通管理信息）等。

（2）处理信息：乘客及管理者所需信息、形成最佳调度运营方案、管理业务报表等。

（3）提供信息：面向乘客、驾驶员和运营管理者的信息。

（4）智能管理：适应于路上交通情况和乘客的需求情况，实现最佳的调度运营与管理。

基于功能相似性原则和实现功能的定位，把由逻辑结构定义的各种功能分为各实体系统

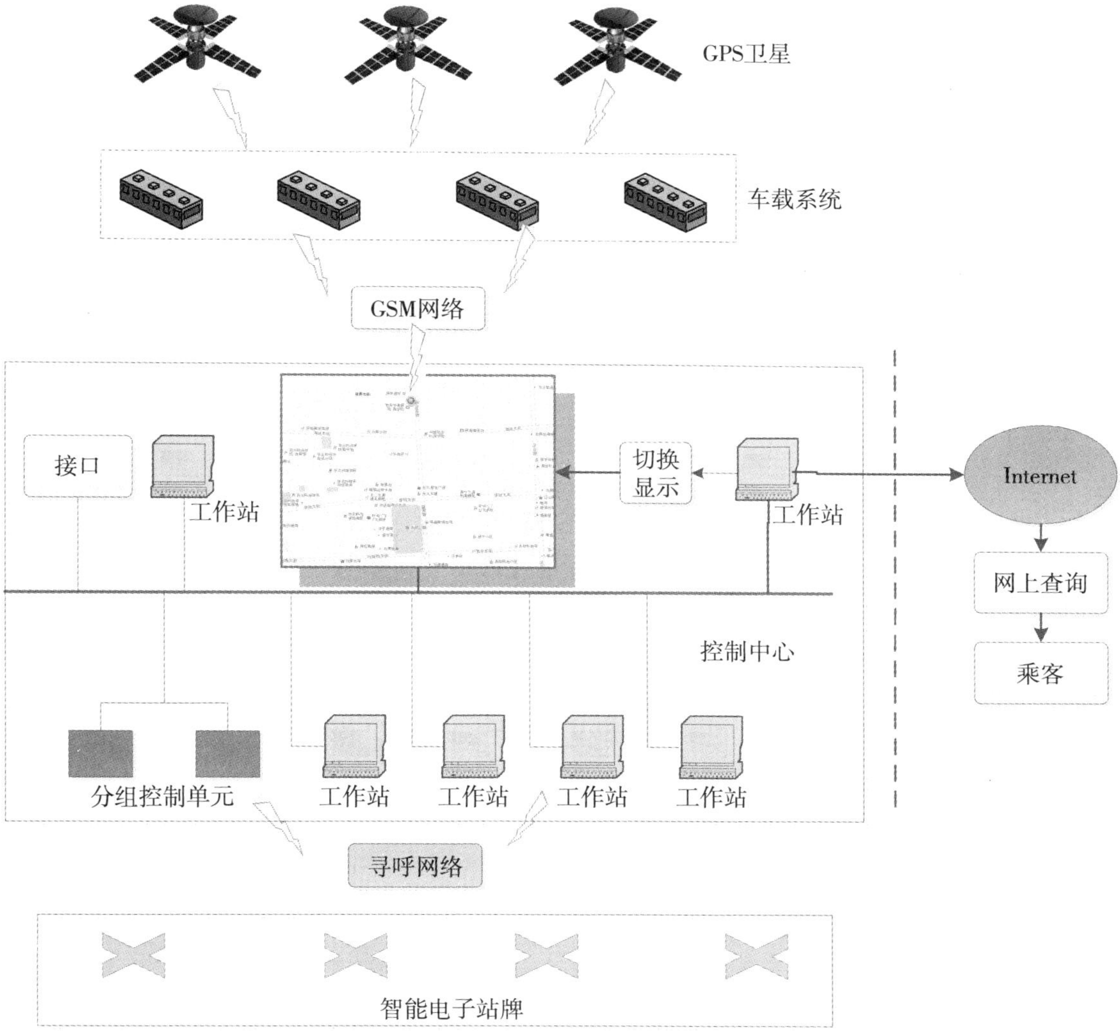

图9－2 公共交通系统

构建的公共汽车交通系统的物理框图如图9－3所示。

图9－4描述了信息采集、信息处理以及信息服务的流程。

4. 车辆控制系统

车辆控制系统通过车载信息设备实现对外综合感知，同时与外部进行信息交流，在辨识道路车辆运行环境的基础上，实现车辆安全智能驾驶。该系统充分利用传感、通信和自动控

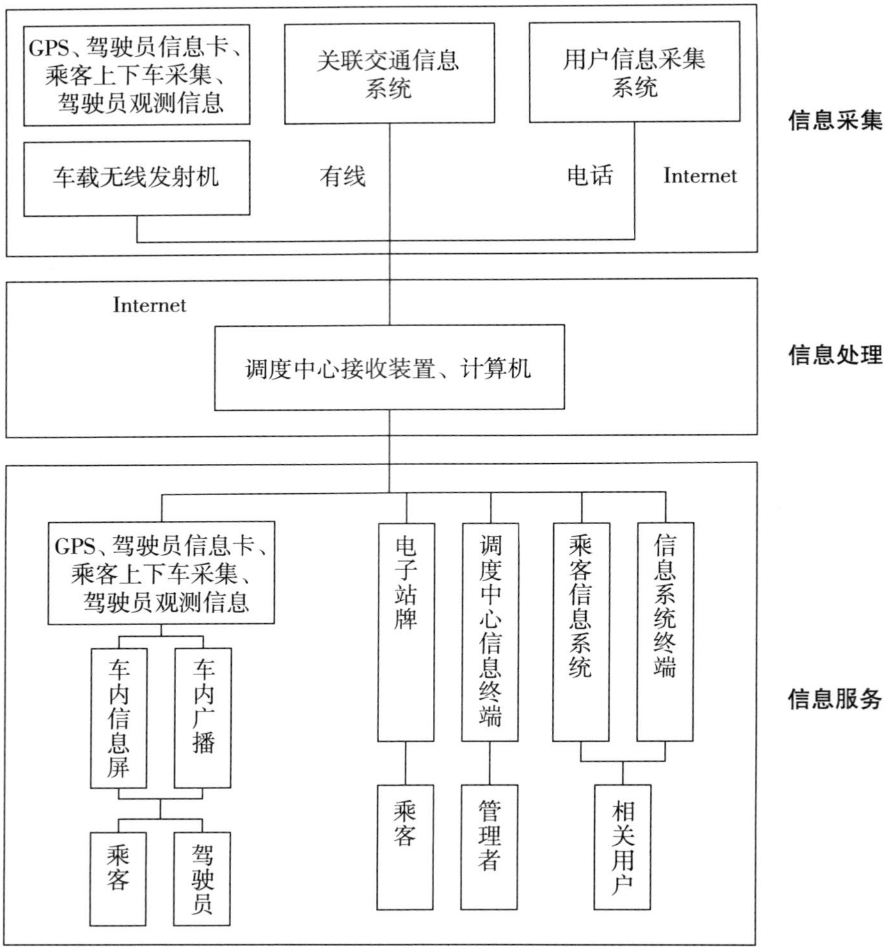

图 9－3　公共汽车交通系统物理框架

制技术，给驾驶员和车辆提供及时、准确的安全保护措施。该系统可以实现危险预警、视觉强化、纵向避撞、横向避撞、交叉口避撞等功能。车辆控制系统是实现人、车、路一体化的技术核心之一，涉及车辆控制技术、信息交换技术、数据处理算法，在整个系统中，是最具有研究价值的方向之一。

车辆控制系统的目的是开发帮助驾驶员实行本车控制的各种技术，从而使汽车行驶安全、高效。车辆控制系统包括对驾驶员的警告和帮助，障碍物避免等自动驾驶技术。

车辆控制系统应具有四种功能：行驶中的事故预防功能；交通事故回避功能；发生事故

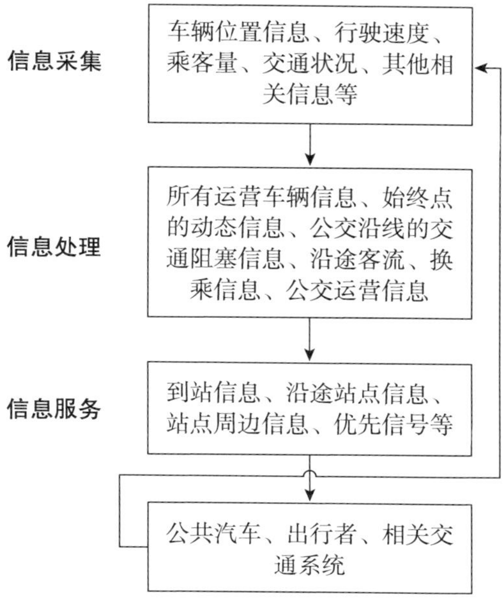

图9－4　信息流程

时的损害减轻功能；事故后的损害防扩功能。实现行驶中的事故预防功能一般应包括驾驶员不良状态监测报警系统，车辆危险状态监测报警系统，视野改善系统，夜间障碍物检测报警系统，报警灯自动启亮系统，交通状况与路面状况信息系统等。实现交通事故回避功能一般应包括车间安全距离报警和自动控制系统，侧向、后方车辆距离报警系统，偏离车道报警系统，事故回避自动操作系统，转弯减速系统，交叉口自动停车系统等。实现发生事故时的损害减轻功能一般应包括能吸收、缓冲冲击的车体构造，安全气囊技术，行人伤害减轻系统等。实现事故后的损害防扩功能一般应包括灭火系统、车门自开系统、事故自动通报系统、驾驶操作记录系统等。

车辆控制系统中涉及定位与导航技术、环境感知技术、车辆辅助驾驶技术、车辆自主控制技术等，它们都已在前面的章节中作了介绍，下面再介绍一些其他相关技术。

1）汽车智能“黑匣子”

汽车智能“黑匣子”能客观地记录机动车发生车祸前驾驶员的操作过程，有效地提供驾驶员在事故发生前做出的种种反应。交通事故处理部门安装这种系统后，可随时对穿行在各条公路上的所有汽车进行实时监控，一旦发生车祸，距离事故发生地点最近的交通事故处理中心可以在几秒钟之内获取撞车时的驾驶速度、车内乘客伤亡情况等信息。由于这一技术的工作原理与飞机上的黑匣子相似，所以又称其为“黑匣子”。这种黑匣子与普通烟盒差不多大小，构件包括可以储存、收集和传输数据的蜂窝电话，其外部有保险装置。车祸发生后，该黑匣子会自动打开，利用传感器记录下汽车的行驶速度以及出车祸时汽车的撞击位置，然后将这些信息传输给中央通信系统。黑匣子内嵌有全球定位系统，该系统负责数据处理与传输功能。

2）汽车智能轮胎

轮胎内装有计算机芯片或将芯片与轮胎相连接。计算机芯片能自动监控并调节轮胎的行驶温度和气压，使轮胎在不同条件下都能保持最佳的运行状况，既提高了安全系数，又节省了开支。更为智能的轮胎还能在探测出结冰的路面后变软，使牵引力更好；在探测出路面的潮湿程度后，还能自动改变轮胎的花纹，以防打滑。

3）汽车智能悬架

汽车智能悬架系统中的电子控制装置可根据路面情况，调节悬架弹性元件的刚度和减振器的阻力，使振动和冲击迅速消除。此外，智能悬架还可以自动调节车身的离地高度，使汽车即使在崎岖的路面上行驶也不会碰到路面障碍，从而使乘客倍感平稳和舒适。

4）汽车智能钥匙

这种智能钥匙能发射红外线信号，既可打开车门、行李箱和燃油加注孔盖，也可以操纵汽车的车窗和天窗。更为智能的钥匙则像一张信用卡，当驾驶员触到车门把手时，中央锁控制系统即开始工作，并发射无线查询信号，智能钥匙做出正确反应后，车锁便会自动打开；而且只有当中央处理器感应到智能钥匙卡在汽车内时，发动机才会启动。

5）汽车智能安全气囊

汽车智能安全气囊是在普通安全气囊的基础上增设传感器和与之相匹配的计算机软件而构成。质量传感器能根据质量感知是大人还是小孩；红外线传感器能根据热量探测座椅上是人还是物体；超声波传感器能探明乘员的存在和位置等。计算机的软件则能根据乘客的身体状态、所处位置、是否系安全带以及汽车碰撞速度和碰撞程度等，及时调整安全气囊的膨胀时机、膨胀速度、膨胀程度，使安全气囊对乘客提供最合理、最有效的保护。

6）汽车智能空调

智能空调系统能根据外界气候条件，按照预先设定好的指标对车内的温度、湿度、空气清洁度进行分析、判断，以便及时自动打开制冷、加热、去湿及空气净化装置，并调节出适宜的车内空气环境。在安全汽车上，智能空调系统还能与其他系统配合发挥更好的作用。

5. 电子收费系统

电子收费系统通过安装在车辆挡风玻璃上的车载器与在收费站 ETC 车道上的微波天线之间的微波专用短程通信，利用计算机联网技术与银行进行后台结算处理，从而达到车辆通过路桥收费站不需停车而能交纳路桥费的目的。在现有的车道上安装电子不停车收费系统，可以使车道的通行能力提高 3 ~5 倍。

收费系统将逐步利用更多的电子信息技术，以现金、非现金、手工、非手工相结合的方式，完成与交通相关的费用收取与支付过程。它为业主收取服务费及用户支付通行费、乘车费、行车费等提供了一种综合性的、方便的收支手段。ITS 应逐步地促进收费和支付的自动化。收费类别包括公交车和出租车的一卡通收费、加油站 IC 卡电子收费系统、停车场使用费的收取、道路桥梁收费等。可以采用人工收费、无人自动收费和不停车收费相结合的方式，并逐步推广不停车收费，尤其是高速道路收费站的不停车收费。图 9－5 所示为收费站电子收费系统示意图；图 9－6 所示为停车场收费系统结构示意图。

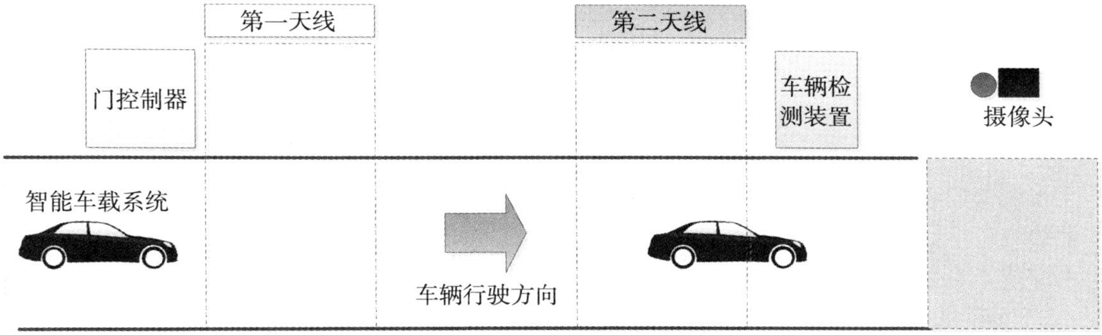

图 9－5　收费站电子收费系统

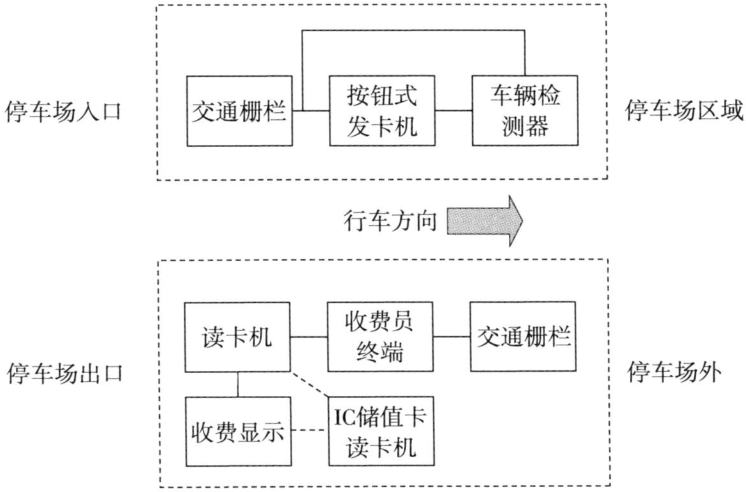

图 9－6　停车场收费系统结构

6. 物流管理和紧急救援系统

物流管理系统是指以高速道路网和信息管理系统为基础，利用物流理论进行管理的智能化的物流管理系统。物流管理系统的智能化主要表现在两个方面：一是货物信息，二是货物的物理流动。它们通过货物集散体系和物流计算机管理系统形成一个智能物流管理系统。综合利用卫星定位、地理信息系统、物流信息及网络技术有效组织货物运输，提高货运效率。

紧急救援系统是一个特殊的系统，它的基础是交通信息服务系统、交通管理系统和有关的救援机构和设施，通过交通信息服务系统和交通管理系统将交通监控中心与职业的救援机构联成有机的整体，为道路使用者提供车辆故障现场紧急处置、拖车、现场救护、排除事故车辆等服务。

9.3 智能交通系统关键技术

智能交通系统是现代科学技术的集成，是交通、通信、检测、处理技术的综合，具体的技术领域包括：信息采集技术、信息传输技术、信息处理技术、信息反馈和发布技术等。其中关键技术主要包括运营组织技术、通信技术、数据库技术和传感器技术。

1. 运营组织技术

交通运输在社会活动中占有极为重要的地位，它是国民经济必不可少的重要组成部分。运输生产过程指利用交通运输工具，实现将旅客和货物由始发地运达终点的全过程。交通运输业作为一个特殊的产业部门，其生产的产品就是旅客或货物的位移，而运营组织就是要解决如何运用交通运输的固定和移动设备（如交通线路、车、船和飞机等运载工具及其主要技术装备），实现对旅客或货物的有效、合理、经济的运送。从更广泛的意义上讲，运营组织也包括了旅客、货物运输过程中涉及的商业性事务和运输部门的服务性工作。

现代化的运输业由铁路、公路、水运、民航和管道等五种运输方式组成，从各种运输方式的共性角度来看，运营组织应包括运输计划、载运工具的运行组织规定、运输生产人员的组织管理、生产作业计划和调度调整、港站工作技术管理。

运营组织技术是不同运输方式进行运输生产营运组织的方法。为了完成营运计划所规定的运输任务，企业在实现整个运输生产过程中，必须进行一系列的运输日常工作组织，其中最为核心的部分就是调度指挥工作。整个运输生产过程就是通过调度工作的组织与指挥，及时编制与调整各级调度作业计划，使各级调度机构，准确、全面地了解运输生产进程，并进行不间断地组织指挥和监督检查，正确地处理生产中出现的各种矛盾，随时克服薄弱环节，使各个运输生产环节和作业工序能协调地工作，实现连续、均衡有节奏的运输生产，从而保证全路客货运输任务的完成。

2. 通信技术

智能交通系统主要是利用信息通信技术建立道路、车辆、行人为一体的综合交通运输系统，提高交通运输系统的效率、安全性和可持续性。在将道路、车辆、行人整合的过程中，通信系统起到了关键的作用，通信技术成为构建智能交通系统的基本要素。在智能交通系统中常用的通信技术有光纤通信技术、卫星通信技术、移动通信技术、专用短程通信技术。

光纤通信是以光波为载频、以光纤为传输媒质的新型通信方式，其应用规模之大，范围之广，涉及学科之多，是以往任何一种通信方式所未有的。光纤通信采用的载波位于电磁波谱的近红外区，频率非常高，因而通信容量极大。现在光纤通信的新技术仍在不断涌现，如频分复用系统、光放大器、相干光通信、光弧子通信的发展，预示着光纤通信技术的强大生命力和广阔的应用前景。光纤通信的优点包括通信容量大，传输耗损低，传输通信距离长，抗电磁干扰强，光纤尺寸小、重量轻。

卫星通信利用人造地球卫星作为中继站来转发或反射无线电波，在两个或多个地球站之间进行通信。卫星通信的优点：通信距离远，覆盖面积大，通信频带宽，传输容量大，机动灵活，通信线路稳定可靠，传输质量高等。但是卫星通信在技术上还存在一些问题和缺点：需要有高可靠、长寿命的通信卫星，静止卫星的发射与控制技术比较复杂，静止卫星通信具有较大的信号传输延迟和回声干扰，存在星蚀和日凌中断现象。

移动通信一般指移动体与固定地点或者移动体相互间通过有线和无线信道进行的通信。移动通信受空间限制少，实时性好，在当今信息时代高效率的生产和活动中，为人们更有效地利用时间提供了可能。移动通信与定点无线电通信相比有如下特点：接收信号受地形、地物的影响很大，接收设备要求具有大的动态范围，用户数和可利用波道数的矛盾很严重。

专用短程通信系统采用无线通信技术，由车载单元、路旁单元、专用短程通信协议以及后台计算机网络组成，在智能交通系统中实现路、车之间信息传输与交互的通信系统。车载单元主要由车载机和电子标签组成，电子标签中存储了该车的有关信息，如车号、车型、所有者等。专用短程通信系统主要是利用专用短程通信技术，通过路旁单元的信号发射和接收装置识别通过车辆的相关信息，自动对车辆进行身份鉴别、实时监控、动态引导等智能化管理，完成车辆相关信息的动态采集工作。

3. 数据库技术

数据库技术指的是计算机中用于数据处理的一种数据管理技术。城市的交通指挥系统是城市智能交通建设的一个重要方面，而数据库技术在交通指挥系统中处于基础地位。交通管理系统和交通信息系统是城市交通指挥系统的重要子系统。交通信息系统各种功能要有实现的基础，也就是要通过信息平台来实现。因此，建设城市交通综合信息平台是实现交通信息系统功能的前提条件，是智能交通指挥系统的基本组成部分，而数据库技术是综合平台的核心技术之一。

交通信息综合服务平台包含交通运输信息服务的所有内容，具体地说，该信息综合平台系统除了包括路况信息、交通信号控制信息、交通诱导信息、交通管制信息外，还包括快速轨道交通、公共汽车、出租车、私家车、货车等类型交通运输方式各自的管理经营信息和服务信息，也包括各自交通运输方式相互协调所构成的多方式交通运输信息服务内容，如公交线路信息和换乘信息、不同交通方式的换乘信息等交通运输服务和经营信息，此外还包括交通运输企业信息、旅行社服务信息，甚至包括道路交通安全信息以及出门旅行常识等内容。利用这一交通运输信息综合服务平台，几乎可以获得与城市交通运输有关的所有方面的信息服务内容，而且这一信息综合平台是一个开放的系统，可以不断增加和更新交通运输服务信息的内容。

4. 传感器技术

传感器的含义有广义和狭义之分。广义的传感器是指能感知某一物理量（或化学量、生物量等）的信息，并能将它转化为有用信息的装置。狭义的传感器指能将各种非电量转化成电信号的部件。因为电信号是最适合传输、转换处理和定量运算的物理量。特别是在电子计算机作为处理信号的基本工具的时代，人们总是力图把各种被测量信号通过传感器最终转换成电信号进行处理。在现代化科学技术的发展过程中，非电量（如压力、力矩、应变、位移、速度、流量、液位等）的测量技术已经成为各应用领域的重要组成部分，但传感技术最主要的应用领域是自动检测和自动控制。它将诸如温度、压力、流量等参量转化为电量，然后通过电的方法进行测量和控制。

智能交通系统常用的传感器包括：磁性传感器、图像传感器、雷达检测器、超声波传感器、红外传感器等。传感器主要应用在车辆检测、车辆识别和分类、车辆控制、环境信息检测和危险驾驶警告等方面。

1）车辆检测

车辆检测传感器用来检测车辆的存在或通过。通常可分成磁频车辆检测器、波频车辆检测器、视频车辆检测器等。磁频车辆检测器包括感应线圈检测器、磁性检测器、地磁检测器、微状线圈检测器、磁成像检测器和摩擦电检测器等。如目前使用最广泛的环状线圈车辆检测器，通过流过线圈的电流产生磁场，车辆在上面通过时金属部件干扰磁场，由检测器的电子装置测量出这种变化，从而检测出车辆的存在和通过。通过多组环状线圈检测器的输出信号可以确定车道占有率、速度和交通量等参数。波频车辆检测器包括雷达检测器、超声波检测器、光电检测器和红外检测器等。视频车辆检测器是由车辆检测技术、摄像机和计算机图像处理技术结合而构成的视频车辆检测系统。

2）车辆识别和分类

感应线圈车辆检测器和视频车辆检测系统等用于车辆检测的传感器也可以应用于车辆的识别和分类。另外，用于车辆识别的传感器还有光学式传感器和平面音感微波式传感器等。

3）车辆控制

车辆传感器有控制车辆运行、驾驶状态操纵、检测车辆运动和异常状态监控等作用。车辆运行控制系统包括变速器、制动器、发动机、驱动力矩、转向控制等用途的传感器，用以控制车辆的运行。驾驶操纵控制系统包括转向、加速、制动等传感器，用以检测操纵状态和完成驾驶员的操纵意志。车辆运动控制系统包括车速、加速度、角速度等传感器，用以检测各种车辆的控制输入，也是辅助驾驶系统和各种信息提供辅助系统的重要组成部分。异常状态检测系统包括单侧车轮制动状态、燃油残留量、轮胎气压等传感器。

4）环境信息检测

环境信息检测传感器主要利用超声波、电波、光波等原理制成，用来检测车辆周围的车辆、行人、障碍物、路面形状和路面湿润状况等情况。其中，检测车辆周围环境和障碍物的激光传感器和磁性传感器是比较重要的两种传感器，是进行图像处理的基础。

5）危险驾驶警告

危险驾驶主要是指当驾驶员处于瞌睡、过度疲劳、饮酒等状态时，容易引起交通事故。其中，瞌睡和饮酒过度直接导致的交通事故很多。所以实时监测驾驶员的异常状况并加以防止是非常重要的。判断驾驶员是否瞌睡，通常利用传感器检测驾驶员的眼球运动、体温、脑电波、皮肤电位、心跳等来确定；判断驾驶员是否饮酒，通常利用传感器检测车内酒精含量是否超标来确定。

参考文献

[1] 徐宗本，柳重堪. 信息工程概论 [M]. 北京：科学出版社，2002.

[2] 高薪. 无人驾驶智能行为信息加工及典型工况测评研究 [D]. 北京：北京理工大学，2012，12.

[3] 洪涛. 基于无刷直流电机的智能车辆自动转向系统研究 [D]. 北京：北京理工大学，2011，12.

[4] 吴育恩. 某混合动力客车 CAN 总线协议解析方法研究 [D]. 北京：北京理工大学，2012，6.

[5] 林培钦. 混合动力客车实车试验数据采集处理系统的研究 [D]. 北京：北京理工大学，2012，6.

[6] 陈朋. 基于 CAN - LIN 总线的车灯控制系统 [D]. 北京：北京理工大学，2009，6.

[7] FlexRay Consortium，FlexRay Communications System Protocol Specification Version 2.1 Revision A，2005.

[8] 何磊. 基于 FlexRay 总线的线控转向系统双电机控制方法研究 [D]. 长春：吉林大学，2011，6.

[9] 董晓丹. 车载网络 FlexRay 在线控制动系统中的应用与研究 [D]. 长沙：湖南大学，2009，4.

[10] 李明哲. 基于 GPRS 的客车 AMT 远程标定技术 [D]. 北京：北京理工大学，2012，6.

[11] 郭海陶. 智能交通专用短程通信（DSRC）关键技术与应用研究 [D]. 广州：华南理工大学，2010，6.

[12] 杨林. 车载无线自组网在车辆主动式安全应用中的关键技术研究 [D]. 天津：南开大学，2010，5.

[13] 晋孝龙. BIT 号无人驾驶车辆定位算法改进研究与应用 [D]. 北京：北京理工大学，2011，12.

[14] 江燕华，熊光明，姜岩，龚建伟，陈慧岩. 智能车辆视觉里程计算法研究进展 [J]. 兵工学报，2013，33（2），214 - 220.

[15] 邓为东. 基于多激光雷达的智能车辆简单环境检测与避障导航技术改进 [D]. 北京：北京理工大学，2010，6.

[16] 李昕. 智能车辆多层激光雷达的负障碍识别技术研究 [D]. 北京：北京理工大学，2011，12.

[17] Chris Urmson, Joshua Anhalt, Drew Bagnell, et. al. Autonomous Driving in Urban Environments: Boss and the Urban Challenge. M. Buehler et al. (Eds.): The DARPA Urban Challenge, STAR 56, pp. 1 – 59. Springer – Verlag Berlin Heidelberg 2009.

[18] 张威. 面向编队行驶的车距辅助控制系统研究 [D]. 北京：北京理工大学，2011，6.

[19] 王安帅. 智能车辆结构化道路单目视觉导航技术 [D]. 北京：北京理工大学，2008，6.

[20] 关超华. 智能车辆前方车辆检测与交通信号灯识别技术研究 [D]. 北京：北京理工大学，2009，12.

[21] 张浩杰. 不确定环境下基于启发式搜索的智能车辆路径规划研究 [D]. 北京：北京理工大学，2013，3.

[22] 姜岩，赵熙俊，龚建伟，熊光明，陈慧岩. 简单城市环境下地面无人驾驶系统的设计研究 [J]. 机械工程学报，2012，48 (20)，103 – 112.

[23] John C. Miles，陈干，王笑京. 智能交通系统手册 [M]. 北京：人民交通出版社，2007.

[24] 陈旭梅. 智能运输系统 [M]. 北京：电子工业出版社，2007.